北京大学海上丝路与区域历史研究丛书

东亚区域意识的

建构史

唐利国　刘莹／主编

社会科学文献出版社
SOCIAL SCIENCES ACADEMIC PRESS (CHINA)

北京大学海上丝路与区域历史研究
丛书总序

中国是一个国土幅员辽阔的大国，也是一个拥有漫长海岸线的国家。溯至远古时期，我国先民就已开始了对海洋的探索。秦汉以降，经由海路与外部世界的交往，更成为一种国家行为，秦始皇派徐福东渡，汉武帝遣使西到黄支，孙吴时有朱应、康泰前往南洋，唐朝时则有杨良瑶远赴大食，直到明初郑和七下西洋，官方主导的外交与外贸持续不断。而民间的交往虽然被史家忽略，但仍然有唐之张保皋，明之郑芝龙家族等，民间的向海而生，时时跃然纸上。特别是唐宋以降，海上"丝绸之路"的迅猛发展，使得中国官民通过海路与沿线国家进行着频繁的政治、文化交往，海上贸易也呈现出一片繁荣的景象。

这条海上"丝绸之路"，联通东北亚、日本、南洋、波斯、阿拉伯世界，远到欧洲、东非，并以此为跳板，连接到世界更广阔的地域与国家，它不仅仅是东西方商业贸易的桥梁，也是沿线各国政治经济往来、文化交流的重要纽带。海上"丝绸之路"沿线的国家，也同样是面向海洋的国度，它们各自的发展与壮大，也曾受益于海上"丝绸之路"；这些国家的民众，也曾积极参与海上贸易，特别是在大航海时代到来之后，逐步营建出"全球化"的新时代。

古为今用，我国"一带一路"倡议的提出，旨在借用古代"丝绸之路"的历史符号，积极发展与沿线国家的经济合作伙伴关系，彰显我国在国际社会中的担当精神。

2019 年初，北大历史学系受学校委托，承担大型专项课题"海上丝绸之路及其沿线国家和地区历史文化研究"，我们深感这一研究的时代意义以及史学工作者承载的历史使命。重任在肩，我们积极组织系内有生力量，打通中外，共同攻关；与此同时，我们也寻求合作伙伴，拓展渠道，与校内外同行共襄盛举。以此项目启动为契机，我们筹划了"北京大学海上丝路与区域历史研究丛书"，希望在课题研究深入的同时，有助于推动历史学系的学科建设，利用这个丛书，发表本系及其他参与人员的研究成果，共同推进海上丝绸之路与沿线区域的历史研究。

让我们共同翻开史学研究的新篇章！

丛书编委会（荣新江 执笔）

2020 年 6 月 6 日

• 目　录 •

第四部　东亚近代知识的生成

附　录

·第一部　东亚儒学的展开：朝鲜篇·

南塘对《太极图说》的理气论解释

——以《经义记闻录·太极图》为中心

〔韩〕崔英辰 赵甜甜 *

一 绪论

众所周知，周敦颐的《太极图说》在性理学史，乃至儒学思想史上都有着举足轻重的地位。[1] 朱子针对《太极图说》所作的《太极解义》，重要性也无须赘述。该著作自朱子之后，一直被学者们不断论及并重新阐释。[2] 特别是朝鲜儒学界的学者把《太极解义》与性理说的论辩相衔接，进行了缜密分析并不断完善。

---

* 崔英辰，成均馆大学儒学系终身教授；赵甜甜，中山大学国际翻译学院副研究员。

1 对于此部分，朱子曾明确提出《太极图说》是道理的大头脑处（大纲），百世道术的渊源"。（李滉：《退溪全书》卷7，1600，奎章阁影印版，第11页；柳承国：《儒家哲学与东方思想》，成均馆大学出版社，2010，第82—87页）

2 郭信焕等：《太极解义》，Somyong出版社，2009，第691—701页。

不仅如此，他们以朱子太极论为中心进行的辩论，对韩国佛教的心性论也产生了一定影响，在 17 世纪还引发了"真性一多"的争论。[1]

沟口雄三称"12 世纪后期朱子在中国创建的理气论哲学是一个连续的波及型事件"。[2] 朱子主张"太极为理"，实际上是强调在遥远的宇宙中，以超然的实体形成的太极就在自己之中，从另一个角度来说，自己实际上就是宇宙的主人。因此沟口雄三强调"此为中国思想史上的一大事件"。[3] 大部分学者认为《太极解义》是从理气论的层面解释太极。[4] 然而，在《太极解义》中朱子并没有明确提出过"太极＝理"，甚至"理"字在书中也仅出现过两次而已。

朱子在 1170 年完成《太极解义》初稿后，与张栻、吕祖谦等人讨论修改，1173 年完成定本，在 1188 年朱子 59 岁时完成通行本，此时朱子的理气论已基本构建。他阐释《太极图说》第五节道："真以理言，无妄之谓也；精以气言，不二之名也。"陈来认为这标志着理气论正式登上了道学思想的舞台。[5] 然而除了这句之外，理气论并没有应用于《太极解义》。[6] 基于以上事实，本文将从理气论的角度分析和考察与《经义记闻录》[7]中与《太极图》相关的《太极图说》和《太极解义》，以及《性理大全》中的注释。当然，朝鲜时代并非只有南塘使用理气论来

1 丁惠贞：《朝鲜儒佛交涉与佛教心性论中改性实现的意义——以儒学太极论辩与云峰大智禅师的多性论为中心》，《教育哲学研究》第 33 期 3 号，2011 年，第 135—140 页。

2 沟口雄三等：《中国的礼治体系》，东国大学东洋史研究室译，清溪出版社，2001，第 25 页。

3 沟口雄三等：《中国的礼治体系》，第 29 页。

4 柳承国：《儒家哲学与东方思想》，第 87—89 页；郭信焕等：《太极解义》，第 680 页；陈来：《近世东亚儒学研究》，北京大学出版社，2018，第 2—8 页；等等。

5 陈来：《朱子〈太极解义〉的哲学建构》，《朱子学年鉴（2018）》，商务印书馆，2019，第 8 页。

6 对于其原因，应该从更多的角度进行深入的分析。朱光浩：《周敦颐的"太极动静"是否为朱熹的"天命流行"》，《哲学研究》，高丽大学哲学研究所，2018，第 6—16 页。

7 《经义记闻录》是南塘韩元震（1682—1751）在 1722 年（41 岁）所著，共 6 卷 3 册。该书是南塘通过权尚夏（号遂庵）了解到经书的意义后，以自己的观点重新构思和编辑后写作的。遂庵在审阅初稿后评价道："南塘在学术上的成就超过了我。"该书囊括了南塘的核心理论。遂庵在南塘和巍岩的论辩过程中，积极支持南塘的主张，并对巍岩进行了批判。南塘在遂庵去世后，就巍岩向遂庵提问的内容一一作答。（黄俊渊、崔英辰等：《译著湖洛论争 2——以南塘的〈经义记闻录〉为中心》，学古房，2009，第 7—10 页）

解释《太极图说》，大部分的朝鲜性理学者普遍采用理气论来解释《太极图说》。比如宋翼弼（1534—1599，号龟峰）的《太极文》，金干（1646—1732，号厚斋）的《太极图说》[1]，金昌翕（1653—1722，号三渊）的《太极问答》[2]，等等。本文之所以选择南塘的太极研究，是因为与其他朝鲜性理学家的注释相比，内容更多也更丰富。南塘通过与当时学者的激烈辩论，以其独特的理气论为基础，重新阐释了《太极图说》和《太极解义》，非常具有系统性。[3]但目前学界对《经义记闻录》中《太极图》的研究还不是很多。郭信焕在《朝鲜儒学的太极解释论辩》中全面考察了朝鲜时代性理学家对太极的解释，文中虽将南塘的"性三层说"与太极联系起来，但只进行了简单的论述，并没有提及该书。[4]李善卿在《"易有太极，是生两仪"的朝鲜儒学解析》中考察了朝鲜性理学派和实学派的太极论，虽对南塘的理论有所提及，但未提及该书。[5]

　　本文并非要讨论南塘的性理学说本身，而是关注南塘在《经义记闻录》《太极图》的文本中如何用自己创新的理气论系统地解读了《太极图说》，并对其体系进行了重构。文本分析的目的是要正确地解读原文，本文尝试指出《太极图说》和《太极解义》在原文翻译上的一些问题，并根据南塘的理论重新进行翻译。以此为基础，论证《经义记闻录》《太极图》在《太极图说》注释史上的地位。

　　本文主要分析《经义记闻录》卷3《太极图》中的《图》、《图解》（按：此处指《太极解义》的图解）以及《太极图说》第一节到第五节，

1　金干：《厚斋集》卷35《札记》，奎章阁影印版。

2　金昌翕：《三渊集·拾遗》卷30，韩国学中央研究院，1854。

3　近期由王晚霞编著的《濂溪志补遗》（中国社会科学出版社，2020）中收录了从宋代到清代100多名学者关于《太极图说》的注释，不可谓不全面，但却很难找到全部以理气论解释《太极图说》的文献。

4　郭信焕：《朝鲜儒学的太极解释论辩》，《东洋哲学研究》第47辑，2006年，第171—172页。

5　李善卿认为这可能是《经义记闻录》没有收录进《南塘先生文集》的原因之一。到目前为止，只有金昌熙（1995）研究过该书。（李善卿：《"易有太极，是生两仪"的朝鲜儒学解析》，《精神文化研究》第30卷3号，2007年，第257—258页）

即《太极图》第一卷到第五卷的注释，[1]文本来源于奎章阁收藏版《经义记闻录》。

二　太极的动静问题：从理／从气

众所周知，朱子认为"太极是理"，[2]形而上太极或理并不具有物理上的运动属性。然而《太极图说》中"（太极的本体）无极而太极[3]，太极动而生阳，阳极而静，静而生阴"一段有太极动静说法，从而产生了一系列论争。[4]尤其是退溪主张"理动说"，认为"理动则气随而生，气动则理随而显"；[5]栗谷则彻底否定理的运动属性，对于栗谷学派来说，如何理解"太极动而生阳"自然成为一个难以解决的问题。

南塘主张"一动一静，而有动静者，（以理之乘气处言）太极之用

1　《太极图》由《无极而太极》《阴阳》《五行》《男女》《万物》五幅图组成。《太极图说》则分为十节。

2　郭信焕等：《太极解义》，第 94 页：太极只是个理。

3　这个句子不完整，没有主语，只有谓语。谓语表示主语的动作、状态、性质等，只凭这个句子无法得知"什么"是"无极而太极"。因此这句话一般翻译成"既是无极也是太极"。除此之外还有很多种翻译。比如金干把"无极而太极者"解释为"无极之物即太极"，认为〇就是太极（《厚斋集》卷 35《札记》；《太极图说》"如云无极而太极，〇即太极"），实际上是将"无极"视为主语。李光虎将其译为"无极中有太极"（朱熹等编著《近思录集解》，李光虎译注，acanet 出版社，2004，第 62 页）。冯友兰认为"无极是形容词，太极是名词"，牟宗三表示"太极是实体词，无极是状词"（杨柱才：《道学宗主》，人民出版社，2004，第 240—242 页）。他们都主张把"无极"作为"太极"的定语，如此一来，"太极"就会成为重点。但南塘认为"无极和太极，没有轻重与主宾之分"（韩元震：《经义记闻录》卷 3，奎章阁版，第 3 页），强调二者的平衡性。南塘的《太极图》第 1 卷把"无极而太极"视为"太极的本体"，在第 2 卷之后表示"太极乘机变化"（韩元震：《经义记闻录》卷 3，第 1 页）。本文根据南塘的见解，把句子的主语定为"太极的本体"，将其译为"太极的本体既是无极也是太极"。这里太极既是主语也是谓语，虽然看起来像是同语反复的句子，但实际上主语太极的本体在句中作为实体出现，谓语的太极作为属性出现，所以该句成立。

4　对于第二节中朱子解释的详细内容请参考朱光浩《周敦颐的"太极动静"是否为朱熹的"天命流行"》，《哲学研究》，第 2—6 页。

5　李滉：《退溪全集》卷 25，第 119 页。按朱子尝曰"理有动静，故气有动静。若理无动静，气何自而有动静乎？"盖理动则气随而生，气动则理随而显。濂溪云"太极动而生阴"是言理动而气生也。易言"复其见天地之心"是言气动而理显，故可见也。二者皆属造化而非二致。

也；无动无静，而涵动静者，（就气中单指理而言）太极之体也"。[1] 他认为太极的运动是太极的用，理搭于气才有动静。同时，对于太极的运动属性，他认为并非指太极的本体，而只是指蕴含着气的理。

对于太极的动静问题，南塘进行了十分系统的解释：

1. 理气有从理而言者，有从气而言者；有从源头而言者，有从流行而言者。从理言者，明主宰之在理也；从气言者，明作用之在气也；从源头言者，明此理之为大本也；从流行言者，明理气之无离合也。[2]

2. 故《图说》曰"太极动静"者，从理言也。主宰之义已明，而人或执此误认理有作用。故注说曰"动静者，所乘之机也"，是从气言也，所以分解濂翁之说也。[3]

3.《图说》曰"太极动而生阳，静而生阴者"，从源头言也。大本之义已明，而人或执此误认理先气后。故注说曰："不见始合，不见终离。"是从流行言也，所以分解濂翁之说也。[4]

引文 1 首先提出理气论由从理、从气、从源头和从流行的四个观点构成，表明理是主宰，气是作用，理是根本，理和气在时间和空间上是无法分离的。

引文 2 将《太极图说》原文和朱子的《太极解义》进行了区分，认为周敦颐是从理和源头的观点进行阐释，朱子是从气和流行的观点进行阐释。这是南塘的独特见解，具体内容可以整理如下：

1.1 从理 [明主宰之在理]：太极动静 [周濂溪]

---

1 韩元震：《经义记闻录》卷 3，第 10 页。
2 韩元震：《经义记闻录》卷 3，第 10 页。
3 韩元震：《经义记闻录》卷 3，第 10 页。
4 韩元震：《经义记闻录》卷 3，第 11 页。

1.2 从气［明作用之在气］：动静者，所乘之机［朱子］

2.1 从源头［明此理之为大本］：太极动而生阳，静而生阴者［周濂溪］

2.2 从流行［明理气之无离合］：不见始合，不见终离［朱子］

对于"太极的动静"，因观点不同，看法也不同。他用以下比喻来说明：

> 理乘气，譬如人乘马。行止在马，而非人主宰，则马亦无以行止也。故以人之主宰，而谓人行止亦可也。濂翁之意，盖如此。直指马之行止，而谓马行止，亦可也。朱子之意，盖如此。[1]

"人乘马"，根据观点的不同，可以说是"人在行"，也可以说是"马在行"。正如大家所知，同一事物的同一种关系无法在肯定的同时进行否定。[2] "太极动静"和"太极无动静"两种主张不能共存，就是因为与排中律相矛盾，这也正是太极动静问题争论不休的原因。但是排中律只在"同一视角同一观点"的特殊条件下才能成立，[3] "太极动静"和"太极无动静"这两个主张，因其观点视角的不同，并不能应用到排中律之中。这一点在南塘《朱子言论同异考》中可以确认。

> 自其动静而言之，则气有动静，而理无动静；自其动之静之者而言之，则理有动静，故气有动静。[4]

从动静现象世界来看，理无动静；从使之动静的主宰者来看，理

1　韩元震：《经义记闻录》卷3，第11页。

2　朴钟鸿：《一般逻辑学》，博英社，1963，第18—19页。

3　卢亮辰：《逻辑思维》，全南大学出版社，2004，第23页。

4　韩元震：《朱子言论同异考》卷1，第5页。

有动静。可以看出南塘尝试从"观点不同"的逻辑解决太极的动静问题。

三　太极和阴阳的关系："一而二"

前面讨论的太极动静是产生阴阳的过程，对此，南塘在《经义纪闻录》中引用了尤庵的以下观点：

> 少时读《太极图说》，"太极动而生阳，静而生阴"，每疑太极之动静已是阴阳，何待生之然后乃为阴阳耶？及见朱子图解，去两生字，直曰"动而阳，静而阴"，然后语意卓然，无可疑矣。[1]

尤庵认为太极图说中的动＝阳、静＝阴，所以"生"字并不需要添加。对此，南塘提出了反对意见：

> 先生此论可谓深矣。然就《图说》去生字，则太极阴阳又似乎一物，而无上下道器之辨矣。濂翁盖亦不得已而下此一字也。图解虽去生字，上加所以字，下足本体字，则道器上下之辨，亦未尝无也。[2]

南塘强调不仅在《太极图说》中，在太极图的原型《周易·系辞传》中，太极和阴阳的关系也是用"生"字来表现的。[3]"生"字区分了太极和阴阳、上和下、道和器，即"生"起到了区分理和气的作用。南塘认为朱子说"此无极而太极也，所以动而阳，静而阴之本体也"，用

1　韩元震：《经义记闻录》卷3，第2页。
2　韩元震：《经义记闻录》卷3，第2页。
3　"周子'太极生阴阳'之说，本于夫子'太极生两仪'之语，则生字恐不为病。"（韩元震：《经义记闻录》卷3，第2页）

"所以"替代"生"字，明确了太极是阴阳的根据。他还强调理和气是两种不同的存在：

> 盖此一字，存之则嫌于二物，去之则又沦于一物。然理气决是二物，而非一物，则与其存之而嫌于二物，不可去之而沦于一物也。[1]

南塘认为《太极解义》第二节中"盖太极者，本然之妙也；动静者，所乘之机也"，"盖"字以下，以太极阴阳分合说。[2]对于"太极形而上之道也，阴阳形而下之器也"一句，他认为"太极"以下，"分太极阴阳而言，以明理气之非一物，而有先后也"。[3]最后一句"虽然推之于前，而不见其始之合；引之于后，而不见其终之离也。故程子曰'动静无端，阴阳无始'"中，南塘认为"合太极阴阳而言，以明理气之非二物，而无先后也"。[4]同样的道理，如果太极和阴阳，即理和气分开来讲的话，便分了二物并有了先后，若合起来的话，便成为一物且没有先后。但同时南塘认为"故穷理气者，须于无先后处见得有先后，非二物中见得非一物，方可以知理气也"，[5]强调理气的区别。

栗谷曾在《圣学辑要》中讨论"理气是一物，是二物"的问题，[6]这里所说的理气是"一物"，实际上并非指理和气是相同的事物，而是说两者是"无法分离（不离）"的存在，这是理气论的第一公式。所谓的理气是"二物"，指这两者"不能混为一谈（不杂）"，这是理气论的第

1　韩元震：《经义记闻录》卷3，第2页。

2　韩元震：《经义记闻录》卷3，第8页。

3　韩元震：《经义记闻录》卷3，第8页。

4　韩元震：《经义记闻录》卷3，第8页。

5　韩元震：《经义记闻录》卷3，第9页。

6　"有问于臣者曰，理气是一物，是二物？臣答曰：'考诸前训，则一而二，二而一者也，理气浑然无间，元不相离，不可指为二物。故程子曰"器亦道，道亦器"，虽不相离，而浑然之中，实不相杂，不可指为一物。故朱子曰"理自理，气自气，不相挟杂"。合二说而玩索，则理气之妙，庶乎见之矣。'"（李珥：《栗谷全书》卷20，第59页）

二公式。也就是说理和气在时间和空间上不可分离，但当从形而上学和价值论的观点来看时，它们又不可混为一谈，各具有独立性。

南塘认为"不离不杂"四个字是揭示理气真实关系的关键词，[1]以此为前提，"不离"是将理和气合为一体来看，"不杂"是将其分开来看。[2]将这两个公式应用到《太极图说》中就是"分太极阴阳而言"与"合太极阴阳而言"，可以如下表示：

第一公式：理气一物＝不离＝合看［合太极阴阳而言］

第二公式：理气二物＝不杂＝离看［分太极阴阳而言］

"理气是一物，是二物"这一命题表明了理和气的关系。栗谷强调要调和地看待这两种关系，南塘则更加重视"理先气后"和"理气二物"。栗谷的理论重视"不离（合看）"与"不杂（离看）"的平衡，南塘在栗谷理论的基础上更加强调后者。南塘以此为基础，批判尤庵须去除"生"字的观点，强调要"分太极阴阳而言"。

四 太极的普遍性、特殊性、本然之性：一原分殊

南塘用"一原分殊"[3]来说明《太极图说》的整体结构，他在图的第二段中说道：

第一圈太极之本体，万物之一原也。第二圈以下太极之乘机变化，以生阴阳、五行、男女、万物，分殊之所由生也。太极乘

---

1 "不离不杂四字，发明理气之情无复余蕴。"（韩元震：《经义记闻录》卷3，第2页）

2 "不离故随处可以合看，合看则理为气所囿，而阴阳五行万物各一其性矣。不杂故随处可以分看，分看则理不囿于气，而阴阳五行万物同一太极也。"（韩元震：《经义记闻录》卷3，第2—3页）

3 南塘将"理一分殊"标记为"一原分殊"或"一本分殊"。（韩元震：《经义记闻录》卷3，第3页）

机变化，而本体无往不在，分殊还他一原也。观此图者，当先知一原分殊之辨，而又当就分殊中就见其为一原也。[1]

第一圈"万物之一原"是太极的本体，第二圈以下是太极乘机变化，生成阴阳、五行、男女、万物的过程，这些事物都蕴含着太极，一原的太极由于这些事物产生了分殊。这里产生了如下两个问题：其一，第一圈的太极，与第二圈以下"阴阳、五行、男女、万物"中所蕴含的太极之间是什么关系；其二，第二圈以下"阴与阳，金、木、水、火、土，万物"中各自蕴含的太极之间是什么关系。南塘对此进行了如下的解释。

（一）第一圈的太极和第二圈以下太极之间的关系

针对此问题，南塘运用"不离 / 不杂"的公式，做了如下说明：

不离故随处可以合看，合看则理为气所围，而阴阳、五行、万物各一其性矣。不杂故随处可以分看，分看则理不围于气，而阴阳、五行、万物同一太极也。各其一性，一本之所以万殊也。同一太极，万殊之所以一本也。[2]

从理与气的不离角度进行合看时，理会受到"阴与阳，金、木、水、火、土"五行各气，以及构成万物的各种不同气的限制。因此，根据气的不同，理有各自的太极，这些太极具备各自不同的特殊性（万殊）。在这种情况下，第一圈的太极是纯粹的理，第二圈是内在于气的太极，二者自然不同。

反之，从理与气不杂的角度进行分看时，理虽然内在于气之中，但

1　韩元震：《经义记闻录》卷3，第2页。
2　韩元震：《经义记闻录》卷3，第2页。

并不局限于气。因此，第二圈以下各个不同气之中的太极与第一圈的太极相同（一本），这确保了所有太极的普遍性。南塘说道："观此图者，当先知一原分殊之辨，而又就分殊中就见其为一原也。"[1]他强调不仅要认识到太极普遍性与特殊性的区别，还要在特殊性中看到普遍性。

（二）第二圈以下各太极之间的关系

南塘将《太极图说》第四节的"五行一阴阳，阴阳一太极，太极本无极"定义为"统体一太极"；[2]将"五行之生，各一其性"定义为"各具一太极"。[3]"统体一太极""各具一太极"是朱子在《太极解义》中对《太极图说》第五节所做的解释。这句话不仅对理解太极的普遍性和特殊性问题很重要，对理解性理学的形而上学体系也十分重要。将这句话分开来分析就是：

1. 盖合而言之，万物统体一太极也。
2. 分而言之，一物各具一太极也。

其中，关于"各具一太极"译为"各具有一个太极"的译法，普遍没有争议。但是"统体一太极"究竟该如何理解，至今仍未有定论。李

---

1 韩元震：《经义记闻录》卷3，第2页。

2 "五行一阴阳，阴阳一太极"通常被翻译为"五行为一个阴阳，阴阳为一个太极"。即将"一"作为定语。但南塘却说"第五节注天下无性外之物，性无不在，本上文五行一阴阳，阴阳一太极，五行各一性而言"（韩元震：《经义记闻录》卷3，第6页）。他认为"五行一阴阳，阴阳一太极"的"一"等同于"五行各一其性"的"一"，即谓语"回归"。明代的曹端认为"五行一阴阳（自五行而反说归阳动阴静），阴阳一太极（自二气而反说归太极）"（王晚霞编著《濂溪志补遗》，第133页），将"一"作为谓语。韩亨祚也将"一"解读为"回归"（韩亨祚：《圣学十图》，韩国学中央研究院出版社，2018，第87页），即五行因阴阳而生而回归阴阳，阴阳因太极而生而回归太极。这是按照太极—阴阳—五行展开的生成过程，逆向推论得到的结果。本文根据上述观点，翻译为"五行合一阴阳，阴阳合一太极"。

3 "'五行一阴阳，阴阳一太极，太极本无极'，自五行推本于无极，所谓'统体一太极'也，'五行之生，各一其性'，所谓'各具一太极'也。"（韩元震：《经义记闻录》卷3，第14页）

光镐将其译为"一个太极为'统一的本体'（统体）"；[1] 郭信焕等将其译为"（万物的）统体是一个太极"；[2] 古典翻译院将其译为"（万物）整体是一个太极"。[3] 对"体"字解读的不同，造成了翻译的不同。李光镐将"体"视为谓语（他动词），郭信焕等和古典翻译院将"统体"视为一个名词，并将其翻译成主语。那么，南塘对此有何见解呢？他认为"万物统体一太极"中"统体"的"体"字，与"与道为体"的"体"字相同，[4] 应将"体"字视为谓语，并强调这句话与"一物各具一太极"为对仗句。[5] 据南塘的这种观点，可以按照"一物各具一太极"翻译，分析"万物统体一太极"的句式成分：

1. 一物　　各　　　　　具　　　　　一太极也
〈主语〉〈状语〉　〈谓语（他动词）〉　〈宾语〉

2. 万物　　统　　　　　体　　　　　一太极也
〈主语〉〈状语〉　〈谓语（他动词）〉　〈宾语〉

从上面的分析可知，主语与宾语并没有很大差异。问题在于"统体"二字。句2中的"统"对应句1的"各"，"各"为状语，因此"统"也应该作状语，是与"各"相对应的概念。句2中的"体"则对应句1

1　朱熹等编著《近思录集解》，第76页。

2　郭信焕等：《太极解义》，第204页。

3　因为太极为理，所以翻译为"万物的统体是一个理"，"万物整体是一个理"（去掉修饰语，就成了"万物皆理"）。根据这个翻译，朱子主张"万物的整体是形而上学的原理（理，形而上者＝道）"。这有悖于把现实世界中存在的一切（万物）规定为"理气之合"的性理学大前提。因此，这种翻译是有问题的。

4　"'万物统体一太极'，统体体字与'与道为体'之体同。"（韩元震：《经义记闻录》卷3，第17页）

5　"释之当曰统体乎一太极，如曰万物同本于一太极也。如是释之，方与下句各具一太极之释义例同矣。"（韩元震：《经义记闻录》卷3，第17页）

的"具"，应作谓语（他动词）。[1] 这一点在南塘所举的例子"万物同本于一太极也"中，也能再次确认。在这里"统"等同于"同"，"同"是副词，译为"相同"；"体"等同于"本"，为谓语，译为"作为根本"。南塘主张："如是释之，方与下句各具一太极之释义例同矣。"[2]

根据上面的分析，对句子的重新翻译如下：

> 1. 一物　具备　　　　各[3]自的（相异地）一个太极。
> 2. 万物　作为本体的　同一[4]的（相同地）一个太极。

这里翻译的关键是"统"字。笔者按照南塘的逻辑，与句1的副词"各"一样将其作为副词，翻译为"同一的"。李光镐认为其为"统一的"，将其视为体的定语，郭信焕将"统体"看作一个词，古典翻译院也将"统体"作为一个词，翻译为"整体"。

按照南塘的逻辑翻译，则"阴与阳，金、木、水、火、土，万物"各自有一个不同的太极，同时又以一个完全相同的太极作为自身的本体。因此，第二圈以下的各个太极具有特殊性（分殊）和普遍性（一原）。如前所述原因，需要看破特殊性中所蕴含的普遍性。那么，各太极同时具有特殊性和普遍性的理由是什么呢？

1　李光虎也将"体"视为谓语。

2　韩元震：《经义记闻录》卷3，第17页。

3　南塘对《中庸》第一章朱子注释中的三个"各"字进行了如下说明："今以各得为同得，已不审各字义，而不知各循各有之不可以同言。"（《南塘先生文集》卷15《书·同门往复〈答沉信夫三渊集札辨〉》）"且各之为义，专于有别，故古人用各字，皆于分别处言之，如各得其所之类也。何尝于混同处言之乎？"[《南塘先生文集》卷12《书·同门往复与玄彦明尚璧（壬辰三月）》]这里南塘将"各"规定为"各自相异"。他批判将"各得"视作"同得"，认为这是不了解"各"字的意思，不知道"各循"并不等同于"各有"，因此犯了这样的错误。很多朝鲜时代的学者将《中庸》第一章朱子注释看作人物性同论的依据，但是南塘却将其看作人物性异论的依据，这是一种十分独特的见解，本文将根据南塘的这种主张来解释"各"的含义。

4　"统"作为副词使用时，具有"所有、一起、全部、完整"等意思。

（三）第二圈以下的太极各自相同异的理由：理气论的考证

尤庵借用朱子《太极图说》的结构，对《中庸》第一章"天命之谓性"进行了注释。[1] 这个注释分为两句，将其与《太极图说》相对比，可以得到如下结果：

> 第一句："天"以"阴阳、五行"，化生"万物"，气以成形，而理亦赋焉，犹命令也。
>
> 第二句：于是，人物之生，因各得其所赋之"理"，以为"健顺五常之德"所谓性也。
>
> *《太极图说》："无极而太极""阴阳五行""万物"

第一句中"天"对应《太极图说》的"无极而太极"。同时，第一句又与《太极图说》的"阴阳五行"、第二句的"健顺五常之德"相对应。即普遍性的理（天、太极）存在于"阴、阳""木、金、火、水、土"这些各自不同的气时，成为"健""顺""仁、义、礼、智、信"这些各自不同的性。这就是"各一其性"，南塘则称之为"各具一太极"。[2]也就是说，具有阳气的太极称为"健"，具有阴气的太极称为"顺"，具有金气的太极称为"义"，具有木气的太极称为"仁"。如此一来，健顺和五常在阴阳和五行时形成了"因气质"太极，具有特殊性。另外，因为太极这个概念是"超形气"的，所以又具有普遍性。[3]但这两

1　"尤庵先生曰：'天命之性注说，一用周子《太极图说》'，此盖指天以阴阳五行，化生万物一段而言，天即周子所谓太极也。"（韩元震：《经义记闻录》卷3，第10页）

2　"'五行之生，各一其性'，所谓'各具一太极'也。"（韩元震：《经义记闻录》卷3，第13页）

3　"《章句》先言阴阳五行之气，而方言健顺五常之德，盖原是气之所以生，则固必因是理，而有求是性之所以名，则又必因是气而立。故《太极图说》，推阴阳五行之生，则先言太极。此章《章句》释健顺五常之性，则先言阴阳五行。盖太极五常，虽非二理，而太极超形气而称之，故理之所以一也，而万物皆具是理，五常因气质而名之，故分之所以殊也，而五行各专其一。"（韩元震：《经义记闻录》卷2，第10—11页）

个太极并不是独立存在的，在健顺五常中，单指理时就是太极，[1]按照这种逻辑类推，第二圈以下的太极各不相同，正是因为太极内在于不同的气质之中。[2]

南塘认为因气质的太极（健顺五常）不是气质之性，而是本然之性。[3]他用"不离不杂"的公式做了如下解释：

> 盖"各一其性"，即五常之性也。"五常"者，即乎五行气质之中，各指其气之理，而亦不杂乎其气，而为言也。各指其气之理，故有五常名目之不同；亦不杂乎其气而言，故为纯善无恶之性。若复掉脱形器而单指之，则可见其为浑然太极之全体也。[4]

因为五常之性指的是气质中存在各自的理，所以这五性以其气质的差异各不相同。如因木气而形成"仁"，因水气而形成"智"。但因其并未与气掺杂，所以是纯善无恶的本然之性。[5]前者是理与气"不离"，后者是理与气"不杂"，[6]南塘称之为"因气质的本然之

1　"盖'各一'者，因'气'言者也，'太极'者，单指'理'者也。有此'各一之性'，故单指之谓太极也。若无'各一之性'，则太极全体从何处求之耶？此其'偏底即是全底，全底即是偏底'，非有二物也。着一'则'字于'各一''浑然'之间，则其义又明矣。"（韩元震：《经义记闻录》卷3，第14页）

2　"各一者，因气言者也；太极者，单指理也。"（韩元震：《经义记闻录》卷3，第14页）

3　"'各一其性'，或以为'气质善恶之性'，甚不然。此'性'字与孔子'成之者性''各正性命'之'性'同。孔子所言两'性'字，何尝以善恶之性言耶？且濂翁《图说》所言'性'字皆以太极言，则其意岂遽及于善恶哉？"（韩元震：《经义记闻录》卷3，第14页）

4　韩元震：《经义记闻录》卷3，第15页。

5　但是，与超形气的太极对比时是气质之性，"是故以五常之性对太极而言，则太极为本然之性，而五常为气质之性。虽曰气质之性，不害其为本然也，比太极之名则如此云尔。"（韩元震：《经义记闻录》卷3，第15页）

6　"有言人与物不同，而人与人同、物与物同之性者，是则就气中各指其气之理，而亦不杂乎其气之善恶而言也。各指故人与物不同，不杂故人与人同、物与物同，而同为可循之性也，所谓并包不杂不离之意而言者也。有言人人不同、物物不同之性者，是则以理与气杂而言之也。所谓专以不离言者也，理一而已矣，只在人将理气离合看，得出来有此不同耳。"（韩元震：《经义记闻录》卷3，第2页）

性"。[1]他曾在《经义记闻录·太极图》前言的《图解》（按：此处指《太极解义》图解）中提出了三种理气关系的公式：

> 理在气中者，有专以不杂言者，有专以不离言者，有并包不杂不离之意而言者，此又不可不知也。[2]

值得注意的是，这里南塘除了上面所提及的两种理气关系公式之外，还提出了第三种公式"并包不杂不离"。这与他的"性三层说"[3]紧密相连，其关系如下所示：

第一公式：不离（人人不同、物物不同之性：气质之性）

第二公式：不杂（万物皆同之性："超形气"的本然之性）

第三公式：并包不杂不离（人与物不同，而人与人同、物与物同之性："因气质"的本然之性）[4]

以上论点可以用《一原分殊图》中的三个图（图1）来表示。

1　众所周知，南塘将性区分为超形气（专以不杂言者）的本然之性、因气质（并包不杂不离之意而言者）的本然之性、杂气质（专以不离言者）的气质性三层。其中有争议的是"因气质"的本然之性。南塘和魏岩的核心争论点就是"如何定义本然之性"。该问题可以参考裴帝晟论文（裴帝晟：《魏岩李柬与南塘韩元震的心性论辩研究：本然之性的再规定及其意义》，博士学位论文，成均馆大学，2019，第189—195页）。

2　韩元震：《经义记闻录》卷3，第2页。

3　"是故以五常之性对太极而言，则太极为本然之性，而五常为气质之性。虽曰气质性，不害其为本然也，比太极之名则如此云尔。对善恶之性言，则五常为本然之性，而善恶为气质之性矣。如此推说，然后方见得千古性命之说，无所窒碍矣。然此可为知者道，难为不知者道，不知者，必以为性实有此三层也。"（韩元震：《经义记闻录》卷3，第15页）

4　"有言万物皆同之性者，是则不犯形气，单指其理而言也，所谓专以不杂言者也。有言人与物不同，而人与人同，物与物同之性者，是则就气中各指其气之理，而亦不杂乎其气之善恶而言也。各指故人与物不同不杂，故人与人同、物与物同，而同为可循之性也，所谓并包不杂不离之意而言者也。有言人人不同、物物不同之性者，是则以理与气杂而言也，所谓专以不离言者也。理一而已矣，只在人将理气离合看，得出来有此不同耳。"（韩元震：《经义记闻录》卷3，第2页）

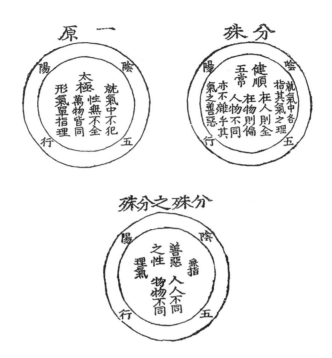

图1 《一原分殊图》中的三种理气关系

图片来源：韩元震《经义记闻录》卷3，第3页。

"一原"图适用于第二公式，不掺杂气（不杂），仅单指理；"分殊"图适用于第三公式，指就气中存在的各自的因气质之理而言，是"不离"的立场，其根据是概括了不离、不杂的第三公式；"分殊之分殊"图适用于第一公式，它兼具了理与气，其根据是第二公式。南塘提出了这三个公式并加以应用，除了论证了人与物皆同的本然之性、人与物不同的气质之性外，还创新地论证了"人人同，物物同，人物不同"的第三种性。但是如图2所示，一原和分殊只是对理的"专言（单指）""各指""杂言（兼指）"，是对理分析的观点差异。[1]

---

[1] "譬如看山，横看成岭，直看成峰，而山未尝有二也。然看成岭处，不可唤做峰；看成峰处，不可唤做岭也。理一也，山一也，只在人看得有别耳。"（韩元震：《经义记闻录》卷3，第5页）

图 2 "一原分殊"与理的关系

图片来源：韩元震《经义记闻录》卷 3，第 5 页。

五　结论

本文指出了《太极图说》和《太极解义》原文解释上的三个问题，尝试根据南塘的观点翻译得更为准确，并以《经义记闻录》中《太极图》的解析为关键，提出理气论的三条公式，围绕第三公式展开了讨论，形成了如下的理气论：

　　1. 三条公式：不离，不杂，并包不离不杂；

　　2. 观点：从理 / 从气，从源头 / 从流行，单指、各指、兼指；

　　3. 理气二物的"分殊逻辑"。

这套理气的理论是南塘在与当时众多学者激烈的辩论（湖洛论争）中逐渐形成的，特别是对"本然之性不同"的论证构成了其理论的基础。将这套理气论应用于《太极图说》，其分析如下：

第一圈　太极

无极而太极：太极之本体，不杂，单指其理，超形气的本然

之性，人物性同，一原。

第二圈　阴阳

（1）太极动静：从理（周濂溪）。

动静者，所乘之机：从气（朱子）。

（2）分太极阴阳而言：理气二物，不杂，离看。

合太极阴阳而言：理气一物，不离，合看。

（3）阳气中蕴含的太极：健，并包不杂不离，各指其气之理，因气质的本然之性，人物性异，分殊。

阴气中蕴含的太极：顺，并包不杂不离，各指其气之理，因气质的本然之性，人物性异，分殊。

第三圈　五行

（1）五行一阴阳，阴阳一太极，太极本无极：万物统体一太极，不杂，人物性同，一原。

五行之生，各一其性：一物各具一太极，并包不杂不离，人物性异，分殊。

（2）五行（木、金、火、水、土）中蕴含的太极：五常（仁、义、礼、智、信），并包不杂不离，各指其气之理，因气质的本然之性，人物性异，分殊。

第四圈　男女

男女各一太极：并包不杂不离，分殊。

第五圈　万物

万物各一太极：并包不杂不离，人物性异，分殊。

合而言之：万物统体一太极，不杂，人物性同，一原。

分而言之：一物各具一太极，并包不杂不离，人物性异，分殊。

如上所示，南塘在分析《太极图说》时没有使用"气质之性"的概念，他批判将"五行各一其性"视为"气质善恶之性"，认为应该将其视为五常之性。他以"因气质的本然之性（健顺、五常）"，即以本然之性的不同作为核心，系统地解析了《太极图说》的内容。

陈来在《近世东亚儒学研究》中将《太极解义》定义为"理同气异"的逻辑，《孟子集注》则是"气异理异"的逻辑。[1]但南塘对《太极图说》解释不是以"理同"为基础，而是以"理异"为基础，这是二者的不同之处。

同时，陈来将"理"分为两种，一种是普遍相同的"理"（本然之性），一种是个体不同的"分理"（气质之性），主张"朱子晚年更多地强调气质之性、气质之理的问题，气质之理的不同，本质上并不是禀受多少造成的，只是本然之理与气质结合后呈现的另一层次的理而已"。[2]但南塘并没有将"分理"单纯地限定于气质之性上，而是分为"分殊"和"分殊之分殊"。他认为"分殊"是"本然之性"，"分殊之分殊"是"气质之性"。他以"分殊"为基础解释《太极图说》，因此论证"本然之性的不同"成为南塘学说的核心。如果同意陈来的主张，即朱子到了晚年才强调"气质之性、气质之理"的不同，而南塘则可以说是始终强调朱子"本然之性"的不同，这是两位学者的根本差异。

理气不离不杂作为基本公式，以"本然之性、气质之性"构成的"性二层说"是朱子学的二分法思维体系，以"超形气的本然之性、因气质的本然之性、杂气质气质之性"构成的"性三层说"是南塘的三分法思维体系，二者截然不同。从这里来看，根据第三公式论证的"第三种性（因气质之人物性异的本然之性）"是南塘的独创性概念，而他对《太极图说》的解释可以说是一种创造性的解读。"一原分殊"作为南塘人物性异论的理论基础，为《太极图说》宇宙论的统一提供了解读方案。

南塘为何如此主张"本然之性不同"呢？在"本然之性皆同"和

---

[1] 陈来:《朱子〈太极解义〉的哲学建构》，第131页。

[2] 陈来:《朱子〈太极解义〉的哲学建构》，第134页。书中陈来没有提出这一主张的具体论据，对于该主张的合理性，笔者认为有必要进行更加细致的研究。

"气质之性皆不同"的二分法性论中，相同的原因在于"理"，不同的原因在于"气"，所有的差异都是由"气"的差异而产生的。在这种理论体系中，"本然之性不同"的主张会陷入矛盾之中，只有"气质之性的不同"能够得到认可。但仅凭这种性论，无法从本质上区分人与物的差异，人很难确保自己作为道德主体的地位。[1]基于这种原因，南塘主张应该从本然之性的角度确立人性与物性差异，由此便可理解南塘批判洛论"人兽无分之说、儒释无分之说、华夷无分之说"的立场。

南塘在《太极图说》结论部分注释道，"理气一物二物之见，俱与道未有所见，而其为吾道之害，则莫酷与一物之见"，[2]强调"理"和"气"的区别。[3]他将这种分辨性思维应用于心性论，得出人物性异论、圣凡心异论[4]的"差异"理论，并以此为基础确立了"差异的形而上学"。南塘以这种分辨性思维和差异的形而上学为基础解读并重构了《太极图说》，使之更具体系性。[5]但同时又不能忽视他所说的"差异"中所蕴含的"同一性"，[6]即所有事物在"各具一太极"的同时，"统体一太极"。

性理学的核心问题都与《太极图说》密切相关，南塘的理气论解释在东亚《太极图说》解释史上会占据怎样的位置，或许将成为今后一项重要的研究课题。

---

1 裴帝晟:《巍岩李柬与南塘韩元震的心性论辩研究：本然之性的再规定及其意义》，第 190—191 页。裴帝晟认为南塘"因气质的本然之性是以与气的关联性为基础，将万物的名义和实质统一起来的性"。据此他认为南塘"人性与物性不同"的命题其实是规定了人与事物的"名义及实质性的差异"。

2 韩元震:《经义记闻录》卷 3，第 22 页。

3 该主张与序言所述"不离不杂"是可以明确规定理气论之实情的关键词句相呼应。南塘对《太极图说》的解释从"不离不杂"开始，以"不离不杂"结束。

4 南塘认为即使是未发的身心也有善恶，所以圣人的心与凡人的心是不同的。他在《经义记闻录·太极图》卷 3 第 3 页中强烈批判"未发之前无气质之性"，正与上述主张有关。

5 《太极图说》可以从多个角度重新解释。近期，物理学家张会翼运用现代科学的观点和理论，极具创意地解释了《太极图说》。见张会翼《张会翼的自然哲学讲义》，青林出版社，2019，第 490—522 页。

6 "单指、各指、兼指只在一处。理在气中，只有一体，而单指则皆全，各指则有偏全，兼指则有善恶。朱子论性，所谓'同中识其所异，异中见其所同'者是也。"（韩元震:《经义记闻录》卷 3，第 4 页）

恕的义务论特征及样态[*]
——在伦理学中朱子和茶山的恕的含义

〔韩〕洪性敏[**]

一 绪论

宽容（Tolérance）一词被认为是调整当今多元主义时代不可避免发生的价值观冲突的重要品德。特别是在能够维护所有人平等地获得尊重的自由和权利这一点上，宽容成为保护被疏远的少数人的正当人权的伦理和政治安全网。但是相互尊重多元价值的宽容态度，极容易使其本来的意思发生改变。对于某种情况，如果要维持道德的判断并且试图承认一切平等，这就不是宽容，而是袖手旁观。[1]换言之，如果只是埋

---

* 本研究获淑明女子大学 2021 年校内研究经费支持。

** 韩国外国语大学教授。

1 参考 So Byung Chul《作为宽容的条件的人权的定义》,《民主主义和人权》第 10 卷第 3 号，2010 年。

首于尊重不同，将错误理解为不同，这是对保护平等人权、实现正义的宽容的本来精神的伤害。比如如果我们容忍将缠足视为中国文化的独创性和差异性的表现的话，这就是对压迫女性身体和侵犯人权文化的相对性的"宽容暴力"。因此在赞美宽容这一美德之前，我们必须要明确什么问题是不能宽容的，即必须优先确立一个能够宽容的伦理标准和确保每个人都必须遵守的道德义务。这会成为发扬宽容的本来精神的基础。

最近有很多关于"恕"和"宽容"放在一起比较的多种多样的解释和研究。有的研究者认为恕和宽容在都将他人当作自己一样同等地尊重的态度上是相通的，[1] 还有研究者认为，因为宽容是建立在我与他人的"相同"的伦理行为基础上的，所以提出应该完善宽容不足的对策。[2] 但是与探究恕和宽容的相似性和相互完善的可能性相比，我们更关注根本的问题，是探究成为宽容的基础的伦理学标准和强化道德的义务问题，即由恕提出强化和扩展自我和他人道德的义务的方案。

为此，我们将首先对将恕理解为宽容的研究者们的观点进行探讨，并对此提出异议。然后对"恕"的义务论的特征[3] 进行探讨。在此过程中我们将关注将"恕"规定为道德义务实践的《大学》和《中庸》中的

---

1 辛正根将"恕"解释为"差异尊重的宽容的原则"。见辛正根《作为道德原则恕的要求的必然性》，《东洋哲学》第21辑，2004年，第113—117页。

2 Lee Seon Yeol 认为宽容的界限的道德判断标准是模糊的，这就很容易造成社会成员之间相互的不关心。基于对这一点的分析，Lee Seon Yeol 主张弥补这一不足的机制是以"相同性"为基础实践恕。（参考 Lee Seon Yeol《对于他人的两个原则：宽容和恕》，《栗谷思想研究》第24辑，2012年）尽管他的论点是恰当的，但是对于将恕解释为以"相同性"为基础的"共情和关心"这一点，我们可以提出质疑。按照他的主张，虽然通过宽容可以解决互相不关心的问题，但是似乎无法解读像道德判断标准的确立和实行这样更为根本的问题。我们可以将"恕"解释为以"相同性"为基础的道德义务的强化和扩展。据分析，它促进了冷漠，并基于"相同性"作为一种机制来弥补这一点。

3 我们认为把"恕"理解为互惠性（reciprocity）的观点也存在一定的局限。作为黄金律的特征的"互惠性"是自由主义成立的第一条件。即"相互转让个人自然权并达成协议的契约准则"（霍布斯），或"为了他人限制自己自由的原则"（洛克），或"保障相互权利和禁止危害的原则"（密尔），等等，主要是指"相互间的契约交换准则"（对于忠恕和自由主义的原理的比较，参考李相益《儒教的忠恕论和自由主义》，《哲学》，2004），但是本文要探讨的"恕"的含义超过了上述范畴。

相关段落，从而探讨"恕"的伦理特色。我们在这一过程中将分析朱子
（1130—1200）和茶山（丁若镛，1762—1836）的解释，以探明"恕"
的义务论的特征。尽管朱子和茶山都认同恕的义务论特征，但是二人的
理解却截然不同。本文将通过对两位哲学家对恕的不同理解的研究，探
讨"恕"的义务论的伦理学如何多样化的问题。

二　恕是宽容吗？

（一）将恕视作宽容的观点

　　一般来说，人们会将东方的恕和西方的黄金律视为同一形态的伦理
原则，因为两者都以肯定或否定的表达提出"易地思之"的伦理态度。[1]
但是研究恕的学者们主张不能将恕与黄金律完全等同。如此一来，考虑
到一个概念在活用的语言环境中产生的意义时，即使用相同的文章形
式，恕和黄金律的社会文化含义毋庸置疑一定是不同的。

　　这样的话，恕的特性是什么呢？研究恕的学者们，将恕定义为"宽
容和关心"的品德。比较有代表性的学者有倪德卫（D. S. Nivison），他
将恕的意思解释为宽容[2]和关心。[3]倪德卫的前提是"在我们熟悉的家庭

1　肯定的表达是"自己想要立身，也想使别人立身"（己欲立而立人，《论语》），这句话与"你
　　希望别人如何对待你，你就如何对待别人"（《新约·路加福音》6:31）相符。否定的表达是
　　"你自己不愿意做的也不要让别人做"（己所不欲，勿施于人，《论语》），这句话与"不要对任
　　何人做你不喜欢的事"（《外典·托比特》4:15）相符。

2　下面提及的宽松和忍耐的意思是不一样的。忍耐即 tolerate，来源于（忍受，坚持）的语源，
　　与认定和保障我和他人的权利的多元主义的态度相反，本文中的宽容是按照汉字词本身的意
　　思，指对他人错误的包容态度。

3　艾文贺（P. J. Ivanhoe）对冯友兰和刘殿爵（D. C. Lau）、芬格莱特（H. Fingarette）以及倪德
　　卫对忠恕的解释进行了探讨。按照艾文贺的观点，冯友兰将"忠"视为对肯定的（积极的）
　　立场转换的表达的语句，将"恕"视为对消极的（否定的）立场转换的表达的语句。刘殿爵
　　将"忠"解释为自我的忠诚性（loyalty），将"恕"解释为自我和他人立场的转换。芬格莱特
　　将"忠"视为对他人的信任，对"恕"的解释与刘殿爵的观点相似。但是倪德卫以"忠"和
　　"恕"是在人们熟悉的人际关系秩序中实行的伦理道德为前提，将"忠"解释为比自己高的人
　　的立场转换，将"恕"解释为比自己低的人的立场转换。这时"忠"指对自己义务的严格遵
　　守，"恕"则意味着对低位的人的宽容和照顾。参见 P. J. Ivanhoe，"Reweaving the 'one thread'
　　of the Analects," *Philosophy East and West* 40（1990）：18-22。

的、社会的以及政治关系中理所当然存在着先后和权威的区分，因此认为忠和恕两者都是与这样的关系相关联的非常具体的行为"。[1] 然后他将所谓的恕规定为"要超越规则或者适用规则的同时变化规则，使之成为更具有人性化的规则的时候，在同级或者下级的作用调换时，会展现出自己想要表达的好意"。[2] 用倪德卫的话来说明的话，儒家的黄金律（忠恕）是在我们非常熟悉的人与人之间的关系上实行的大部分的情感伦理准则。并且按照他的理解，恕是指在我们熟悉的关系中对于比我地位低的人的宽容态度，即维持规则适用于站在比我地位低的人的立场对他进行人际关系中的宽容实践。在这一点上，他对恕的含义做出的评价如下："所谓的恕实际上绝不是规则，而是为了在人际关系中引导我们形成和培养温和的理想的人格的准则，与端正的行为相比，更侧重于对人们的品德描述。"[3] 按他的话，恕是对他人（特别是比自己地位低的人）而言的，这主要体现在对他人尊重和宽待的温和的人格，可以定义为规则之前或者实现规则一边的人本主义的理想的德性。

艾文贺基本接受了倪德卫对恕的概念的解释。按照艾文贺的观点，礼是忠恕的前提，忠恕是实行礼的两种态度。忠是严格实行礼的职务（ritual duty）的自我充实，礼是对他人灵活适用规范的宽待。根据艾文贺的想法，我们不能只做完全服从于礼的规范的奴隶，因为我们的人性不能完全根据规范来衡量判断。因此，在不失去礼仪的基本精神的前提下，我们也需要根据情况灵活地运用规范的自律性。艾文贺主张的这种自律态度正是恕的核心精神。如果我们站在他人的立场上想象一下自己想要别人如何对待自己，在某些情况下，需要做出与规则或者指令不同的判断。此时，要调整或停止规则，宽容他人可能是更人性化的行为。而且这也可以成为实现更高的人性价值（仁）的方案。[4] 这就是艾文贺

1　倪德卫：《儒学的歧路》，Kim Min Cheol 译，哲学与现实社，2006，第137页。

2　倪德卫：《儒学的歧路》，第140—141页。

3　倪德卫：《儒学的歧路》，第158页。

4　P. J. Ivanhoe, "Reweaving the 'one thread' of the Analects," *Philosophy East and West* 40（1990），p.28.

对所谓的恕的定义。简而言之，在艾文贺看来，所谓的恕是为了实现至高的人类价值（仁），要超越规范，以换位思考的态度给予他人宽容和关心。

根据上述两位研究者的观点，恕是实现"人之为人（仁）"的道路。将他人与自己同等对待，并积极关怀他人，这就体现了人与人之间的爱，也是爱人的具体实践。因此恕可以说是关注无法受到规范和法律制约的根本性的、重视人本主义的道德行为，不是以主张个人权利和工具合理性包装起来的个人伦理，而是充满德和感性的共同体的伦理。

我们十分认同这些观点。很明显这些目的和意义都包含在恕的范畴内，另外，他们的观点很好地体现了与西方黄金律不同的东方的德的伦理特征。不仅如此，在现在这个时代，与他人的情感共鸣和对他人宽容在某种程度上消失了，恕为此提供了重要的生活智慧，这是十分有意义的，在继续发掘儒家传统伦理的现代意义这一点上也是非常有价值的。

（二）作为道德义务的恕

但是关于恕的探讨并没有到此结束。上述观点是否真的对儒家的恕做出了完整并充分的解释是很难说的。因为恕虽然包含着宽容的含义，但意思并不只是宽容。如果将恕只解释为宽容的话，不仅没有完整包含儒家所说的恕的意思，还严重地歪曲了恕的意义。

> "哀矜，谓如有一般大奸大恶，方欲治之，被它哀鸣恳告，却便恕之。"道夫云："这只是言流为姑息之意。"曰："这便是哀矜之不得其正处。"（《朱子语类》卷16）

以同一的人性为基础的宽容，与规范计划的正当的价值相比，包括了人与人之间的爱。但是宽容并不总是道德的。因为看到可怜的模样，就怜悯并原谅应该处罚的罪犯的行为，并不能被称作显现了规范范围内的人与人之间的爱。如果我犯了罪的话，我是希望受到处罚还是得到反省的机会重新做人呢？答案当然是后者。那么对于声嘶力竭地哀号的犯人，也像我所希望的那样，这是否妥当呢？不符合一定的标准的宽容反而是没有分辨的怜悯和过度的容忍，这是非常恶劣的，这只是失去理智的人与人之间的爱。[1] 如果主张恕就是宽容的话，那么讽刺的是，这也是同时主张恕是不道德的。

要想让恕不变成没有分别的宽容的话，应该怎么做呢？必须再次确认恕的含义。如前所述，倪德卫和艾文贺虽然将对他人的宽容定义为恕，但也主张充分实践道德义务和规范。他们都强调要通过忠充分履行自己的道德义务，但我们应该注意的是履行道德义务不仅局限于自己，还应该扩展到他人身上。按照恕的伦理的逻辑对待自己和他人，那么在道德义务和规范的实践上，自我和他人也应该相同，只有这样才符合恕。如果忠实于自己的道德义务，却宽容他人的不道德行为的话，就不能说是妥当的恕的实践。因此恕不仅包括宽容和爱人，还包括充分地履行（责任）义务和规范。这符合"治人"和"成物"的儒家伦理的理想。因此这就很难将以适用宽松的规范或超越规范的态度对待他人的方式定义为恕的精神。

另外，与此相吻合的忠的意义也有必要重新考察。忠并不是排除他人，只是充分地履行独自的孤立的道德性的工夫论。自我义务的履行和道德修养只能在与他人的联结中实现。如果你要求他人履行道德义务和遵守规范的话，你自己也必须做到同样的要求。这时忠的含义就出现了。忠是要求他人的同时自身也（或者首先）具备的意思。张载说的"以责人之心责己"这句话很好地体现了这一点。在这一点上，忠和恕

---

1 在《左传》中有孔子强调实行宽猛相济的政治的记录。孔子对待百姓的态度不仅仅是宽容，还有警戒。《左传·昭公二十年》："郑子产有疾，谓子太叔曰：'我死，子必为政。唯有德者能以宽服民，其次莫如猛。夫火烈，民望而畏之，故鲜死焉。水懦弱，民狎而玩之，则多死焉。故宽难。'疾数月而卒。大叔为政，不忍猛而宽。郑国多盗，取人于萑苻之泽。大叔悔之，曰：'吾早从夫子，不及此。'兴徒兵以攻萑苻之盗，尽杀之，盗少止。仲尼曰：'善哉！政宽则民慢，慢则纠之以猛。猛则民残，残则施之以宽。宽以济猛，猛以济宽，政是以和。'"

在相互关联中才能完全理解。[1] 下面的引文完美体现了恕的特征。

　　①君子有诸己而后求诸人，无诸己而后非诸人。所藏乎身不
恕，而能喻诸人者，未之有也。（《大学》）
　　②忠恕违道不远，施诸己而不愿，亦勿施于人。君子之道
四，丘未能一焉：所求乎子以事父，未能也；所求乎臣以事君，
未能也；所求乎弟以事兄，未能也；所求乎朋友先施之，未能也。
（《中庸》）

　　①②中的恕都是通过换位思考的方式将自己和他人同样对待的意
思。但是①②中的恕不是把他人当作自己一样对待，不是对待他人像对
待自己一样宽容和关心。①中恕是先充分地履行道德义务，然后劝导他
人同样履行义务的意思。②中恕是要求他人履行道德义务，自己也同样
履行的意思。①②都是在道德的义务履行中实现自我和他人的同一化。
通过自我和他人的同一化，将履行道德的义务扩展到他人的"治人"的
意义和自我觉醒，并将强化自己道德义务的"修己"的含义包含在恕
之中。

　　我们不反对将宽容的含义内包在恕之中，但这并不是全部。恕中分
明包含着道德的实践义务和相关的意义。如果我们在忽视道德义务的实
践意义的前提下理解恕的话，就不仅仅是对恕的片面的理解，还会遗漏
恕的核心含义。在这一点上，我们有必要探讨朱子和茶山对恕的含义的
理解。因为朱子和茶山都从道德义务的实践的角度出发，重新审视了恕
的含义。

1　倪德卫将忠定义为"向长辈或上级提出要求，要求自己充分地履行自己的义务"，这一
　　点乍看很妥当。但是罗哲海（Heiner Roetz）批评说，像倪德卫一样在社会、政治、等级
　　（hierarchies）中解释"忠"不仅缺乏先秦时代的文献依据，而且其意义也不完整（Heiner
　　Roetz, *Confucian Ethics of the Axial Age:A Reconstruction under the Aspect of the Breakthrough toward
　　Postconventional Thinking*,State University of the New York Press,1993, pp.137-141）。

三 道德性的扩展和共有：朱子的恕

（一）恶的相互容忍：恕的误用

按照孟子所言，仁义是人的本性。如果我们不实践仁义的话（像康德提及"自杀的情况"[1]），是对我们自己的本性的破坏（自暴自弃），会陷入自我矛盾中。因此我们有实践仁义的自身义务。[2] 出于同样的原因，我们有义务督促他人实践仁义。如果（像康德提及"约定的情况"[3]）因为我放任他人而任由他们自暴自弃的话，他人也会放任我而任由我自暴自弃。这样我和他人一起放弃了义务。

朱子将①中说的"自己本身先具备善才能要求他人善，先去除自己的不善然后才能责备他人的不善"（君子有诸己而后求诸人，无诸己而后非诸人）这句话视为自我和他人实践道德义务的重要段落。但是在将朱子①中的这句话理解错误的情况下，就存在着对导致无法挽回的道德败坏行为的担忧。这就是将①中的话理解为对照（antithesis）。如果将①中"无诸己而后非诸人"这句话颠倒过来理解为"我不能去除自身的不善的话，就不能责备他人的不善"，在逻辑层面上意思是一样的。如果这样的话，"原谅自己的不善的话，就应该也要原谅他人的不善"，即应该要宽容他人的不道德行为。这样很容易解读为"恶的相互容忍"和"道德的同时放弃"之意。实际上在朱子以前，范纯仁（1027—1101）和张九成（1092—1159）就是按照这样的意思理解恕的。范纯仁说"以恕己之心恕人"，张九成说"知一己之难克，而知天下皆可恕之人"。两人都将对自己和他人的宽容理解为恕的意思。朱子之时，像范纯仁、

---

1 康德：《道德形而上学》，Lee Won bong 译，书世界，2005，第 72 页。

2 《孟子·离娄上》："孟子曰：'自暴者，不可与有言也；自弃者，不可与有为也。言非礼义，谓之自暴也；吾身不能居仁由义，谓之自弃也。仁，人之安宅也；义，人之正路也。旷安宅而弗居，舍正路而不由，哀哉！'"

3 康德：《道德形而上学》，第 73 页。

张九成一样对恕持同样观点的人不在少数。[1]

朱子对于这种错误的解读又是如何处理的呢？这集中体现在朱子强调的恕的义务论的特征。首先，他断定①的意思在于强调充分地履行自身的道德性。[2]因此在自身的道德性不够成熟的情况下不能以①推断，也不能理解为容忍他人不道德行为的意思。进一步而言，朱子从两个方面指出"恕"不能像范纯仁和张九成解释的那样理解为宽容或者容忍。

第一，恕的字义是"和我的心一样（如心）"，即以我之心可以推及他人（推己及人）。[3]因此如果称之为"恕己"的话，这是"用自己的心分辨自己的心"的矛盾行为，是混乱的意识状态。如果将这种矛盾和混乱的意识状态再次适用于他人，将导致他人也陷入这种状态。[4]总之，正如按照朱子所说"以心观心"是没有道理的一样，恕己也是不合理的状态。[5]朱子认为恕不可能是这种矛盾和混乱的心理状态。

第二，关于由此引发的双方相互容忍对方的不道德行为的这一点，如果不能对自己进行严格的道德判断和反省的话，按照恕的逻辑形式，对他人的错误也不能追究责任。这也就是说既然容忍了自己的不道德行为，就应该容忍他人的不道德行为。[6]朱子也是出于同样的原因批判

1　所以朱子在《大学或问》中对这一问题设置了一条进行回答。(《大学或问》："然则未能有善而遂不求人之善，未能去恶而遂不非人之恶，斯不亦恕而终身可行乎哉！")

2　《大学或问》："先君子之言曰：'有诸己，不必求诸人。'以为求诸人而无诸己，则不可。无诸己不必非人，以为非诸人而有诸己，则不可也。正此意。"

3　《大学或问》："恕字之旨，以如心为义，盖曰如治己之心以治人，如爱己之心以爱人。"

4　《大学或问》："近世名卿之言有曰：'人虽至愚，责人则明；虽有聪明，恕己则昏。苟能以责人之心责己，恕己之心恕人，则不患不至于圣贤矣。'此言近厚，世亦多称之者。但恕字之义，本以如心而得，故可以施之于人，而不可以施之于己。今曰'恕己则昏'，则是己知其如此矣，而又曰以'恕己之心恕人'，则是既不知自治其昏，而遂推以及人，使其亦将如我之昏而后已也，乃欲由此以入圣贤之域，岂不误哉！"

5　朱子对佛教观心说的批判："释氏之学，以心求心，以心使心，如口龁口，如目视目，其机危而迫，其途险而塞，其理虚而其势逆。"(《朱文公文集·观心说》)

6　《朱子语类》："范忠宣所说'以恕己之心恕人'。且如自家不孝，也教天下人不消得事其亲；自家不忠，也教天下人不消得事其君；自家不弟，也教天下人不消事其兄；自家不信，也教天下人不消信其友，怎地得不得？还有这道理否？"

张九成的恕的概念。朱子批判张九成不仅歪曲了恕本来的意思，而且开辟了一条肯定自我和他人私欲一起作恶的道路。[1] 上述的内容用陈淳（1483—1544）的话概括如下：

> 　　我朝范忠宣公，亦谓以恕己之心恕人，不知恕之一字，就己上著不得。据他说恕字，只似个饶人底意，如此则是己有过，且自恕己，人有过，又并恕人，是相率为不肖之归，岂古人推己如心之义乎？（《北溪字义·忠恕》）

（二）道德主体的确立和他人的同一化

　　按照朱子的话，①的内容是要求（责人）他人履行道德义务，并且为此，主体也要尽到（自治）道德义务的意思。即①可以用"道德的相互责任"来表达。朱子认为只是对他人宽容并不是多了不起的事情，严格纠正他人的错误，引导他人走向善才是正确运用恕的方式。[2] 为此朱子认为自己本身也要具备完备的道德性。这样看来朱子的恕可以说是自己和他人共有道德义务，共同履行道德义务。原谅自己的不道德行为或宽容他人的不道德行为，都不能说是恕的完整意思。

　　但是反复思考朱子将恕解释为"推己及人"，即做出"自我→他人"的单方向的设定时，就会发现朱子对恕的解释包含着对他人道德义务的督促，在自我这一主体必须先实行道德义务。换言之，对自我的道德性要求要先行于对他人的道德性要求。因此①的意思是追求自

1　《朱文公文集》卷72《杂学辨：张无垢中庸解》："张云：知一己之难克，而知天下皆可恕之人，愚谓……若曰知一己之难克，而知天下皆可恕之人，则是以己之私待人也。恕之为义本不如此……以己不能克其私而并容他人，使之成其恶，则是相率而禽兽也。"

2　《朱子语类》卷27："问：'或云，忠恕只是无私心，不责人。'曰：'此说可怪。自有六经以来，不曾说不责人是恕！若《中庸》，也只是说"施诸己而不愿，亦勿施于人"而已，何尝说不责人！不成只取我好，别人不好，更不管他！于理合管，如子弟不才，系吾所管者，合责则须责之，实可只说我是恕便了。'"

我和他人同一性的前提是首先要求确立正确的道德主体。[1] 换言之，①是"要先尽全力去除我自身的不善（然后再要求别人善的义务）"[2] 的意思。在这样的情况下，恕的先决条件是主体自身道德性的确立。陈栎（1252—1334）对这一点的说明如下：

> 新安陈氏曰：有善无恶于己，尽己之忠也。推己以责人正人，由忠以为恕也。忠即恕之藏于内者，恕即忠之显于外者。所藏乎身不恕，无藏于内之忠而欲为恕。是乃程子所谓无忠做恕不出者也。其能喻人者无之。（《大学章句》"齐家治国"细注）

根据陈栎的说明，"有诸己，无诸己"是忠，"求诸己，非诸人"是从忠产生的恕。主体道德性的确立是通过忠来实现的，再通过忠来实践恕。没有忠的话，恕也无法确立。并且反过来，恕的实践必须要包含忠。[3] 根据陈栎的观点，"所藏乎身不恕"中的恕实际上指的是忠。在这一点上朱子借用了形而上的语言，认为忠是体，恕是用。[4]

这样看来我们可以说朱子的恕是首先要确立道德主体，然后将主体的道德性扩展到他人，从而实现自我和他人都充分履行道德义务的过

1　《大学或问》："曰：'恕字之旨，以如心为义，盖曰如治己之心以治人，如爱己之心以爱人，而非苟然姑息之谓也。然人之为心，必尝穷理以正之，使其所以治己爱己者，皆出于正，然后可以即是推之以及于人，而恕之为道，有可言者。故《大学》之传，最后两章始及于此，则其用力之序，亦可见矣。至即此章而论之，则欲如治己之心以治人者，又不过以强于自治为本，盖能强于自治，至于有善而可以求人之善，无恶而可以非人之恶，然后推己及人，使之亦如我之所以自治而自治焉，则表端景正，源洁流清，而治己治人，无不尽其道矣，所以终身力此，而无不可行之时也。今乃不然，而直欲以其不肖之身为标准，视吾治教所当及者，一以姑息待之，不相训诰，不相禁戒，将使天下之人，皆如己之不省而沦胥以陷焉，是乃大乱之道，而岂所谓终身可行之恕哉！'"
2　《大学章句》："有善于己，然后可以责人之善；无恶于己，然后可以正人之恶。"
3　《朱子语类》卷 27："不得忠时不成。恕时，忠在里面了。"卷 45："分言忠恕，有忠而后恕；独言恕，则忠在其中。若不能恕，则其无忠可知。恕是忠之发处，若无忠，便自做恕不出。"
4　《论语或问》："盖尽己为忠道之体也。推己为恕道之用也。忠为恕体，是以分殊而理未尝不一。恕为忠用，是以理一而分未尝不殊。"

程。在恕的实践中，主体和他人中没有任何一方可以脱离道德义务。恕不是无分别的自我和他人的同质化。朱子对这一点做了简要说明：

> 又曰："明道言：'忠恕二字，要除一个，更除不得。须是忠，方可以行其恕。'若自家不穿窬，便教你不穿窬，方唤做恕。若自家穿窬，却教别人不穿窬，这便不是恕。若自家穿窬，也教大家穿窬，这也不是恕。"（《朱子语类》卷 56）

我们可以对朱子恕的概念进行归纳。第一，恕一定伴随着道德性的条件。恕是自我和他人共有道德义务的过程，也是自我和他人道德同一化的过程。即便是将恕解释为宽容，也要以恕的根本意义，即共有道德性为前提，才能得到认可。第二，恕是从主体开始扩展到他人的单向载体（vector）。在"推己及人"的定义上，恕是从主体向他人进行的单方向的扩展。朱子将道德主体向他人扩展自己的道德性定义为恕。第三，由于"主体→他人"的方向性，在恕的实践中，首先要求确立忠的（尽己）道德主体。如果不以主体的道德性为前提条件的话，推己及人就会沦为对不道德的容忍和认可。恕是主体的道德性扩展的过程。如上所述，朱子的恕首要先确立主体自身的道德性，扩展其道德性，向他人扩展道德性也包含在其中。因此可以将恕定义为善的同心圆式的扩展。

更进一步说，从政治哲学脉络来看，对于朱子来说恕不单纯是双方之间的伦理行为，还有更深层的含义。朱子把恕定义为治人，即教化百姓（责人）、保障百姓生计（爱人）的行为，忠是对治人主体的士大夫提出的工夫要求。朱子的政治哲学信念认为只有士大夫强化自身的道德性，才能实现德治（责人和爱人），即修己爱人。因此，他担心如果士大夫在不具备道德性的情况下实践恕的话，在官场上只会蔓延不正当的勾结和对恶的容忍。总而言之，朱子将恕定义为所有士大夫的行为，他的本意在于实现以士大夫为主体的德治。

四　依靠他人而存在的主体：茶山的恕

（一）对他人的不关心：对朱子忠恕的批判

　　茶山试图颠覆朱子的忠恕论。首先，茶山对朱子的忠恕论导致在日常生活中忽视他人，只重视个人内在进行批判。按照茶山的观点，朱子以先验道德本体先存在于主体内心为前提，要求先通过忠确立道德本体，结果会导致人们只重视主观。[1]在这一点上，茶山批评朱子的忠恕论是归结于先验本性的超越主义和主观主义的。[2]

　　但是这样的批判并不妥当。因为朱子的忠的概念与茶山所批判的不一样。朱子以尽己解释忠，并没有重视先验的本体或者自身主观的意思。[3]令人意想不到的是实际上朱子从没有将尽己理解为自身的先验的本性。[4]在朱子看来尽己只是最大限度地发挥自身内心力量的态度。[5]尽己首先是"自身的实心"和"尽自己的实心"[6]、"尽自己的

1　《论语古今注》卷 7："今人知之，若先有一物，在内为忠，然后自此推转，发之恕，岂不大谬？审如是也。"

2　现代的研究者也对朱子的忠恕论做出了和茶山类似的评价。可参考辛正根《作为道德原则恕的要求的必然性》，《东洋哲学》第 21 辑，2004 年，第 113 页；白敏祯《伊藤仁斋和丁若镛的忠恕论比较》，《东方学志》第 140 辑，2007 年，第 371 页；Lee Seon Yeol《对于他人的两个原则：宽容和恕》，《栗谷思想研究》第 24 辑，2012 年，第 92—95 页；P.J.Ivanhoe，"Reweaving the 'one thread' of the Analects," *Philosophy East and West 40* (1990)，p.19。

3　茶山指出的尽己的问题如下。《论语古今注》卷 2："尽己之谓忠，推己之谓恕也。然忠恕非对待之物，恕为之本，而所以行之者忠也。以人事人而后有忠之名，独我无忠，虽欲先自尽己，无以着手。今人皆认吾道为先忠而后恕，失之远矣。"

4　朱子用本体论的用语天道和诚来说明忠，很难将忠理解为超越的本体的工夫。这时天道和诚是指圣人完整的自我状态，并不是指一般学习的人的工夫对象。（参考《朱子语类》卷 27）

5　《朱子语类》卷 2："问：'尽己之谓忠，不知尽己之什么？'曰：'尽己之心。'又曰：'今人好说"且恁地"，便是不忠。'"

6　《朱子语类》卷 11："忠，只是实心，直是真实不伪。到应接事物，也只是推这个心去。直是忠，方能恕。若不忠，便无本领了，更把甚么去与物！程子说：'"维天之命，于穆不已。"忠也，便是实理流行；"乾道变化，各正性命"，恕也，便是实理及物。'守约问：'恁地说，又与"夫子之道，忠恕而已矣"之"忠恕"相似。'曰：'只是一个忠恕，岂有二分！圣人与常人忠恕也不甚相远。'又曰：'尽己，不是说尽吾身之实理，自尽便是实理。若有些子未尽处，便是不实。如欲为孝，虽有七分孝，只中间有三分未尽，固是不实。虽有九分孝。只略略有一分未尽，亦是不实。'"

真心"[1]的意思。这时尽己是指发挥心理内部的所有力量达到不自欺欺人的状态。但是尽己的意思并不局限于此。尽己的外延意义比这更广泛。即尽己是在穷理正心上尽自己的力量，循序渐进地学习日常生活的道德原理，并将其反馈到自己的内心，这是为了确立正确的道德主体。[2]另外，忠是适用于所有人的普遍的妥当的道德原则，同时建立与之融为一体的理想道德主体。[3]

朱子的忠与其说是关注到神秘的内心，不如说更关注日常伦理；与其说是追求先验的本体，不如说是参与到经验的世界中来。

尽管如此，茶山的批评也不是完全无效的。朱子的错误是什么？看茶山如何批判朱子对于①的解释，就更容易理解茶山所指出的朱子的问题和茶山为此提出的新对策。茶山认为朱子错误地解读了①的内容，从而引发了"恶的相互容忍"这一问题。

　　　　朱子曰："有善于己，然后可以责人之善。无恶于己，然后可以正人之恶。皆推己以及人，所谓恕也。"镛案：恕有二种。一是推恕，一是容恕。其在古经，止有推恕，本无容恕，朱子所言

1　《朱子语类》卷42："先生自唐石归，曰：'路上有人问："己所不欲，勿施于人"，是恕。如以刑罚加人，岂其人之所欲！便是不恕，始得。'且说如何。'众人各以意对。先生曰：'皆未分明。伊川云："恕'字，须兼'忠'字说。"此说方是。尽忠是尽己也，尽己而后为恕。以刑罚加人，其人实有罪，其心亦自以为当然，故以刑加之，非强之以所不欲也。其不欲被刑者，乃其外面之私心。若其真心，既已犯罪，亦自知其当刑矣。今人只为不理会忠，而徒为恕，其弊只是姑息。'"

2　《大学或问》："曰：'然则絜矩之云，是则所谓恕者已乎？'曰：'此固前章所谓如爱己之心以爱人者也，夫子所谓终身可行，……然必自其穷理正心者而推之，则吾之爱恶取舍，皆得其正，而其所推以及人者，亦无不得其正，是以上下四方以此度之，而莫不截然各得其分。若于理有未明，而心有未正，则吾之所欲者，未必其所当欲；吾之所恶者，未必其所当恶，乃不察此而遽欲以是为施于人之准则，则其意虽公，而事则私。……是以圣贤凡言恕者，又必以忠为本，而程子亦言忠恕两言，如形与影，欲去其一而不可得，盖惟忠，而后所如之心始得其正，是亦此篇先后本末之意也。然则君子之学，可不谨其序哉！'"

3　《大学或问》："君子之所以有此，亦岂自外至而强为之哉？亦曰物格知至，故有以通天下之志，而知千万人之心即一人之心，意诚心正，故有以胜一己之私，而能以一人之心为千万人之心，其如此而已矣。"

者，盖容恕也。《中庸》曰："施诸己而不愿，亦勿施于人。"此推恕也。子贡曰："我不欲人之加诸我也，吾亦欲无加诸人。"此推恕也。……先圣言恕，皆是此义。若所谓容恕者，《楚辞》曰"恕己以量人"，……此容恕也。推恕、容恕，虽若相近，其差千里。推恕者，主于自修，所以行己之善也；容恕者，主于治人，所以宽人之恶也。斯岂一样之物乎？……今人于此，误读而误推之，则将曰："同浴者不可讥裸，同盗者不可讥穿。"以我之心，度他人之心，怡然兼容，莫相非议。即其弊将物我相安狃于为恶，而不相匡正，斯岂先圣之本意乎？（《大学公议》）

如前文所述，因为朱子在这一段落强调的是责人（恕）和自治（忠），所以警告不能将这一段落解释为原谅彼此恶的意思。但是茶山批判朱子对这一段落的解释并没有完全隔断以对照解释的可能性，最终像范纯仁和张九成一样，仍然留有将该句子解释为"对恶的相互容忍"的余地。茶山批评说如果按照朱子的解释方法，该段落将会被归结为"如果我做出不道德的行为，相应地也要容忍他人的不道德行为"，在实际情况下会产生容忍他人不道德的结果。

实际上，茶山也非常清楚朱子警告过不能将恕解释为容恕。[1] 尽管如此，茶山还是毅然进行了这样的批判，是有他的目的的。茶山想要批判的是朱子先忠后恕的构图。即在朱子"主体→他人"的单向结构中存在着两个问题。第一，从结构上看，因为首先要确立主体的道德性，这与朱子的本来目的不同，主体有可能保留对他人的关心，即主体首先为了树立自己的道德性而保留与他人沟通的状态，只投入自己的主观中

---

1 《大学公议》："〔考订〕朱子曰：'伊川云："恕字须兼忠字说。"盖忠是尽己，尽己而后为恕，今人不理会忠，而徒为恕，其弊只是姑息。张子韶《中庸解》云："圣人，因己之难克，而知天下皆可恕之人。"即是论之，因我不会做，皆使天下之人不做。如此则相为懈怠而已，此言最害理。'（见《心经》）铺案程朱之说，已知此矣。"（惟忠恕者，实心行恕也，不可作两头说）

的事是正当化的。在茶山看来，朱子将"有诸己，无诸己（忠）"设定为"求诸人，非诸人（恕）"的先决条件，因此在确立主体的自我道德性之前，只能保留对当前现实情况的判断。朱子的忠是"道德上的利己主义"。这种道德利己主义会导致面对现实的判断的保留，从而导致对他人不道德行为的判断的保留，或者对他人的忽视和回避。这就会引发对他人的不关心和回避的问题。茶山分析说，由于对他人的不关心和回避，恶的相互容忍的结果将蔓延甚至扩大。最终朱子的道德利己主义反而成了不道德行为的不断扩展。根据茶山的观点，朱子的解释方法中把确立主体道德性放在首位，虽然预先设定道德主体，但是在现实生活中会出现相反的结果。

第二，在恕结构上主体会将对自己的信任强加于他人，并引发以自我为中心的问题。即使主体确立了道德性，因为这是主观上形成的，所以需要验证普遍妥当性。但是由于从主体到他人的单方向的恕，主体的信任不具备客观性，这会导致单向的对他人的强制，即恕的单方向统一化的特性会导致暴力行为的正当化像道德扩展一样正当化。因此，茶山担心朱子的忠恕有可能丧失道德的普遍妥当性和现实具体性。

（二）经由他人的主体修养

那么应该怎么理解①呢？茶山的反驳如下：即①中的《大学》原文的记录是"有诸己而后求人，无诸己而后非诸人"，因此我们要明确"有诸己"和"无诸己"是"求诸人"和"非诸人"的必要条件。按照《大学》原文的意思，只能像朱子一样解释为先确立主体的道德性。排除像范纯仁和张九成一样的对照的解释，剩下的就只有朱子的解释。对于这一点茶山又是如何回答的呢？

> 先圣之所谓恕者，求诸人而后有诸己，非诸人而后无诸己，此经之所谓恕者。有诸己而后求诸人，无诸己而后非诸人，表里本末，不换倒乎。然其所戒，在于推恕，而不在于容恕。……经

所言者，谓将欲化民，必先自修；将欲自修，必先藏恕。恕者絜
矩之道也。絜矩则我有孝弟，乃可以求诸民；絜矩则我无不孝，
乃可以非诸民。理虽相通，言必有序。今直以求诸人非诸人为恕，
则表里本末，即地换倒。故曰求诸人非诸人，推恕之倒言者也。
（《大学公议》）

茶山的观点与《大学》记录的内容不同，他认为这一段落原来的
意思是"求诸人而后有诸己，非诸人而后无诸己"。茶山的理解与《大
学》原文和朱子的解释相反，他主张"求诸人，非诸人"是"有诸己，
无诸己"的必要条件，为什么会成为"求诸人，非诸人"的必要条件？
要求他人履行道德义务怎么会成为确保道德主体道德性的前提呢？这样
的解释中包含着茶山独到的哲学体系和伦理建构。朱子和茶山都主张通
过恕来共有和实践自我和他人的道德义务，他们也都十分强调主体自身
的道德修养。但是两者的观点实际上有很大的分歧。首先，要确认朱子
和茶山对"求诸人，非诸人"解释的差异。朱子对"求诸人，非诸人"
这句的理解是要求他人也具备主体的道德性。与朱子相反，茶山认为这
句话是在主体不具备的情况下，对他人提出的要求。即在茶山看来"求
诸人，非诸人"是指在日常的人际关系中我们向他人要求一般道理的情
况。我们在日常的关系中（不管自身是否具备）向他人提出的要求，这
一情况就是我们具备道德性的必要条件。前文提到的②的句子（《中庸》
第 13 章）表达了这样的意思。

"道不远人"者，《孟子》所谓"万物皆备于我"也。有求乎
子，则事父之道在我也；有求乎臣，则事君之道在我也；有求乎
弟，则事兄之道在我也。（《中庸自箴》卷 2）

在上面的引文中出现的"有求乎子，则事父之道在我也"这句话，
意味着我应该要实践的道理就是我对他人的要求。按照茶山的观点，在

我向子女提出某种要求的时候，我反观自身就会知道那就是我对自己提出的要求。简而言之，在要求他人实践道理时，会使我反观自身，从而做出相应的实践。其中就蕴含着我要求他人实践理，我才能自觉地意识到自己应该具备怎样的理。如果不向他人要求什么，我将不会知道自己应该具备什么样的品德。按照茶山的想法，主体应该具备的道德性并不是很难或沉重的。这种道德性不是通过对主体内在先验本质的观察审视，或通过对世界道理和法则的探索而得到的，而是存在于非常常见的日常生活的人际关系之中。[1] 因此茶山认为主体的道德修养如果不以与他人的关系为前提，是不可能的。基于这种理解，《大学》这一句的意义可以理解如下："在现实纷繁的人际关系中，只有在我向他人要求道理的情况下，我才能具备道德性。"即茶山将①的句子（《大学》"齐家治国"）解释为②的句子（《中庸》第 13 章）。茶山也是按照这一脉络理解孟子的"万物皆备于我"的。[2]

在此值得关注的是茶山重新发现了他人的重大价值。按照茶山的观点，需要有他人才能确认我的道德义务。也就是说，我的道德标准是依据他人存在的。在茶山看来，他人并不只是"和我（具有不同兴趣的）他人"，更为重要的是他人是构成自我存在的要素，自我是相互依赖的存在，[3] 自我的道德性仍然要依存他人才能实现。[4] 我们无论如何也不能不关心他人。

茶山解构了朱子恕概念的单向性，将主体的道德修养从内向的自

---

1 《孟子要义·告子》卷 6："仁者二人也。事亲孝为仁，子与父二人也；事君忠为仁，臣与君二人也；牧民慈为仁，牧与民二人也。人与人尽其分，乃得为仁。"

2 《孟子要义·告子》卷 6："曰：'万物皆备于我者，强恕求仁之戒也。为人子、为人父、为人兄弟夫妇宾主之道，经而三百，曲而三千，皆备于我，反身而诚，则克己以复礼，天下归仁，非万物一体、万法归一之意也。'"

3 在此要寄希望于罗哲海对先秦儒家"恕"的这一部分的说明。（Heiner Roetz, *Confucian Ethics of the Axial Age: A Reconstruction under the Aspect of the Breakthrough Toward Postconventional Thinking*, p.146）

4 《孟子要义·告子》卷 6："仁者，二人也。父子二人也，君臣二人也，民牧二人也。曩所谓万物不出人伦之外，故结之曰'强恕而行，求仁莫近焉'。"

身投入转变为面向外向的他者。他用"推恕"这个独特的词语创造了自己的恕的概念。推恕是从他人开始到自己实行的恕。所以"恕"不是将自己扩张到他人身上（治人），而是将他人收敛到自己身上的修养方法（自修）。这样恕的方向发生了逆转，恕成为"他人→自己"的内向的向量。另外与朱子认为"恕"是自己的道德性向他人扩展的单线的、片面的结构不同，茶山主张的"恕"是对他人的善意要回归到恕（絜矩）之中，确保自己的善，再通过恕施予百姓，转换为循环、交互的结构。

但是站在朱子的立场上，可以反驳茶山的相互依存的恕的概念，无法确保普遍妥当的道德准则。如果说道德是圆满的关系的履行的话，那么道德可以根据双方协议得出，也可以根据情况而变化。如果日常生活中我对他人所期待的，就是我也要履行的义务的话，那么假如最初我对他人所期待的是在道德上不正确的要求，会怎么样呢？如果上司愿意接受我的恭维，让我尽快升职，那我也应承别人的那些要求，是否合乎道德呢？[1] 如果不是这样，那么首先需要的是在日常生活中，自己要深思熟虑对他人所期待的是否符合道德。换句话说，首先需要反省自己向他人提出的要求是否正确，并尽心（尽己）地进行忠的修养。这样的话我们是不是又回归到朱子的解释了呢？茶山对这一问题又是怎样回答的呢？

> 人生斯世，其万善万恶，皆起于人与人之相接。人与人之相接而尽其本分，斯谓之仁。仁者，二人也。事父孝曰仁，子与父二人也；事兄悌曰仁，弟与兄二人也；育子慈曰仁，父与子二人

---

1 《朱子语类》卷 18："萤卿问：'大学或问，近世名卿谓"以恕己之心恕人"，是不忠之恕，如何？'曰：'这便是自家本领不正。古人便先自本领上正了，却从此推出去。如"己欲立"，也不是阿附得立，到得立人处，便也不要由阿附而立；"己欲达"，也不是邪枉得达，到得达人处，便也不要由邪枉而达。今人却是自家先自不正当了，阿附权势，讨得些官职富贵去做了，便见别人阿附讨得富贵底，便欲以所以恕己者而恕之。'"

也。君臣二人也，夫妇二人也，长幼二人也，民牧二人也。仁亲、仁民，莫非仁也。乃圣人之言曰："强恕而行，求仁莫近焉。"恕者，仁之道也。(《大学公议》)

茶山认为仁是在人与人的关系中形成的，并且实现仁的方法就是恕。但是茶山所想的"人与人之间"并不是特定的抽象的个人见面的模糊关系。茶山所说的人与人之间的关系是按照儒教的礼的秩序规定的具体的关系。人这一生必然要通过与他人建立关系而生活，这就意味着人要生活在礼的秩序之中。但是这种礼的秩序赋予了每个人各自的本分和作用，由此构成人与人之间的关系。换句话说，与他人建立关系的前提是履行秩序赋予的本分和作用，即要完成无言的约定。如果不能很好地履行本分和作用，那么这种关系就无法维持。

茶山认为只有完美地履行关系赋予自己的本分时，这种关系才能在道德上实现圆满，这时仁才能实现。换句话说，道德标准已经渗透进人们的关系中，只要我们履行好关系中的自己的职责就能实现道德。恕就是人们之间的关系得以完美实践的媒介（善于际）。[1]只要我对他人提出的要求符合他的本分和作用，这一要求使我反观自身，就能确保道德的妥当性。对于前面朱子学方面的预想反驳，茶山反驳道只要忠实于礼的秩序保障关系网中的职分和作用就可以了，为了确保行为的妥当性，必须要倾听自己内心的声音。从这一点来看，茶山认为尽心（忠）只是反省自己的本分和义务，[2]自己的超克也只是战胜了我本分之外的欲望，忠

---

1 《论语古今注》卷7："经礼三百，曲礼三千，枝枝叶叶，段段片片，浩浩漫漫，不可究学，要其归，不过曰善于际也。善于际，何谓也？所恶于上，毋以使下；所恶于下，毋以事上；所恶于前，毋以先后，所恶于后，毋以从前；所恶于右，毋以交于左，所恶于左，毋以交于右。斯之谓善于际也。括之以一字，非即为恕乎？"

2 《孟子要义·尽心》卷6："反身而诚者忠也，我之所以施于人者，反求诸己。无一不忠则乐莫大焉。"《心经密验》："恕之为尽己也至矣，又何必需他德以补之哉？"

实于关系而已。[1]

　　实际上茶山十分推崇朱子的学问观和实践论。[2] 尽管如此，茶山还是反对朱子将恕解释为治人。如果将恕设定为治人的话，在朱子忠恕论的结构上，治人必然会从属于修己。因此士大夫们会只关注修己，陷入道德利己主义和傲慢之中，会越来越不关心现实生活。这就是令茶山感到痛惜的问题。[3] 因此茶山为了唤醒陷入自我陶醉的知识分子进行伦理实践，不得不反过来让忠从属于恕。[4] 茶山的政治哲学理想是建立士大夫以他人（百姓）为自身道德修养标准、竭尽全力地关心他人生活的士大夫的道德政治社会。换言之，集中于恢复士大夫的道德的特权和使命感，将所有人升格为恕的主体即道德主体的事情，不是从士大夫这个单一的中心同心圆扩展到百姓的样态，而是百姓这个多元的中心在关系网中互相影响，自发地形成道德的状态。我们也不清楚这是不是茶山伦理学所期望的终极样态。[5]

1　《论语古今注》卷 8："仁者，人也，爱亲、敬长、忠君、慈众，所谓仁也。求仁者必强恕，强恕者必克己。朱子以绝私欲为仁，良以是也。"另外，田炳郁将茶山的慎独工夫置于恕的范畴进行解释。（田炳郁：《茶山的未发论和慎独的修养论》，《哲学研究》第 40 辑，2010 年，第 206—209 页）

2　《茶山诗文集》卷 11《五学论》："曰：'我尊尚朱子。'呜呼！朱子何尝然哉？研磨六经，辨别真伪，表章四书，开示蕴奥。入而为馆阁，则危言激论，不顾死生，以攻人主之隐过，犯权臣之忌讳，谈天下之大势，滔滔乎军旅之机，而复仇雪耻，要以伸大义于千秋。出而为州郡，则仁规慈范，察隐察微，以之平赋徭，以之振凶灾。其宏纲细目，有足以措诸邦国，而其出处之正也，召之则来，舍之则藏，拳拳乎君父之爱，而莫之敢忘。"

3　《茶山诗文集》卷 11《五学论》："今为性理之学者，自命曰隐，虽弈世卿相，义共休戚，则勿仕焉，虽三征七辟，礼无亏欠，则勿仕焉。生长荤毂之下者，为此学则入山，故名之曰山林。其为官也，唯经筵讲说及春坊辅导之职，是注是拟，若责之以钱谷、甲兵、讼狱、摈相之事，则群起而病之，以为待儒贤不然。……沉沦乎俗之学，而援朱子以自卫者，皆诬朱子也。朱子何尝然哉？虽其修饰边幅，制行辛苦，有胜乎乐放纵邪淫者，而空腹高心，傲然自是，终不可以携手同归于尧、舜、周、孔之门者，今之性理之学也。"

4　《心经密验》："经曰'己所不欲，勿施于人'，先儒瞥见此文，认人字太远，看作众人之疏贱者，不知人字密贴在天伦骨肉之亲、父子兄弟之间。故求仁之方，日以远矣。自汉以来，史传所言，皆以容恕为恕，此先圣道晦之一案。先儒习见此文，遂云'推恕之弊，必至姑息'，欲于推己之上，增置尽己一节，以图补救。然恕之为尽也至矣，又何必需他德以补之哉。今人读忠恕，皆欲忠以修己，恕以治人，大误大误。恕以修己，惟实心行恕者，谓之忠恕。"

5　茶山将《大学》中的明德规定为一般人伦关系中的孝、悌、慈，这就降低了明德的分量，任何人都可以实践明德。我认为茶山这样的观点中包含着平等的伦理学倾向。

五 结语

本文是为了探索恕的义务论的特征而作的。现将相关论述总结如下。有一部分研究者将恕解释为宽容，认为这是儒家伦理的特征，我认为他们这样的观点只有一半是正确的。因为宽容是理所当然的规范，因此可以演变为毫无原则的怜悯和同情。但是恕与此不同，恕意味着实现自己的道德义务（自治），并向他人提出要求（责人）。本文第二部分明确了这一点，还阐明了朱子和茶山的恕这一概念所具有的重要意义。

朱子警告说不要将恕理解为"恶的相互容忍"和"道德的同时放弃"，朱子以建立道德主体、将主体的道德性扩展给他人，以"修己以治人"的构图来解释忠恕，因此朱子强调为了督促他人的道德责任，首先要确立主体的道德性。（本文第三部分）但是朱子的忠恕论存在着潜在的问题，即主体会陷入道德利己主义，对他人表现出漠不关心和回避的态度，这会导致容忍他人恶行的结果。指出这一点的人是茶山。茶山主张主体的道德性可以在与他人的关系中实现。也就是说茶山将对他人的要求再次转化到自己身上，视为自己的道德义务。这是茶山的恕的含义。在茶山看来，恕不是向他人扩张，而是向自己收敛。他在礼的秩序的安全网上，以适当运用礼的自律的行为方式定义恕。（本文第四部分）

综合来看，朱子强调主体道德性的建立，而茶山则把重点放在了自我和他人的关系上。如果说前者侧重于督促士大夫承担道德责任，那么后者侧重于与他人（百姓）平等、相互沟通。我认为两者的想法都具有不容忽视的伦理学意义和价值，但是我们更应该关注的是朱子和茶山都把恕看作自己和他人共同拥有和履行道德义务的方法。道德修养的义务化——将这一点定义为与西方黄金律不同的恕的固有特性一点儿也不为过。

杨洋（湘潭大学博士后）译

参考文献

朱熹:《四书章句集注》《四书或问》《晦庵先生朱文公集》《朱子语类》,均载《朱子全书》,上海古籍出版社、安徽教育出版社,2002。

程颢、程颐:《二程集》,中华书局,1981。

丁若镛:《心经密验》,《与犹堂全书》。

丁若镛:《论语古今注》,《与犹堂全书》。

丁若镛:《大学公议》,《与犹堂全书》。

倪德卫:《儒学的歧路》,Kim Min Cheol 译,哲学与现实社,2006。

康德:《道德形而上学》,Lee Won bong 译,书世界,2005。

白敏祯:《伊藤仁斋与茶山的忠恕论比较》,《东方学志》第 140 辑,2007 年,延世大学国学研究所。

So Byung Chul:《作为宽容的条件的人权的定义》,《民主主义和人权》第 10 卷第 3 号,2010 年。

辛正根:《作为道德原则恕的要求的必然性》,《东洋哲学》第 21 辑,2004 年。

李相益:《儒教的忠恕论和自由主义》,《哲学》,2004 年。

Lee Seon Yeol:《对于他人的两个原则:宽容和恕》,《栗谷思想研究》第 24 辑,2012 年。

田炳郁:《茶山的未发论和慎独的修养论》,《哲学研究》第 40 辑,2010 年。

P. J. Ivanhoe, "Reweaving the 'one thread' of the Analects", *Philosophy East and West*, 40（1990）.

Heiner Roetz, *Confucian Ethies of the Axial Age: A Reconstruction under the Aspect of the Breakthrough toward Postconventional Thinking*, State University of the New York Press,1993.

朝鲜后期儒学史的关键
——以《四书大全》与《四书集评》为核心

〔韩〕姜智恩[*]

一 绪论

　　韩国历史在殖民地时代正式进入近代性学术研究的范畴。作为殖民地的朝鲜的学界在对抗"殖民史观"并挖掘韩国民族潜力时，有意无意地也受到殖民宗主国日本的学术观点的影响。不过，由于韩日历史传统存在悬隔，当时以来对韩国历史的解释中也有需要纠正的部分，尤其在儒学思想史方面，其研究观点和焦点还存在商榷的余地。总览朝鲜时代儒学史，其最大特点为"朱子学研究"，但对此的考察并不充分。究其主要原因，应该在于殖民时代以来"追随朱子学"和"批判朱子学"二分法考察方式的陷溺。该二

* 台湾大学"国家发展研究所"副教授。

分法往往将朝鲜儒家的"朱子学研究"归类为"追随朱子学",进而否定其意义。

朝鲜时代的儒家大部分都拥有丰富的朱子学知识。就当时的学者而言,如果其学说只追随朱子学的话,能获得学界的肯定并成为主流学说吗?另外,如果有人指出朱子学的矛盾和错误,能在以朱子学为标准的社会中,成为有用的学术吗?本文旨在关注朝鲜儒家批判性阅读《四书大全》小注的方法,以阐述朝鲜时代儒学史超越追随朱子学和批判朱子学的对立架构的可能性。柳健休(号大埜,1768—1834)编纂的《东儒四书解集评》(以下简称为《四书集评》),乃是能总览朝鲜时代经学研究的主流模式的文献。《四书集评》具有以下两个方面的重要性。

第一,柳健休是柳长源(号东岩,1724—1796)的门人,柳长源的师傅李象靖(号大山,1711—1781)虽然传承了李退溪学脉,但《四书集评》中所引学说并非局限于此一单系。该书同时收录从丽末鲜初时期的权近(1352—1409)到柳健休所处时代的柳致明(1777—1861)等不同学脉的多种学说,几乎囊括整个朝鲜时代。[1]

第二,柳健休并没有直接表示己见,而通过将朝鲜诸家关于《四书》各章的解说汇集在一起、引用朝鲜时代各儒学家观点的方式来阐发立场,那么读者会发现贯穿于朝鲜儒学史的某种特定倾向。

对此,本文首先考察《四书大全》出现的背景,及其在引进朝鲜半岛后,在朝鲜社会中一边备受关注,一边又遭受批评的发展历程,进而阐述这些学术情况在《东儒论语解集评》(以下简称为《论语集评》)中具体呈现的样貌。[2]

---

[1] 根据李昤昊的统计(《退溪〈论语〉解释的经学的特征及其继承样相》,《退溪学与韩国文化》第 26 辑,2005 年,第 228—229 页),《论语集评》平等地收录栗谷学派和退溪学派的学说。

[2] 《四书集评》的作者和文献相关细节,可参考赵浚喼《文献记录与发掘:论语集评》,韩国国学振兴院,2019。本文则针对这部文献在韩国儒学史上具有的意义来考察。

二 对《四书大全》的批判性阅读

（一）《四书大全》的出现

源自中国的儒学，在韩国和日本普及，是通过这些国家读书人学习经书的方式得以实现的。而韩日的经书学习方式则各依其社会背景不同，形成不同的儒学史特征。相较于日本，韩国儒学史更为显著的特点是对朱子学的精密研究。但是此特点，在韩国殖民地时代以来常常被视为象征朝鲜时代思想遭到镇压或缺乏独创的负面因素。[1] 众所周知，作为对该视角的反驳，韩国学界不断地挖掘出朝鲜儒学史的多样性，强调反朱子学、脱朱子学面貌。换句话说，许多韩国学者致力于对抗"殖民史观"，欲摆脱韩国儒学史只不过是"追随"朱子学历程的"偏见"。"以朱子学为主"这句话，在此后很长一段时间里被视为贬低朝鲜儒学史之意，直至今日，这样的看法也并未完全消失。但本文认为这一特点本身并非对韩国儒学史的贬低，故不必刻意避讳。

朝鲜王朝以后，便施行以朱子学说为标准答案的科举制度。无论是考生还是学界大师，都理所应当地致力于对朱熹（1130—1200，以下以朝鲜时代以后普遍采用的"朱子"来称呼）所编纂的《四书章句集注》（以下简称为《集注》）内容进行透彻精密的理解。正如作者本人所言，《集注》这部著作，是取《论孟精义》之精粹，整理分析诸先儒之学说，加之自己见解的长程之作，非短期的突击所能成就，[2] 因此，对于朱子学说的学习者来说，有必要涉猎《论孟精义》等朱子其他著作，以完整理解朱子学的发展过程。

中国元明时代，朱子学登上官学地位并成为科考标准答案之后，出

---

1 例如殖民时代在韩日官方学者高桥亨的主张。他在 1920 年代主要研究韩国岭南地区儒学史。其学说在韩国学界引起过巨大反响。（高桥亨：《朝鲜儒学大观》，《〈朝鲜史讲座〉特别讲义》，朝鲜史学会，1927，第 35—36 页）

2 参见黄坤、张祝平《〈论孟精义〉校点说明》，《朱子全书》第 7 册，上海古籍出版社、安徽教育出版社，2002，第 1—2 页。

现了为帮助理解朱子注释而在朱子注解下段附加《朱子语类》作为小注的书籍。其后，在小注上附加其他诸家学说的书籍也大批涌现，随着时间推移，加注的数量过多，为一些学者所诟病。为了改进这些缺点而出现的著作有陈栎（1252—1334）的《四书发明》和胡炳文（1250—1333）的《四书通》，陈栎弟子倪士毅（1303—1348）则将两书合并并删定而完成《四书辑释》。后来，在明代永乐年间（1403—1424）《四书大全》出现并流行，其他注解的影响力逐渐式微。[1]

根据《朝鲜王朝实录》记载，因明朝永乐帝赐予，《四书大全》在朝鲜世宗元年（1419）首次进入朝鲜。[2] 世宗在位期间，政府为了推广该书，下令各地地方政府刻印，颁授文臣，[3] 勉励各地乡校备办。[4]

（二）对《四书大全》的质疑

由于朝鲜王朝的积极推广，《四书大全》（以下简称为《大全》）逐渐广为流传，朝廷经筵也使用此书。但随之出现了对此的质疑。

1　顾炎武：《日知录》卷18《四书五经大全》，黄汝成集释《日知录集释》，栾保群、吕宗力校点，上海古籍出版社，2006，第1041—1042页。"自朱子作大学中庸章句、或问、论语孟子集注之后，黄氏有《论语通释》，而采语录附于朱子《章句》之下，则始自真氏，名曰《集义》，止《大学》一书。祝氏乃仿而足之，为《四书附录》。后有蔡氏《四书集疏》、赵氏《四书纂疏》、吴氏《四书集成》，昔之论者病其泛溢，于是陈氏作《四书发明》，胡氏作《四书通》，而定宇之门人倪氏合二书为一，颇有删正，名曰《四书辑释》。自永乐中，命儒臣纂修《四书大全》，颁之学官，而诸书皆废，倪氏《辑释》今见于刘用章所刻《四书通义》中，永乐中所纂《四书大全》，特小有增删，其详其简，或多不如倪氏。"

2　《朝鲜王朝实录（世宗实录）》世宗元年（1419）十二月七日："（皇帝）特赐御制序新修性理大全，四书五经大全。"

3　《朝鲜王朝实录（世宗实录）》世宗十年（1428）正月二十六日："礼曹启，江原道监司报《四书大全》，已分三处刊板，……请依所报，并谕他道，依此施行。从之。"及世宗十一年（1429）4月22日："江原道监司印进四书大全五十件，命下四件于宗学，三件于集贤殿，其余分赐文臣。"

4　《朝鲜王朝实录（世宗实录）》世宗十七年（1435）十月二十五日："（《性理大全》及《四书五经大全》）外方各官乡校与穷村僻巷，曾无一本之藏，乡邑有志之士，虽欲阅观，无由得见，诚为可虑。今同封各册卷数，晓谕各官，如有不干民力，无弊自备，欲印置于乡校者，暨邑人如有能办自愿印之者，收其纸以送，则皆许印送。如或不愿，不必强使为之，其自愿者，亦不必一时尽印诸书，虽一经一书，随其所备纸数，收纳上送。"

首先，对于一般学者过度关注《大全》小注，而相对忽略了经文和《四书集注》本身的态度，出现了批判意识。如世宗就曾对此指出批评，如下：

> （上曰，）其学经书者，或骛于诸家辑释，而不究本文与朱子辑注。朱子辑注，至为详备，一时之人以为过于详也。若大全诸家集解，教训博士则见而训之可也。[1]

根据上文脉络，可知"诸家辑释"或"诸家集解"指的是《大全》小注，世宗表示与其埋头小注，不如以《集注》的注释（在《大全》则相当于大注）为主学习经书。但是，此后以《大全》小注为主学习《四书》的倾向似乎仍在持续。随着这种学习模式加深，许多学者发现在《大全》小注中诸家学说有与朱子学说矛盾之处。例如，奇大升（1527—1572）在宣祖二年（1569）的经筵上有如下主张：

> （奇大升）又启曰，永乐皇帝命撰集《四书五经》及《性理》大全，则不知朱子之意而撰修处多有之。《诗》《书》《论语》辑注，与先儒之论，乖戾处亦多有之。我世宗晚年，不见辑注，凡四书，只印大文大注而览之。……《论语》辑注，不须见之。一度览遍之后，即以大文大注册，见之为当矣。[2]

奇大升所说的"辑注"，应指《大全》小注。《大全》编者附加小注，本意是为了帮助理解朱子注解。因此，小注原则上不应该出现与朱子注解相悖的情况，不过由于《大全》编辑时间过短等可能性原因，其中并不乏脱离朱子学说的观点。在上述引文中，奇大升将四书经文和

---

1 《朝鲜王朝实录（世宗实录）》世宗二十年（1438）十二月十五日。
2 《朝鲜王朝实录（宣祖实录）》宣祖二年（1569）四月十九日。

《集注》注解分别称为"大文"和"大注",将《大全》小注称为"辑注"。根据奇大升的说法,世宗并非在《四书大全》和《四书集注》中挑选后者,而另外印出大文和大注使用。因此,我们可窥知当时通用的教材是《大全》而不是《集注》。

《大全》由此得以在朝鲜社会中普及,对朝鲜儒学史发展产生莫大影响。换句话说,他们阅读的《大全》小注并非与朱子学说截然不同的注释,而是对朱子学说的补充分析。因此,当他们将《大全》小注与朱子学说共同研习时,对朱子学说的学习逐渐形成解析性理解和深入性研究两种倾向。不但如此,在科举制推行的背景下,以朱子学说来整合理解和讲述四书的需求进一步增加,所以这种倾向也日益增强。

如前所述,《大全》本身是由《朱子语类》、朱子的其他专著和解说朱子学说的诸儒学说编合而成,因为朝鲜儒者具备丰富的朱子学素养,故能朝着深入研究的方向发展,进而在此过程中,这些研究的幅度和深度也随之得到提升。

反观德川日本,虽然儒学早期便传入日本,可是因为没有获得意识形态的统治地位,也没有实行科举制度,所以日本儒学的处境与朝鲜大相径庭。日本儒者无须拘泥于官定标准注释,可并行学习多种注解,或按个人喜好选择特定教材,几乎不存在必须要深入研究朱子学的理由,于是,随意解释或肆无忌惮地批判朱子学以博声名的情况便也存在。

而朝鲜儒者精读《四书大全》时,将《集注》的注释(即朱子编纂的注释)及小注(即《朱子语类》及诸儒的学说)一起阅读。在此过程中,朝鲜儒者自然而然地进行如下两个方向的比较研究。

第一,由于《大全》小注大部分来自《朱子语类》,其中有一些内容和《集注》注说有所出入,因此朝鲜儒者发现朱子各种著作之间存在矛盾之处,于是倾力对这些矛盾进行说明。宋时烈(1607—1689)及其门下可作为其中的代表者。根据他们自身的说法,这是为朱子定论的事业。宋时烈将朱子观点的前后矛盾发生的原因归为三种情况:其一,朱子的观点本身随岁月而变化;其二,朱子的观点本身没有变化,但在不同的著述中因不同的关注点而似乎互相矛盾；其三，记录者的错误（主要是语录）。虽剖析朱子言论之异同的工作由宋时烈发起，但未能结束时宋时烈就去世了，其再传弟子韩元震（1682—1751）继承他的遗志而完成了《朱子言论同异考》一书。

当时许多著名学者倡导精密分析和研究朱子学原典，进而鼓励门生也加入研究的行列。那么，可以因此认为这种情况在以朱子学作为统治意识形态的社会中理所当然发生吗？这是否可看作一种追随权威的态度呢？反观中国元明代实行科举制度，朱子学是标准答案，但学术界情况并非如此。根据研究，当时学子通过摘记或选集阅读程朱著作的倾向才是主流。[1] 换句话说，朱子学在社会中虽是具有权威性的政治意识形态，但大多数学子容易采取囫囵吞枣学习总纲的方式。像朝鲜儒学史上这般周密考究朱子学说变化过程的研究倾向，在当时的中国并不常见。

第二，对《大全》小注所引论的诸家学说与朱子学说之间差异及矛盾之处进行论证研究。在《大全》教科书化的朝鲜儒学背景下，查找朱子注释和《语类》及书信等其他朱子著作之间的差异，这些工作通过韩元震《朱子言论同异考》一书得以整理完成。另一个研究趋势是分析和批判《大全》诸家小注和朱子学说的不一致性。《论语集评》中所展示的许多分析观点，正是对这一趋势的体现。

三 《论语集评》与《大全》

（一）两种假设

柳健休的《论语集评》具有什么特点，其意义如何？笔者想通过如下两种设问进行探讨。

设问一：《论语集评》作为详细整理者柳健休本人有关《论语》诠释见解的重要文献，可以让读者掌握他的经学观点吗？

---

1 姜智恩:《重写的17世纪朝鲜儒学史》，Purun 历史，2021，第110—111页。

其实，在整部书中，作者罗列朝鲜诸家的学说，自己观点的表达却十分少见。针对《论语》，仅有一处用"健休按"的方式表达本人见解。[1]那么，该"健休按"的例子，是否反映他的某种思想或特定观点？该处针对的是《论语·尧曰》："不知命，无以为君子也；不知礼，无以立也"一段。在朱子注解中有以"不知礼，则耳目无所加，手足无所措"一句来阐述这一段的意思。柳健休针对朱子的这一句解说如下：

> 或曰，耳目无所加，恐是耳无所闻、目无所见之意。健休按，知礼则坐视膝，立视足，是目有所加；以礼则听，非礼则勿听，是耳有所加。若不知礼，则立时坐时，忽然视膝，忽然视足，淫视侧视，而目无所加矣；以礼非礼，有闻必听，忽然听此，忽然听彼，而耳无所加矣。虽不知礼之人，何尝全然无所见无所闻乎？[2]

柳健休将"耳目无所加"解释为"如果不懂礼，则对应看、应听之事，没有明确标准，因此无处安放耳目"，这种说法可以说同《大全》小注的南轩张氏（张栻，1133—1180）的注解"不知礼，则视听言动无所持守"在释文意思上一脉相通，甚至更加详尽。即使"目有所加"这一段不是《论语》诠释史上备受关注的主题，但柳健休所给出的解释，或许也会获得熟读《大全》的朝鲜儒者的认同。这段文字虽然不足以成为了解柳健休经学思想的充分资料，但从这一段，可使人窥知他熟读《大全》，思考、演绎的历程。

设问二：在18世纪后半期，朝鲜学界有系统地汇集国内《论语》学说的文献需求，而《论语集评》是否因此应运而生呢？进而，我们是

1　根据李昇姬的统计（《大埜柳健休的〈东儒四书解集评〉研究》，硕士学位论文，高丽大学，2010），柳健休在《东儒四书解集评》用"健休按"的方式表达本人见解的次数为《大学》4次、《中庸》5次、《孟子》4次，加上《论语》总共只有14次而已。

2　柳健休：《东儒四书解集评》，骊江出版社，1987，第434页。

否可通过这本书浏览朝鲜时代《论语》注释史呢?

事实上,仅凭该书的引用内容,无法全面把握朝鲜儒家有关《论语》的学说。以下举例说明。

关于《论语·八佾》"人而不仁,如礼何?人而不仁,如乐何?"一句,《论语集评》中有如下记载:

> 金宗燮(1743—1791,李象靖的弟子)问:游氏(游酢1053—1123,北宋)程子分合言仁与心。盖分而言之,则仁即具于心之德也;合而言之,则仁即心,心即仁。游氏合而言之,程子则剔出理一边言之。大山(李象靖的号)曰:"仁心分合大略如此。然程子不是就心上分说,泛言天下之正理,故朱子以为少疏。"[1]

上文金宗燮所提的游氏与程子之说,原本是朱子《论语集注》所收录的内容。游氏说:"人而不仁,则人心亡矣。其如礼乐何哉,言虽欲用之,而礼乐不为之用也。"而程子说:"仁者,天下之正理。失正理,则无序而不和。"朱子认为程子的释文较为简括,但这说法其实不在《集注》而在《大全》小注中。总之,我们通过这段记录可知18世纪朝鲜儒者使用《集注》和《大全》的模式。金宗燮在分析《集注》诸家说法过程中产生疑问,所以向其师李象靖请教,李象靖则用《大全》小注朱子的说法教导学生。

前面涉及的"耳目无所加"和上文提及的"人而不仁"的问题,都不曾在经学史上成为争议焦点。非但如此,实际上,柳健休《论语集评》所记载的绝大部分内容也并非《论语》诠释史上被学者热烈讨论的关键内容,而是无人探讨、注意到的细节。因此,倘若读者在研读时

---

1 柳健休:《东儒四书解集评》,第350页。按,原文中没有金宗燮的名字,不过本文根据赵浚暤的研究(《文献记录与发掘:论语集评》),补加名字。

不另查《论语》正文，仅看所提文句，可能无法马上察觉出他讨论的
是《论语》的哪个章节，这是为何呢？其实，这正表明此书目的并不在
于编辑一本正式的"注释本"，而是他的备忘录，兼为高级阅读者（包
含他本人）的参考书，所以不一定记载了初学者或考生等学子该学习的
"一般的"《论语》注释。即使这本书收录了朝鲜儒者的注解，但并不以
《论语》全章为对象，只抽选部分章节进行，也没有抽选的特定标准。
虽然它不是对《论语》整本的注释本，但也记载了朝鲜儒者对《大全》
小注诸家学说关于朱子学说的讨论，以及两者之间异同的探讨。从这些
内容可以得知朝鲜儒者在阅读《论语》时采取了深入研读《大全》诸家
学说的方式。

（二）《集注》《大全》互补

在前章引文中，世宗以批判性角度谈论学者仅埋头《大全》所收
诸家小注却忽略经文或朱子《集注》注解的态度，实际上他并没有摸清
确切情况。《大全》小注收录了包括《朱子语类》在内的多数朱子学说，
朝鲜儒者通过小注的朱子学说来增益《集注》内容，用以深入研究《集
注》注释。我们可通过《论语集评》的叙述了解这种学习模式。

例如，以《论语·学而》的"其为人也孝弟"一节为例考察一下：

> 有子曰，其为人也孝弟，而好犯上者鲜矣；不好犯上，而好
> 作乱者，未之有也。君子务本，本立而道生。孝弟也者，其为仁
> 之本与？

首先，朱子《集注》对此节的注解与朱子学重要理论密切相关。关
于仁，他注解为"仁者，爱之理，心之德"。关于孝悌和仁之关系，解
释为"孝弟，乃是为仁之本"。就其义而言，孝悌不是仁之根本，而是
行仁之本。因为他认为"仁是性也，孝弟是用也，性中只有个仁义礼智
四者而已"。就仁和孝悌之关系而言，人之本性只包含仁义礼智，孝悌

因此不属于性而属于对其的运用。在《大全》小注的诸家学说观点中多含理与性、体与用关系来增益简略的《集注》注解。朝鲜儒者围绕着这些《大全》小注的诸家学说展开热烈讨论。因此,《论语集评》也收录这部分的诸家解说。从如下例子,可窥知《论语集评》如何运用《集注》注释和《大全》小注诸家学说。

首先,朱子所谓的"爱之理自仁出"这一句,收录在《大全》小注的如下段落中:

> 仁者,爱之理,是偏言则一事;心之德,是专言则包四者。故合而言之,则四者心之德,而仁为之主;分而言之,则仁是爱之理,义是宜之理,礼是恭敬辞让之理,智是分别是非之理也。仁者,爱之理,理是根,爱是苗,仁之爱,犹糖之甜,醋之酸,爱是那滋味,爱虽是情,爱之理,是仁也。仁者,爱之理;爱者,仁之事。仁者,爱之礼;爱者,仁之用。爱之理自仁出也,然亦不可离了爱去说仁。[1]

划线处"爱之理自仁出"一句,会令熟稔朱子学说的读者十分诧异。他们可能会有所疑问,爱之理就是仁,而理又怎能从仁中产生呢?因此,许多学者对这部分提出质疑。我们可通过柳健休《论语集评》的如下记载中,窥知当时的讨论情况。他先介绍南汉朝的提问:

> (南汉朝)问:从前看得心德为体,爱理为用,心德是心中所具之理,爱理是恻隐发见处,指其本然之理。(小注朱子曰,仁者,爱之理,理是根,爱苗,爱虽是情,爱之理,是仁也)似截了。爱理二字,以理为体,以爱为用,而其下又曰,爱之理自仁出,却以爱理二字,专属之用。上下说似不同,未知何所的从耶?

---

1 胡广编《论语集注大全》。

诸葛氏曰，理具于爱之所未发，又曰因爱心之形而指其在中之理。愚伏曰，爱之理是所以能爱者，全具在内而未发者。分明以爱理为未发之体，未知果得朱子本意耶？[1]

柳健休之师柳长源对于《大全》中的"爱之理自仁出"一句有如下回应：

> 小注所谓爱理自仁出者，恐是言爱非别物即出于仁之意，非谓复有一物出于仁而谓之爱、之理也，如何。[2]

柳长源似乎认为，虽然他无法完整理解《大全》这一段所谓"爱之理自仁出"的字面本身的含义，但此处应该表述为"爱自仁出"才较为合适。不过后来他在《朱子语类》中发现在"爱之理"后面还有一"爱"字，于是他认为在《大全》中要补上所漏的"爱"字。《论语集评》在相关讨论段落的最后一段，记载了柳长源对此的考察。尽管这不属于重大发现，但也能让我们了解当时学者对《大全》和《朱子语类》互补考察的学习模式。

> 东岩曰："寻常于'爱之理自仁出'之说，每疑朱子说话，何以若是其暗涩难晓，近启语类始知'爱之理'下又有'爱'字。[3]《大全》偶缺一爱字，以致读者之疑，偶然启出亦觉快意。"[4]

柳长源的这句话，展现了许多朝鲜学者因为熟稔朱子学说中对"仁"的定义，所以在对《大全》小注深入考察朱子学说的过程中，发

1　柳健休：《东儒四书解集评》，第305—306页。

2　柳健休：《东儒四书解集评》，第305—306页。

3　"爱之理，爱自仁出也。然亦可离了爱去说仁。"（黎靖德编《朱子语类》卷20）

4　柳健休：《东儒四书解集评》，第327页。

现两者之间不同的记述，柳健休将朝鲜儒者们对朱子学文献之间的矛盾处的深思熟虑、寻根究底的过程留给了读者。再举一例如下：

> 大山曰："二程训忠信，非有不同。但叔子之言，辞约而义明，故先儒以为切，非谓旨义有不同也。故朱子曰，以事之实而无违为信也。若乃验放理而无违之云，则盖此物之实状，即是此物之理。故亦可如此说。"[1]

朱子《论语集注》中对"忠信"一词，以程伊川所说"尽己之谓忠，以实之谓信"来解释。[2] 不过他在《大学章句》中则以程明道所说"发己自尽为忠，循物无违谓信"来解释。[3] 因此，如果将四书综合考察的话，那么是否有必要了解这处解释有何不同？如下，在《大全》小注中新安陈氏的分析也和此疑问有关。上述引文中的李象靖之言，则应该是对如下新安陈氏说法的某种回应。

> 新安陈氏曰，程伯子云发己自尽为忠，循物无违谓信。《大学章句》已采之，《集注》乃采程叔子之说，勿斋程氏谓叔子之言为切。[4]

李象靖所提到的朱子学说是《大全》所载如下内容：

1　柳健休：《东儒四书解集评》，第309—310页。这一部分是《论语》中关于"曾子曰，吾日三省吾身，为人谋而不忠乎"的解说。

2　朱熹：《论语精义》卷1上："伊川解曰，曾子之三省，忠信而已。又语录曰，尽己之谓忠，以实之谓信。忠信内外也。"

3　这一句源自胡广编《性理大全书》卷37："问明道云发己自尽为忠，循物无违为信，表里之谓也。又曰尽己之谓忠，以实之谓信，忠信内外也。盖因其理之有定，当其可而无违，是之谓忠信。忠信本无二致，自其发于内而言之之谓忠。自其因物应之之谓信，故曰表里之谓也。"

4　胡广编《论语集注大全·学而》。

> 朱子曰，忠是就心上说，信是就事上说。尽己之心而无隐，
> 所谓忠也，以出乎内者言也。以事之实而无违所谓信也，以验乎
> 外者言也。……发于心而自尽则为忠，验于理而无违则为信。忠
> 是信之本，信是忠之发。[1]

综上，尽管朱子在《论语集注》和《大学章句》里对"忠信"有不同说法，但本质上二者并无不同。李象靖的解说，正是以这些朱子文本为基础。在以下例子中，我们还会发现许多朝鲜儒者力图正确辨析朱子诠释，再通过《大全》小注深入研究经书的模式。

> （柳范休）问，漆雕开见得天之所以与我，我之所以为性者，
> 万理咸备，全体至大。人须于此知之明、行之熟，无不信得及，
> 然后方可出而大用。今不可止于小成，剧用出仕云尔。大山曰，
> 看得甚好，但谓之见，则于履行处，有所未及。谓之大意，则于
> 精微处，有所未尽耳。[2]

上文是对《论语·公冶长》"子使漆雕开仕。对曰：'吾斯之未能信。'子说"一段的解说。柳范休和大山（李象靖）正对《论语集注》所引述的程子之说法，即"漆雕开已见大意"部分做进一步剖析。

柳范休对《集注》中"其器不安于小成，他日所就，其可量乎"一句，深深揣摩，并有共鸣。李象靖可能为了深入理解《集注》"已见大意"之意，考察了《大全》小注中的朱子解释。李象靖考察的应该是《大全》所收的如下朱子学说：

> 今开之不安于小如此，则非见乎其大者不能矣。卒然之间，

1　胡广编《论语集注大全·学而》。

2　柳健休：《东儒四书解集评》，第 323 页。

一言之对，若目有所见而手有所指者，且其指之于身又如此，其切而不容自欺也，则其见道之明又为何如？然曰见大意，则于细微容或有所未尽。曰见道分明，则固未必见其反身而诚也。[1]

总之，我们可以发现，朝鲜儒者是以《集注》《大全》互补的方式来考察经书及朱子学。

（三）比较分析朱子学说与诸家学说

根据上节"爱之理自仁出"以及"忠信"的相关论述，可见朝鲜儒者以非常谨慎的态度质疑朱子不同文章之间的矛盾。但是，他们对《大全》小注中诸家学说的态度有所不同。值得一提的是，他们常常提出诸家学说与朱子学说之间的不同处，并进行细密的分析。例如，关于《论语·述而》"志于道，据于德，依于仁，游于艺"一段，《论语集评》就收录了金乐行（1708—1766）对此的分析：

> 朱子之意，以志据依游为先后之序，以道德仁艺为轻重之伦。小注辅氏说似非本意。[2]

上文所说"小注辅氏说"指的是《大全》小注所录辅广（南宋1208年进士）的学说。金乐行的质疑聚焦于朱子《集注》的解释和《大全》小注中辅广的解释之间的差别。《集注》对"志于道，据于德，依于仁，游于艺"这四者的先后次序有如下的说明。这就是金乐行提出质疑的背景。

> 志者，心之所之之谓。道，则人伦日用之间所当行者是

1　胡广编《论语集注大全·公冶长》。

2　柳健休：《东儒四书解集评》，第 374 页。

也。……据者，执守之意。德者，得也，得其道于心而不失之谓
也。……依者，不违之谓。仁，则私欲尽去而心德之全也。……
游者，玩物适情之谓。艺，则礼乐之文、射御书数之法，皆至理
所寓。学者于此，有以不失其先后之序、轻重之伦焉。[1]

如果阅读《论语集注》的学子熟知小学六艺的话，可能会产生一个
疑问，那就是小学的六艺是学子首先要学会的工夫，而孔子的《论语》
所称顺序是道、德、仁、艺，把艺放在末位。注解《论语》者应该要做
出说明。

因此，《大全》小注除了收录诸家对这四项的含义、次序等解说之
外，还收录了主要来自《朱子语类》的朱子本人的相关补充说明。例
如，胡炳文对"道""玩物""艺"的说明，陈栎有关"志道"和"知
道"次序的说明，真德秀（1178—1235）对"道""德""仁"的概念
说明，饶鲁对于"志道""据德""依仁""游艺"的解说，等等。根据
这些学者的学说，这四项可以整理出如下次序：

①小注中的朱子解说：

自志道至依仁，是从粗入精。自依仁而游艺，是自本兼末。
艺，是小学工夫。若论先后，则艺为先，三者为后；若论本末，
则三者为本，而艺为末。习艺之功固在先，游者从容潜玩之意，
又当在后。文中子云，圣人志道据德依仁而后，艺可游也。此说
得自好。……以先后之次言之，则志道而后德可据，据德而后仁
可依，依仁而后艺可游。[2]

根据上文朱子之说，学子应先从"小学"工夫的"艺"开始修习。

1　朱熹：《论语集注》。（朱熹：《四书章句集注》，中华书局，1983，第94页，有"德者，得也，
　　得其道"，清仿宋大字本作"德则行道而有得"。吴英以为后者非朱熹定本之文，故不取）
2　胡广编《论语集注大全》。

该"艺"的含义是礼、乐、射、御、书、数之六艺。不过,《论语》"游于艺"之"艺"与"六艺"之"艺"并不相同。孔子的"游于艺",应指从容享受"艺"的高级境界,所以其次序排在后面。循此脉络来看,《集注》中所谓"先后之次"又所指为何?其实这并非指学艺本身的先后次序,而是指志、据、依、游之次第。"习艺"是小学首要工夫,而"游艺"是后成的高境界。金乐行可能认为《大全》小注的学说忽视了这一点。

　　②庆源辅氏(辅广)曰:"先后之序,谓道德仁艺之序。轻重之伦,谓志据依游之伦,先者重后者轻也。"[1]

　　③胡氏(胡炳文)曰:"道德仁所当先,艺可以少后,志据依所当重,游可以少轻。"[2]

　　④新安陈氏(陈栎)曰:"志道据德而依于仁,则本之立于内者既粹。由此而复游于艺,则末之该于外者不遗。"[3]

　　金乐行认为,《大全》小注中的诸家学说并未通晓朱子的想法。《论语集评》所收金乐行的质疑观点,可使我们了解当时儒者主要关注的问题是将诸家学说与朱子学说之间的差别加以分析,并做出明确说明。除此之外,《论语集评》还收录了朝鲜学者对诸家学说和朱子学说之间的差异点。他们透过细密的分析,探讨了诸家学说的优缺点。[4]

　　然而,如果过于关注这些讨论,则容易忽略他们所聚焦的对象是《论语》的具体章节,以及何以费尽心思去深入分析。举例而言,朱子以"心之德""爱之理"解释"仁"的意义。《大全》收录诸家对此的种种回应。朝鲜儒者深入研究诸家学说以明辨是非。但如果读者深陷于

1　胡广编《论语集注大全》。

2　胡广编《论语集注大全》。

3　胡广编《论语集注大全》。

4　例如《论语集评》收录对《论语·子罕》法语巽语章,鱼有凤和金昌协的对话(第339页),其中有很多《大全》小注的例子。

有关"心之德""爱之理"的细致讨论，就会忘记原来这句并不存在于《论语》中，孔子提过"仁"，但没有提过"心之德""爱之理"这句话。又如，朱子说"孝弟，乃是为仁之本"，代表"以孝悌为行仁之本则可，谓是仁之本则不可"。这种诠释是否正确地阐释《论语》中"孝弟也者，其为仁之本与"一句的本义呢？

《论语集评》没有过多收录《论语》诠释史上具有重要意义的相关质疑。如果柳健休编修《论语集评》的目标在于编纂朝鲜儒家《论语》诠释集，就不会略过这些经学史上具有重要意义的论题。由此推断，《论语集评》并不是面向初涉《论语》读者的书。此书以记载朝鲜儒者对《大全》的深入研究与讨论为主，同时也对《集注》和《大全》小注之间的差异进行剖析。该书正体现出朝鲜儒学史上最明显的特点。

四　对学术均衡的呼吁

正如前述，在15世纪到16世纪，部分朝鲜学者将过度关注《大全》小注的学术倾向视为一个问题。那么，《四书集评》出现的18世纪，这种问题意识是否消失了呢？借由柳健休的《四书集评》的《识》文中的端倪，可分析出当时情形。

> 健休方辑是书，揭东岩先生。先生曰，凡为学之法，先就经文亲切体认，融释脱落，则胸中自有权衡尺度，见得诸说之轻重长短，若是则学愈博而理愈明。今不以经文为本而先看诸家杂书，吾恐其无实效而中实毒也。健休退而书其语以自警，且以戒后之览是书者。然删其繁扰，遮其精要，以成一书，尚不能无望于同志之士云。[1]

1　柳健休：《东儒四书解集评》卷1《东儒四书解集评识》，第6页。此识撰写于壬子年（1792，作者25岁）。

　　上文是柳健休在 25 岁时撰写的。因为《识》文通常在完成书稿之后撰写，所以可推测他在 25 岁时，已初步完成了《四书集评》的文稿。其师柳长源对这位年轻弟子的叮咛，可归纳为如下几点。

　　第一，学习经书首先要准确掌握经文之意。不过，从他们所处的时代背景来看，"掌握经文之意"并不意味着建议阅读没有附注的白文。他的意思应该是建议柳健休通过朱子《集注》来熟悉经义。

　　第二，之所以要先熟悉经文，是为了自有权衡尺度，见得诸说之轻重长短。先读懂经义之后，再看诸家说法，才能博学明理，但这并不意味着不能参看诸家之说。

　　第三，"先看诸家杂书"所导致的问题不是因为"诸家杂书"本身，而是因为学子在未能熟悉经文含义之前，以诸家的讨论"先"入为主。这也可以解释为：为了弄清楚诸家说法的得失，其前提也是要先正确了解经文含义。

　　柳长源曾编修《四书纂注增补》，并在其《识》文中表达了编修这本书的理由，他说："先儒解经文字，散见杂出，未易遍观。"[1] 柳健休对《四书集评》的编撰也给出了相同的理由。他在《四书集评》的《识》中写道：

> 东方文献，自退陶李先生以来，其解经文字散见子集，学者病其未能遍观。今随得编辑以便启阅。然四书小注，先儒犹以为枝叶茂而反害本根，况是书乎。善学者采择焉可也。[2]

　　上文反映出，柳健休始终注重先儒的教训——"四书小注（就是《四书大全》小注），枝叶茂而反害本根"。一如前述，自 15 世纪《四书大全》首次引入朝鲜至逐渐普及，学界便出现了不要过度关注《大

1　柳长源：《东岩集》卷 9《纂注增补识》，韩国古典翻译院，2009。
2　柳健休：《东儒四书解集评》卷 1《东儒四书解集评识》，第 5—6 页。

全》小注的呼声。这种呼声在 18 世纪末期柳健休的时代依旧存在。18 世纪儒者普遍运用《大全》，以分析《大全》所录小注的方式研习经书。《论语集评》收录了诸多朝鲜师生之间围绕分析小注来传道授业解惑的情况。虽则如此，学界大家仍在提醒学生不要过度埋头小注而忘却根本。正因如此，《论语集评》也收录了不采取分析《大全》小注的方法，其中最具有代表性的便是李退溪（1501—1570）的诠释。

根据《论语集评》收录的退溪诠释来看，他解释经书的方式与其他儒者分析《大全》小注的方式不同。他虽然以《集注》《大全》及朱子的书信等朱子学文献为基础把握朱子学，不过他更注重阐发经文本身的意义。

以《论语·庸也》"知者乐水，仁者乐山"为例。《集注》首先说"知者，达于事理而周流无滞，有似于水"，"仁者，安于义理而厚重不迁，有似于山"。然后，将知者与仁者分别归类为"动而不括"的动态和"静而有常"的静态。

《大全》小注收录了许多对此的分析解释。大部分都是关于"动、静"和"仁、知"关系的细密分析。首先，关于动静，诸家的小注提醒读者不能单纯理解动态就是"动"，而不动就是"静"。仁者，虽以静为主，但不意味着他坚持静止不动。仁者在情之发动时，因为他安于天理，所以依然维持静定的状态。有如下分析示例：

> 或谓寂然不动为静，非也。此言仁者之人，虽动亦静。喜怒哀乐皆是动，仁者岂无此数者。盖于动中，未尝不静。静，谓无人欲之纷扰，而安于天理之自然耳。[1]

其次，通过考察《中庸》《孟子》等经书中有关仁、知相提并论的内容，分析出智者之动和仁者之静的关系。分析示例如下：

---

1 胡广编《论语集注大全》。

> 知者动，然他自见得许多道理分明，只是行其所无事，其理
> 甚简。以此见得虽曰动，而实未尝不静也。仁者静，然其见得天
> 下万事万理，皆在吾心，无不相关。虽曰，静而未尝不动也。动
> 不是恁地劳攘纷扰，静不是恁地块然死守。[1]

　　《论语集评》收录的朝鲜学者的解释也以如上的分析性考察为主。这表明 17 世纪以后的朝鲜儒者更加侧重于对《大全》小注的分析。不过，李退溪对此的解说与上述小注的倾向截然不同，相关内容如下：

> 圣人之意，岂不以仁智之理微妙，人未易晓，故于此或指气
> 象意思，或指具体段校验，反复形容之，欲人因其可象而求其实
> 以为指准模范之极耳。非欲其就山水而求仁智也。故吾以为欲知
> 二乐之旨，当求仁智之气象意思，亦何以他求哉。反诸吾心而得
> 其实而已。今不知务此而徒见其巍巍然苍苍然者，曰吾以是求仁
> 者之乐，徒指其混混然滔滔然者，曰吾以是求智者之乐，恐其莽
> 莽荡荡愈久而愈不近矣。[2]

　　据上文，李退溪认为孔子虽然把仁和智比作山和水，不过不能因此以为从山水本身便能求来仁、智之实，而应该于我心中寻求仁智之实。他并不以剖析《大全》小注的方式来阐述经书的意义，而以自己的表达方式解释经文。是在充分理解《集注》本义的基础上，再阐述己见的。[3]

　　根据本文分析，现总结《论语集评》所呈现出的朝鲜儒者经书学习，有如下三个特点。

1　胡广编《论语集注大全》。

2　柳健休：《东儒四书解集评》，第 369 页。

3　例如，对《论语·卫灵公》"在陈绝粮"的解说。（柳健休：《东儒四书解集评》，第 417—418 页）

第一，朝鲜儒者通过细密分析《大全》小注中的朱子学说，以完善《集注》的意义。

第二，朝鲜儒者在发现《大全》小注的诸家学说和朱子学说之间义理不符的情况时，仔细查明原委，以朱子学说为主指出诸家学说的错误。

第三，李退溪的研学特点大体上与如上两个潮流有所不同。柳长源也视此风潮为问题，并作为重要议题教诲徒弟。

总之，朝鲜后期，大多数的学子以《大全》为母本来学习和研究四书。其治学模式主要是对诸家与朱子学说进行比较分析，即使是在大家门下也是如此。然而另一种情况是，在《大全》引入朝鲜之后，随着这本书的普及，朝鲜儒者对此的问题意识也随之浮出水面，即以《大全》为中心学习经书而忽视经文本身意义。警惕这种过度倾向的声音持续到了朝鲜李朝末期，并发挥着平衡朝鲜学术的功能。

五　结论

《四书大全》在15世纪初引进朝鲜，通过朝鲜的大力倡导及普及，成为学习经书的基本教材。

随着此书广受阅读，部分学者开始质疑过度关注《大全》小注的经书学习方式，然以《大全》小注为主研读经书的倾向似乎愈加明显。柳健休所编《论语集评》正体现出这种学术潮流的存在。《论语集评》收录了朝鲜儒者对《论语》的相关学说，其大部分是对《大全》小注中朱子学说的细密分析。由此可知他们旨在通过这些分析，来完善《集注》的义理。在他们遇到《大全》小注和朱子学说义理不符的情况时，会查明原委，并以朱子学说为主，指出诸家学说的错误。

以《大全》为教科书的"事件"与朝鲜时代的制度衔接，对朝鲜儒学发展起到关键性作用。因为《大全》小注本身原是阐释朱子学性质的注解，所以朝鲜儒者通过研读《大全》，自然地进行朱子学的分析课题，并逐渐展开朱子学说和诸家学说的比较分析。在科举制度的实行过程中，这种学术潮流更加明显。《大全》原本由《朱子语类》、朱子其他著作和对此的诸家学说构成，由于许多学子平常以朱子学说统合叙述朱子学，这使具备朱子学丰富知识的朝鲜儒者能朝向这个方向发展，并促使他们对朱子学的广度和深度进一步相辅相成地完善。

　　我们通过《四书集评》的编修目的与方法及《论语集评》所收的朝鲜儒家的学说，可以总览以上的朝鲜儒学史的主流模式。进而，《论语集评》除了收录《大全》小注相关的学说，也大量收录了李退溪的注解和见解，这与主流研读方式相距较远。柳健休之师柳长源也表示应在先读懂经意之后，再看诸家说法，用以警戒这种过于偏重诸家学说的潮流。这些呼声可视为在整个朝鲜时代作为维持学术均衡的举足轻重的存在。

· 第二部　东亚儒学的展开：日本篇 ·

东亚文化交涉学视域下的日本中世朱子学[*]

张晓明[**]

从"庆元党禁"到"嘉定更化"，朱子学在南宋后期逐渐官学化的同时，也在朝鲜、日本以及越南等东亚地区迅速传播。但是，这并不意味着朱子学在传播的过程中能够迅速融入东亚社会。换句话说，朱子学在东亚范围内的传播中势必伴随着接触、接受、流布、消化、摩擦、变异以及影响等诸多复杂过程。因此，普遍意义的传播史和接受史研究很难系统考察朱子学在东亚传播的实际样态。而"文化交涉学"（cultural interaction）恰恰隐含着"文化不

---

* 本文为国家社会科学基金青年项目"日本江户时代《孟子》文献的整理与研究"（19CZX031）阶段性成果、北京市属高校教师队伍建设支持计划优秀青年人才项目"日本中世、近世《孟子》文献的整理与研究"（BPHR202203147）阶段性成果。

** 北京第二外国语学院日语学院讲师。

是孤立的，不同文化在相互接触后带来彼此之间的刺激、影响，并在对抗的同时进一步展开"的视域。[1] 于是，东亚文化交涉学为审视朱子学在东亚传播实际样态的复杂性提供了另外一种视域，特别是日本的朱子学问题。

　　实际上，朱子学作为儒学典籍早在镰仓时代初期就从明州（今浙江宁波）等地随中国商船流入日本社会。对此，小岛毅尝试以宁波为中心，从东亚的海域交流探讨日本朱子学的形成，他认为："在日本传统文化的形成过程中，东亚的海域交流起到了重要作用。"[2] 而土田健次郎则是在超越朱子学的学派概念基础上"思考朱子学的作用，寻求日本近世思想史中的朱子学意义"。[3] 不过，"文化交流从来不像商品进出口那样，只是事物流动的单向运作，文化的输入必然伴随着与本土文化的冲撞、摩擦"。[4] 当朱子学作为一种他者的思想输入日本本土时，它所产生的自者与他者的紧张关系亦构成了东亚文化交涉的历史图谱。为了能够明确考察朱子学在日本传播的动态过程，有必要从东亚文化交涉学的视域审视其复杂传播的实际样态。在朱子学在日本的传播过程中，较之于近世一跃成为官学的兴盛阶段，日本中世朱子学则处于入宋入元僧人、东渡日本的宋元禅僧以及五山禅林等诸多因素相互作用的紧张关系之中，在思想上也显示出更加复杂、多元的特征。因此，本文首先着眼于中世入宋僧人在接触朱子学后一元思想格局的裂变，其次探讨五山禅林在对朱子学的积极对立中坚持佛教的基本立场，最后通过汉文训读分析中世禅僧进入朱子学思维世界的过程，从东亚文化交涉学的视域审视日本中世朱子学的动态传播过程。

1　吾妻重二『文化交渉学のパースペクティブ』関西大学出版部、2016、5 頁。
2　小島毅「日本的朱子学の形成—文化交渉学の視角から」『東アジア文化交渉研究』第 8 号、2012 年、99 頁。
3　土田健次郎『江戸の朱子学』筑摩書房、2014、12 頁。
4　吴震：《当代日本学界对"儒学日本化"问题的考察》，《社会科学》2016 年第 8 期，第 130 页。

一　一元思想格局的裂变：中世入宋禅僧与朱子学的接触

从东亚文化交涉史来看，宋代是继唐代遣唐使之后又一个中日交流的高峰时期。这一时期，日本僧人奝然、寂照、成寻等为了能够在佛教所说的末法时代得到文殊菩萨慈悲的庇佑往生阿弥陀世界，于是渡海入宋前往五台山等佛教圣地巡礼。关于入唐、入宋僧人来华的目的，森克己指出："在经历五代五十余年的黑暗时代后中国文化衰落，俨然别无所学，较之于求法，巡礼才是主要目的。"[1]也就是说入宋僧人与入唐僧人求法的目的不同，主要是为了巡礼。根据《洛城东山建仁禅寺开山始祖明庵西公禅师塔铭》记载，荣西在南宋乾道四年（1168）和淳熙十四年（1187）曾两次入宋赴天台山巡礼。

> 夏五月，乘商舶到明州。与本国重原（重源）同入天台，见青龙于石桥，应真现于饼峰，因而茶供，异花满盖。又诣阿育王山，睹设利放光，九月共原归国。以天台章疏六十余卷，呈叡山法主明云。时年三十八，乃宋孝宗乾道四年也。又欲往印度礼牟尼八塔。文治二年夏，重入宋境，时北虏强大，西域不通，遂止。舶主告回，放洋三日，逆风俄起，反至温州瑞安县，自谓未究参访，故风涛阻我，乃别商主，直往天台万年寺。[2]

荣西不仅两次赴天台山巡礼，而且将佛教典籍《天台章疏》六十余卷带回日本。与荣西一样，律宗僧人俊芿在南宋庆元五年（1199）从博多出发到江阴军（今江苏江阴）赴天台山巡礼，"建久十年四月二十七日，改元正治。己未四月十八日，遂率安秀、长贺二弟，附庄次郎商

1　新编森克己著作编集委员会『新編森克己著作集第 2 巻：続日宋貿易の研究』勉誠出版、2009、261 頁。

2　塙保己一編『続群書類従第 9 輯：洛城東山建仁禅寺開山始祖明庵西公禅師塔銘』八木書店、1988、274 頁。

舶，解缆出博多津。同五月初着宋朝江阴军，下帆放碇。时也大宋庆元五年也。即游两浙名境，到天台山"。[1] 嘉定四年（1211）俊芿从明州出发抵达博多返回日本。根据《泉涌寺不可弃法师传》记载，"所将来者，佛舍利三粒，普贤舍利一粒，如庵舍利三粒，释迦三尊，三幅碑文，十六罗汉二本，三十二幅，水墨罗汉，十八幅，南山灵芝真影，各一幅，律宗大小部文三百二十七卷，天台教观文字七百一十六卷，华严章疏百七十五卷，儒道书籍二百五十六卷，杂书四百六十三卷，法帖御书堂帖等碑文七十六卷，杂碑等不能委记，都卢二千一百三卷"。[2] 可见俊芿带回日本的不仅有佛教典籍，还有二百五十六卷儒家典籍。有鉴于俊芿在宋期间与精通程朱理学的楼昉、楼钥以及临济禅僧北礀居简过从甚密，森克己认为俊芿带回的典籍中极有可能含有朱子学文献。而伊地知季安（1782—1867）早在江户末期就主张是俊芿将朱子学四书带到了日本，他在《汉学纪源》中指出："当时本邦有僧名俊芿者……而其归则多购儒书二百五十六卷回于我朝，乃顺德帝建历元年，而宁宗嘉定四年刘爚刊行四书之岁也，俊芿之归也，购律宗经书三百二十七卷、天台章疏七百十六卷、华严章疏百七十五卷、杂书四百六十三卷，与上儒书通计二千百三卷。回于本邦见其传，据是观之，四书之类入本邦，盖应始乎俊芿所赍回之儒书也。"[3] 久须本文雄在伊地知季安的基础上还认为日本对朱子学的讲解始于俊芿。但是，由于俊芿带回的这些典籍大多佚散，且没有留下相关目录，所以伊地知季安、久须本文雄、森克己的观点也仅限于推论。不过，当我们将关注的焦点从俊芿和朱子学典籍的考据关系中解放出来的时候，就会发现俊芿将二百五十六卷儒家典籍带回日本这一事件在东亚文化交涉史中隐含着更加重要的内在意义。它改变了日本僧人从入唐求法到入宋巡礼以来所形成的以佛教为主体的一元思想格局，对儒学

1　塙保己一编『続群書類従第 9 輯：洛城東山建仁禅寺開山始祖明庵西公禅師塔銘』、47 頁。

2　塙保己一编『続群書類従第 9 輯：洛城東山建仁禅寺開山始祖明庵西公禅師塔銘』、52 頁。

3　国書刊行会编『続々群書類従第 10：漢学紀源』八木書店、2014、572 頁。

或者说儒学典籍的认识成为他们入宋以后不可或缺的思想构成，这为日本打开朱子学的思维世界奠定了基础。于是，在接下来的圆尔辨圆（1202—1280）身上我们就能够明显地看到他对朱子学系统性认识的印记。

根据《东福开山圣一国师年谱》记载，"嘉祯元年乙未，师三十四岁。四月船出平户津，经十寅夕，到宋明州，即理宗端平二年"。[1] 圆尔辨圆在南宋端平二年（1235）从平户抵达明州入宋，嗣法于临济宗杨岐派高僧无准师范（1179—1249），后于淳祐元年（1241）携带大量典籍返回日本，"盖尔师归时，将来经籍数千卷，见今普门之书库，内外之书充栋焉"。[2] 圆尔辨圆将带回日本的典籍整理成了《三教典籍目录》，但该书却未能流传下来。不过，普门院主持大道一以禅师在调查普门院的藏书后，于文和二年（1353）著成《普门院经论章疏语录儒书等目录》。在该目录中有"《论语精义》三册、《孟子精义》三册、《无垢先生中庸说》二册、《晦庵集注孟子》三册、《论语直解》一册、《晦庵大学》一册、《晦庵中庸或问》七册、《同（晦庵）大学或问》三册"的记录。[3] 目前，东福寺仍然保存着一册由圆尔辨圆带回日本的宋椠本《无垢先生中庸说》。

《普门院经论章疏语录儒书等目录》对于宋代新注的四书的记录，反映出圆尔辨圆开始从四书的基本结构理解朱子学，意味着他对朱子学基础性思维的系统认识。而且《普门院经论章疏语录儒书等目录》与宋椠本《无垢先生中庸说》的互相佐证为圆尔辨圆将朱子学文献带到日本提供了直接的证据。新注四书的传入不仅对镰仓时代的日本理解儒家典籍造成革命性的冲击，而且在以佛教为主体的禅林中开始孕育一场朱子学思想的启蒙运动。

1　圆心编『東福開山聖一国師年譜』東福寺、1620、6頁。

2　虎関師錬『国史大系十四：元亨釈書第七 弁円』経済雑誌社、1901、750頁。

3　東京大学史料編纂所『大日本古文書 家わけ二十一』東京大学出版会、1956、111–112頁。

二 佛教的基本立场：五山禅林对朱子学的积极对立

即便当时有兰溪道隆（1213—1278）、兀庵普宁（1197—1276）、大休正念（1215—1290）、无学祖元（1226—1286）、一山一宁（1247—1317）等从中国东渡日本的禅僧，这场朱子学思想的启蒙运动也没有想象中的那样顺利。在和岛芳男看来，"这些来到日本满嘴儒学章句的僧人未必就能够把握儒学本质，且明确认识禅宗和宋学的关系，他们与俊芿、圆尔一样"。[1] 无论是儒释不二还是三教一致，日本禅林本质上仍然主要是从佛教的基本立场来理解朱子学。换句话说，这种看似日本佛教与朱子学相互融合的背后实际上隐藏着更加积极的对立。圆尔辨圆的弟子虎关师炼（1278—1346）在《济北集》针对司马光"如佛老之言，则失中而远道矣"的观点批评说："我常恶儒者不学佛法谩为议。光之朴真犹如此，况余浮矫类乎。降至晦庵益张，故我合朱氏而排之云。"[2] 不仅如此，虎关师炼还对朱熹进行了更加犀利的批判，他说：

晦庵语录云，释氏只是四十二章经，是他古书，其余皆中国文士润色成之。维摩经亦南北朝时作，朱氏当晚宋称巨儒，故语录中，品藻百家乖理者多矣，释门尤甚。……朱氏议我而不知译事也。……是朱氏不委佛教，妄加诬毁不充一笑。又云《传灯录》极陋。盖朱氏之极陋者，文词耳。其理者非朱氏之可下喙处。凡书者其文虽陋，其理自见，朱氏只见文字不通义理，而言佛祖妙旨为极陋者，实可怜愍。……朱氏不辨，漫加品藻，百世之笑端乎。我又尤责朱氏之卖儒名而议吾焉。大慧年谱序云，朱氏赴举入京，箧中只有《大慧语录》一部，又无他书。故知朱氏剽大慧机辨，而助儒之体势耳。……朱氏已宗妙喜，却毁传灯何哉。因

1　和岛芳男『日本宋学史の研究』吉川弘文館、1988、97 頁。
2　上村観光『五山文学全集第一巻：济北集』思文閣出版舎、1992、302 頁。

此而言，朱氏非醇儒矣。……王你先也，朱熹后也。黄陈事迹，隐于先显后者可知矣。朱氏何遍责之乎。予撰释书始不载传之事，后多得焉。虽欲添入，然进奏之书，不容易改移，后世有朱氏之偏见者，我释书恐遭此议。[1]

虎关师炼对司马光不学佛法却妄议佛教的行为表达了不满，同时指出朱熹"剽大慧机辨，而助儒之体势耳"，可见他对司马光和朱熹的批判是不同的。在虎关师炼的眼中，与司马光不学佛法有着明显的不同，朱熹不仅熟稔《大慧普觉语录》，而且显露出儒释融合的倾向。可以说虎关师炼敏锐地觉察到在南宋朱子学中已经开始出现儒释融合趋势，并意识到朱熹与兰溪道隆、兀庵普宁、大休正念、无学祖元、一山一宁等僧人在思想上的本质区别。因此，虎关师炼关心的并不是禅林能否准确理解朱子学的思想，而是是否以佛教为中心的立场问题。换句话说，虎关师炼对朱子学的论述事实上是借助批判司马光和朱熹排佛思想来阐述他的佛教思想，显示出朱子学与镰仓时代佛教的对立态势。

这种对立在虎关师炼的弟子中岩圆月（1300—1375）的思想中发生了转折，他指出，"东汉之前，佛法未行诸中国，故儒者之言性，或不能辨也宜矣。其不稽之孔子子思之教则失也。佛法既来，凤蕴灵知之士，咸归吾也。当知孔子之道与佛相为表里，而性情之论，如合双璧然。然世之儒生，犹不欲同焉，则无佗，以其欲异于释氏故也"，[2] 显示出他强烈的儒释融合态度。所以，中岩圆月认为"且夫伊洛之学，张程之徒，夹注孔孟之书而设，或问辨难之辞。……苟不得佛之心者，纵使亲口佛语，亦非禅也"，[3] 可见他将儒释融合的程度推向了一个更高的层次。不过，在儒释的关系上，中岩圆月仍然坚持佛教为内，儒学为外，外归于内的立场："盖夫今之为儒者，斥吾佛之道以为异端，为佛者亦

1　上村観光『五山文学全集第一卷：済北集』304-305 頁。
2　上村観光『五山文学全集第二卷：東海一漚集』思文閣出版舎、1992、135 頁。
3　上村観光『五山文学全集第二卷：東海一漚集』142 頁。

非彼儒术，以为外道，是皆泥乎其迹，而未通其道耳。……中正子以释内焉，以儒外焉，是以其为书也。外篇在前，而内篇在后，盖取自外归内之义也。"[1] 在深化儒释融合的同时，中岩圆月开始讨论政治问题，他在《中正子》"经权篇"中说：

> 经权之道，治国之大端也。经常也，不可变，权者非常也，不可长。经之道不可秘吝也，示诸天下之民可也。权也者，反经而合其道者也。……卓然而行以仁爱礼让之文德，众心之化而附之，附而成群，谓之君。君以文德，普施天下，天下之人，归而往之，谓之王。王者专修文德，旺化诸人者也，是以为常，而不可变者经之道也。王者之心，苟怠而失常，则民心亦怠而不守常。繇是小则鞭扑之刑行之，大则甲兵之、威征之，是则权谋之道也。[2]

经权之说是先秦儒学的重要政治思想，后公羊家进一步推动了"反经合道"的主张。从中岩圆月的论述来看，他的经权思想更接近于先秦以及公羊家"反经合道"的主张，与朱熹所主张的"经者，道之常也，权者，道之变也。道是个统体，贯乎经与权"的观点相去甚远。虽然中岩圆月进一步深化了儒释融合，但是他对儒学的理解更加接近传统儒学而非朱子学，而他对于政治的关心则显示出超越学术思想的实学倾向。这一倾向在义堂周信（1325—1388）的思想中表现得更为明显。在担任室町幕府将军足利义满（1369—1365）的侍读的过程中，"余又劝君曰，儒书中，宜读《孟子》，府君领之。……君又曰，昨日听《孟子》既毕，又将听《大学》如何。余曰《大学》乃四书之一，唐人学四书者，先读《大学》，意者治国家者，先明德正心诚意修身，是最要紧也。

1　上村観光『五山文学全集第二巻：東海一漚集』101–122 頁。

2　上村観光『五山文学全集第二巻：東海一漚集』127 頁。

敢请殿下四书之学弗怠，则天下不待令而治矣"。[1] 义堂周信建议足利义满利用四书治国理政，可见义堂周信与中岩圆月思想中表现出的实学倾向最大的不同在于对朱子学四书的重视。当然，这一前提在于义堂周信深谙新注四书。康历二年（1380）义堂周信与足利义满围绕朱子学四书新注展开了下面一段对话：

> 昨日儒学者讲孟子书，其义名名不同如何。余曰所见不同也，近世儒书有新旧二义，程朱等新义也，宋朝以来，儒学者皆参悟禅宗，一分发明心地。故注书与章句学迥然别矣，四书尽于朱晦庵，及及第以大惠书一卷为理性学本云云。……君问《孟子》书中疑延孟子圣人百世师、柳下惠等事。余引孟子倪氏集注而详说之。君喜曰："吾疑泮然。"[2]

义堂周信不仅熟谙朱子学的四书新注，还引用元代倪士毅的《四书辑释》详细解释《孟子》。而他引用《四书辑释》距离其成书时间元至正六年（1346）仅仅隔了三十五年。可见自圆尔辨圆以后，宋元四书新注已经迅速传入日本。不过，义堂周信也敏锐地发现："儒书新旧二学不同如何。曰汉以来及唐儒者，皆拘章句者也。来儒乃理性达，故释义太高。其故何，则皆以参吾禅也。"[3]他明确地指出新注与旧注的区别，并意识到朱子学中儒释融合的思想特征。关于儒释二者的关系，在义堂周信看来，"君又问，仁义二字。余因引轴教编，合说儒释二教之义，曰在儒仁义礼智信，在释不杀不盗不淫不妄不酒，儒谓之五常，释谓之五戒，其名异，其义同。佛初为下根凡夫，说人天乘，即五戒十善也。然则佛教得兼儒教，儒教不得兼佛教"。[4]虽然义堂周信承认儒释的"五

1　近藤瓶城編『続史籍集覧：空華日用工夫略集』近藤活版所、1898、17-38 頁。

2　近藤瓶城編『続史籍集覧：空華日用工夫略集』32-38 頁。

3　近藤瓶城編『続史籍集覧：空華日用工夫略集』33 頁。

4　近藤瓶城編『続史籍集覧：空華日用工夫略集』50 頁。

常"和"五戒"是名异义同，但是他仍然坚持从佛教中心的立场理解儒
释融合问题。

三　中世汉文训读的变异与明理学的注解

从佛教中心的立场理解儒学以及朱子学是自虎关师炼到中岩圆月
再到义堂周信贯穿始终的基本理念，而随着儒释融合的深化，禅林开始
意识到朱子学自身内部的儒释结构，并以此达到相互理解的目的。为了
能够进一步理解四书新注，推广朱子学，岐阳方秀（1361—1424）开
始从汉文训读着手，通过语言学进入朱子学的思维世界。根据《南浦文
集》记载："我今说集注和训之权舆，昔者应永年间南渡归船载四书集
注与诗经集，传来而达之洛阳，于是慧山不二岐阳和尚始讲此书，为之
和训，以正本国传习之误。"[1] 岐阳方秀公开讲解朱熹的《四书集注》并
为其原文添加训点，有一个重要目的就是要纠正日本训读的错误。日
本古代担任大学寮教官的博士家不仅负责讲授儒学典籍，而且主要以汉
唐古注进行训读。不过，实际上以清原家为代表的博士家虽然主要依据
古注，但是他们对于朱子学新注也采取了包容的态度。在日本京都大学
附属图书馆所藏清原宣贤原稿本《孟子抄》十四卷后附有"右侍讲席卒
书志分不改言辞不饰文章抄之又加／正义大全等师家庭训颇虽无毫厘之
差蒙昧不／敏定可致千里之隔后页索隐艾烦不亦宜乎／少纳言清原宣贤
（花押）"，[2] 可见该博士家《孟子抄》也吸收了《孟子正义》《孟子大全》
的宋明新注。与此同时，室町时代的五山禅林也深受博士家古注训读的
影响。日本宫内厅书陵部所藏五山版《音注孟子》既有"偕大全""四
书大全"的标记，也有"句解""集注""正义"的补注。可见五山版
《音注孟子》也吸收了宋明以来《孟子集注》《孟子正义》《附音傍训句

1　南浦『南浦文集下：與恭畏闍梨書』四條寺町刊行、1625、39 頁。
2　张晓明：《〈孟子〉注解在日本江户前期的转变及影响——以藤原惺窝、林罗山为中心》，《汉籍
　　与汉学》2020 年第 2 期，第 79 页。

解孟子》以及《孟子大全》等新注。不过，不论是清原宣贤原稿本《孟子抄》还是五山版《音注孟子》，它们的注解都是以汉代赵岐的古注为基础。所以，岐阳方秀要纠正的错误正是室町时代博士家、五山禅林采用的汉唐古注的训读。对此，村上雅孝认为："岐阳不仅添加了和训，而且显示出以新注训读法与博士家对抗的意图。岐阳的理想虽然是用中文来阅读汉文，但是在现实中却走向了训读化的进路。"[1] 不过，真正沿着岐阳方秀的朱子学新注训读之路继续前行的是桂庵玄树（1427—1508）。根据《跋朵云居士四书后》的记载：

> 应永年间，南渡归船，始载朱文公四书集注与周诗集传而达洛焉。慧山不二岐阳翁，适禅仪之绪余，导蒙昧于外学，或讲鲁典等，专原文公注，而凡正本国传习之误，只以其语易达，其理易通为要耳。相传谓，新注之讲义，实权舆乎不二翁也。洛东山云龙惟正老，讳明贞，位登南禅，慧峤藏主景召老，讳瑞棠，为江湖名衲也。二老同出于不二之门，非翅精是书，人以博识多闻称焉。予在洛之日，从二老门，而闻义，殆熟矣。固不得为不二之徒，私淑诸人焉，不亦幸哉。然后览倪士毅辑释再也三也，相次阅永乐所进大全书焉。近又游于江南，窥四书详说，其余注释粹者数部，其中犹有不得者，咨决乎学校诸先生焉。故虽大义未明，于章句训诂之末，粗可以为童蒙之师欤。……顷书，四书本经，付厥子生德幼童，旁加倭点，点者从予之所口授也。[2]

与《南浦文集》的记载一样，桂庵玄树不仅指出岐阳方秀重视朱子学新注的目的，而且还表明其讲解新注之权舆的历史地位。而桂庵玄树自己则是师从岐阳门下的惟正明贞和景召瑞棠，后又阅览倪士毅的《四

---

1 村上雅孝「岐陽方秀から桂庵玄樹へ—室町時代における日本朱子学の形成」『国語学研究』第55号、2016年、199頁。
2 上村観光『禅林文芸史譚』大鐙閣、1919、146頁。

书辑释》、胡广《四书大全》等，并在应仁元年（1467）跟随遣明使天与清启入明，在游览江南苏杭之际遍阅四书的各种注解，最终传授四书训读。由于桂庵玄树从明朝回到日本后在萨摩讲授朱子学，所以也被称为萨南学。因为桂庵玄树入明的经历，他深谙宋、元、明以来的四书新注。于是他"乃与国老伊地知重贞，称左卫门后改周防守，谋刊《大学章句》于麂府，十三年六月板行于世，实本邦章句印行之嚆矢云"，"师著小篇，辨四书五经注有新古，且以国字解朱注例，述倭点法，使世蒙士皆知学必崇宋说，先在能辨其句读之意，今世所稀传，桂庵和尚家法和点此也"，[1]他不仅刊行出版了《大学章句》，还为了推广朱子学新注创立了训读法。在桂庵玄树看来，"南宋淳熙十六年己酉，晦庵撰《大学》《中庸》序，此时新注行于天下。大明永乐十三年乙未，撰《四书五经大全》二百二十九卷，此时天下破弃古注，无家藏古书一本者也"。[2]从朱熹的《四书章句集注》到胡广的《四书五经大全》，新注俨然成为时代的潮流。于是，桂庵玄树认为："宋朝以来，儒学不原于晦庵，不以为学焉。故儿童走卒，皆诵不宗朱子元非学，看到匡庐始是山。……新注诸家之说，违背晦庵之义者，皆不敢取也。"[3]尽管桂庵玄树身份仍然是五山禅僧，但是通过他对朱子学新注的论述，我们可以清楚地发现儒释融合已经不再是桂庵玄树思考的主要问题了，这意味着他从思想上开始脱离从虎关师炼到中岩圆月再到义堂周信所形成的儒释融合的基本理念。

此外，桂庵玄树作为入明僧人与入唐、入宋僧人的求法巡礼有着相当大的区别。"应仁纪元，师中选使明国，入见宪宗，宴赉颇渥。居凡七年，游苏杭间，亲从巨儒攻朱氏经说，尤邃蔡氏传，其于诗章则与彼土文人相互颉颃，每一词出，艺林传颂，称其有盛唐之风。"[4]他入明以

1　国书刊行会编『続々群書類従第10：漢学紀源』583、585 頁。
2　桂庵玄樹『桂庵和尚家法倭点』出版者不明、1908、2 頁。
3　桂庵玄樹『桂庵和尚家法倭点』1 頁。
4　荻生茂博編集『近世儒家文集集成第十六巻：愛日楼全集』ぺりかん社、1999、266 頁。

后主要是与明代巨儒交流，探求朱子学新注。这一点也进一步佐证了桂庵玄树在思想上脱离了儒释融合的束缚，显示出儒释分离后转向朱子学的趋势。

四　结语

综上所述，通过中世镰仓、室町禅林与朱子学的历史关系，我们不难发现其中的三个特点。第一，从儒释融合到儒释分离并转向朱子学的思想趋势。第二，将四书与治国理政相结合的实学倾向。第三，四书新注的训读成为理解朱子学思想的新思潮。而率先打破这种历史关系的正是藤原惺窝。藤原惺窝（1561—1619）是日本江户朱子学的开创者，他上承五山文学，下启江户儒学，不仅开辟了由佛入儒的道路，还培养了林罗山（1583—1657）、松永尺五（1592—1657）等朱子学俊才。根据林罗山的《惺窝先生行状》，"先生虽读佛书，志在儒学"，[1] 可见藤原惺窝在还是僧人的时候就萌生了修习儒学的志向。之后，"又旋洛侨居，环堵萧然，读圣贤性理之书"，[2] 开始阅读与"性理"相关的儒学典籍。不过，与朝鲜刑部曹佐郎姜沆（1567—1618）的相遇才是藤原惺窝完成思想转向的关键。

> 朝鲜刑部员外郎姜沆来在赤松家，沆见先生，而喜日本国有斯人，俱谈有日矣。沆曰，朝鲜国三百年以来有如此人，吾未之闻也，吾不幸虽落于日本，而遇斯人，不亦大幸乎。沆称先生所居为广胖窝，先生自称惺窝，取诸上蔡所谓惺惺法也。本朝儒者博士，自古唯读汉唐注疏，点经传加倭训，然至于程朱书，未知什一，故性理之学，识者鲜矣。由是先生劝赤松氏，使姜沆等十

1　国民精神文化研究所編纂『藤原惺窩集・巻上』国民精神文化研究所、1938、6 頁。

2　国民精神文化研究所編纂『藤原惺窩集・巻上』7 頁。

数輩，净书四书五经，先生据程朱之意，为之训点，其功为大。[1]

对与藤原惺窝的相遇，姜沆也备感欣慰，他对藤原惺窝给予了"朝鲜国三百年以来有如此人，吾未之闻也"的极高赞誉。与此同时，他们二人还对日本学者重视汉唐注解却缺乏程朱理学知识的现状达成了共识，并最终由姜沆手书四书五经，藤原惺窝依据程朱理学的意思添加训点。与此同时，姜沆在《五经跋》中也进一步证实了林罗山的记载：

> 扶桑海国也，去中国道理辽绝，士大夫未尝以经训名家，又岂尝以穷理正心实用其力哉。其以幸而儒术闻者，亦不过何郑注疏，谓程朱之训解为无用，其不以覆瓿者为鲜，旷千百年始得惺斋敛夫一人。穷约自守，不求闻达，惟以文籍自娱，其学深造独诣，一以操存省察为本，经书洞念晓析，独以程朱传注为是。一国莫有知者，而惟赤松公以葭莩之义瓜葛焉，因以其旨书五经四书。[2]

中世以来朱子学的思想特征奠定了近世藤原惺窝、林罗山等日本学者进入朱子学思维的基础。从东亚文化交涉学的视域所展开的日本中世朱子学恰恰是在这一节点开始脱离入宋入元僧人、东渡日本的宋元禅僧以及五山禅林等诸多因素相互作用的紧张关系，走向独立且具有异质性发展的道路的。

1　国民精神文化研究所編纂『藤原惺窝集·卷上』7 頁。
2　国民精神文化研究所編纂『藤原惺窝集·卷上』299 頁。

怀德堂学派的"敬"论*
——关于"敬"的无对象性

〔日〕佐藤由隆**

序

怀德堂是江户时期大阪颇有势力的学问所，本文主要讨论的是其中的五井兰洲（1697—1762）以及中井竹山（1730—1804）对"敬"的解释。

朱子学中有关"敬"的论考已有很多，[1]其概略可归纳如下。

朱熹（1130—1200）有言"敬者，一心之主宰，

* 本文为2022年度教育部人文社会科学研究青年基金项目"儒学日本化进程研究"（项目编号：22YJC720009）的阶段性成果。

** 爱光中学，高等学校教谕，大阪大学博士。

1 近年有吾妻重二《朱子学的新研究》（吾妻重二『朱子学の新研究』創文社、2004）第二部第三篇第三章、垣内景子《围绕"心"与"理"的朱熹思想结构研究》（垣内景子『「心」と「理」をめぐる朱熹思想構造の研究』汲古書院、2005）第一章第二节等相关研究。

而万事之本根也"，[1]"学者工夫，唯在居敬、穷理二事。此二事互相发，能穷理，则居敬工夫日益进，能居敬，则穷理工夫日益密"，[2]由此可知，"敬"是非常重要的概念，"居敬"和"穷理"作为并行的修养方法受到重视。此二者的关系与《易·文言传》的"直其正也，方其义也。君子敬以直内，义以方外。敬义立而德不孤。直方大，不习无不利，则不疑其所行也"[3]。"敬以直内"这一内在修养指"居敬"，"义以方外"这一外在修养指"穷理"，这是比较普遍的解释。[4]

在此之上，朱熹还有如下论述：

> 二先生所论"敬"字，须该贯动静看方得。夫方其无事儿存主不懈者，固敬也。及其应物而酬酢不乱者，亦敬也……岂必以摄心坐禅而谓之敬哉。[5]

也就是说，"居敬"是贯通"动""静"两种状态而施行的修养方法，并不必然指佛教所说的"摄心坐禅"。

关于这种贯穿"动静"之"敬"的具体内容，有人以程颐（1033—1107）所说的"整齐严肃"或者"主一无适"为基础进行了解释。比如垣内景子解释为"专一对待随时随地的对象，为了不被任何别的东西扰乱而时常保持心的觉醒和集中"。[6]吾妻重二解释为"无论何时都保持心的冷静严肃，不迷失自我"。[7]二者都在陈述心的状态，可以简单地归纳为集中且冷静严肃的状态。

1　朱熹：《大学或问》上，《朱子全书》第 6 册，上海古籍出版社、安徽教育出版社，2002，第 506 页。
2　黎靖德编《朱子语类》卷 9，中华书局，1986，第 150 页。
3　朱熹：《周易本义·文言传第七》，《朱子全书》第 1 册，第 151 页。
4　吾妻重二『朱子学の新研究』409 頁。
5　朱熹：《朱子文集》卷 45《答廖子晦》，《朱子全书》第 22 册，第 2078 页。
6　垣内景子『朱子学入門·第五章』ミネルヴァ書房、2015、90 頁。
7　吾妻重二『朱子学の新研究』402 頁。

在上述所归纳的"敬"的内容之中，如果强调冷静严肃的侧面，则如吾妻所述"无论何时"都处于这种心理状态之中，强调了这种"无对象性"。[1] 这并非垣内所描述的面对"随时随地的对象"，无论任何的状况和对象都要保持自身，所谓的"集中"意味着这种向内的矢量。

笔者一直关注的是怀德堂学派的知行论，并尝试将怀德堂学派定位为朱子学派内部重视学问成果与社会实践的一体性（乃至相互补充性）一派中的发展型。[2] 笔者认为，朱子的知行论包含着"先知后行"与"知行并进"两种有些矛盾的理念，后续的朱子学者们在直面如何处理这样的理念的问题时，产生了多样的思想。而在这种多样的思想之中，也有"敬"的存在。

朱子所论"敬"中，被视为"无对象性"的表述如下：

> 近世程沙随犹非之，以为圣贤无单独说敬字时，只是敬亲敬君敬长，方着个敬字。全不成说话。圣人说修己以敬，曰敬而无失，曰圣敬日跻，何尝不单独说来。若说有君有亲有长时用敬，则无君亲无长之时，将不敬乎？都不思量，只是信口胡说。[3]

如此，朱子举出了没有对象"单独"使用"敬"的例子，来说明"无君亲无长之时"，也就是不存在特定对象的时候也应该用"敬"。

但是，这并不意味着"敬"在任何的场合都没有对象。比如朱子还有如下言论：

> 因说敬，曰：圣人言语，当初未曾关聚。如说出门如见大宾，

1　島田虔次『大学・中庸』朝日新聞社、1967、48 頁。吾妻在前揭书中也支持了这种"无对象性"，"在此成为问题的是，敬是指心的紧张状态，并不意味着对任何对象的敬意。居敬的特色之一，在于其无对象性。"（吾妻重二『朱子学の新研究』402—403 頁）

2　可参考佐藤由隆《知行并进论的系谱——对日本儒学的影响》，刘莹译，《朱子学研究》第 33 辑，江西教育出版社，2019 等。

3　朱熹：《朱子语类》卷 12《学六・持守》，第 207 页。

使民如承大祭等类，皆是敬之目。到程子始关聚说出一个敬来教人。
然敬有甚物。只如畏字相似。不是块然兀坐，耳无闻，目无见，全不
省事之谓。只收敛身心，整齐纯一，不恁地放纵，便是敬。[1]

朱子在说"敬"的时候，经常以"出门如见大宾，使民如承大祭"
为例，"如见大宾""如承大祭"的接触对象是必然存在的，即不能从接
触对象的课题中逃脱。不听对方的言语，也不正眼看对方，只是自我完
结而导致的"全不省事"并非"敬"。明白了以上朱子的论述，那么所
谓"敬"的"无对象性"则不可以全然的"无对象"断言。

"敬"的无对象性，并非全然的"无对象"。直面这一难解课题的
后续朱子学者们，会怎样面对这一问题？

本文着眼的问题是怀德堂学派如何面对"敬"中内在的无对象
性，并尝试以他们对其他学派解释的"敬"持有怎样的见解为中心进行
考察。

一　批判伊藤仁斋对"敬"的轻视

首先考察的是五井兰洲晚年即宝历十一年（1761）对伊藤仁斋
（1627—1705）展开批判之书，即《非伊编》[2]。

这一文献与批判荻生徂徕（1666—1728）之书《非物篇》不同，
是未刊稿。写本也并非大阪大学附属图书馆怀德堂文库所藏，唯一被
视为自笔本的只存于大阪府立中之岛图书馆。此书之所以被视为兰洲
批判其他学说之书的代表，可以通过门人中井竹山所撰的墓志铭来

1　朱熹：《朱子语类》卷12《学六·持守》，第208页。
2　以下关于《非伊编》的书志信息可参考寺门日出男「大阪府立中之島図書館藏蘭洲遺稿に
　　ついて」『懐徳堂研究』第6号，2015年。一般而言，《非物篇》更为人所知，然而正如寺
　　门论文中所论，大阪府立中之島図書館藏本内题与外题都为"非伊编"，故本文也采用这一
　　记述。

理解：

> 尝慨一时巨儒不为少而不局乎固滞，辄归乎忽略神佛谲诞之
> 说，乘以张皇，其厌之者变为功利词章，反借口乎复古，高自标
> 榜好新奇之士，靡然趋附，文行歧而良材日坏。乃揭以博约之旨，
> 矫偏拯（浪华名家碑文作"极"——作者注）颓，以正人心，合
> 文于行，著《非伊》《非物》《非费》《承圣》诸篇，艾榛芜以示周
> 行。后进知所乡，若大寐新醒。岂非道足以息邪说者？[1]

这也是思考怀德堂学派的"博约并进"（知行并进）思想时的重要
资料，为了主张"博约并进"，五井兰洲完成了其代表作《非物篇》，
与之并列的还有这里举出的《非伊编》。

本文关注的即是《非伊编》的首章。这一章也可以说是批判伊藤仁
斋的总论，在长达五页的篇幅内，他对《论语古义》《语孟字义》中仁
斋的诸论不断进行批判。此章还以"古学论"为题被收入了《兰洲先生
遗稿》。[2]根据寺门日出男的考证，《古学论》的写作当在宝历九年（1759）
前后。[3]若与《非伊编》对照，虽然可以看到各种异同，但特别值得关
注的是到了《非伊编》，兰洲追加了关于"敬"的论述。

首先，具体到《古学论》中关于"敬"的论述，只有如下的文字：

> 仁斋又恶敬字，非程朱。然有学问之道以来，古书说敬字不
> 一而足。唯有桀纣者，曰敬不足行。仁斋亦读书人也，何尝不知

---

1 中井竹山「蘭洲五井先生之墓」木村敬二郎『稿本大阪訪碑録』船越政一郎編『浪速叢書』
　第十、浪速叢書刊行会、1929 所収。

2 『蘭洲先生遺稿』上巻、大阪府立中之島図書館蔵蘭洲自筆本、十七葉表。

3 参考寺門日出男「大阪府立中之島図書館蔵蘭洲遺稿について」『懐徳堂研究』第 6 号、2015
　年。宝歴九年蘭洲中風発作，去有马温泉进行汤治之际写作了诸文章，《古学论》也收录其
　中，寺门由此推定《古学论》大概是同年之作。

敬可尚？但为程朱主张敬字而恶之耳。谚所谓疾浮屠及袈裟者也。[1]

要之，"为恨和尚，累及袈裟"是对仁斋之"敬"的批判。《古学论》中只有如此简短的论述，然《非伊编》则以《语孟字义》中所见仁斋之"敬"论为起点，追加了一页半的文章：[2]

又曰：敬，尊崇奉持之谓。按古经书无一谓无事徒守敬字。朱子曰：敬者一身[3]之主宰，万事之根本。愚谓不然。圣门学以仁义为宗，而忠信为主。未尝以敬为万事之根本（至此处为《语孟字义》卷纸下，"敬"全二条之要约[4]——作者注）。学者孰不以仁

1　『蘭洲先生遺稿』上卷、十八葉表。《非伊编》中"仁斋又恶敬"之下无"字"，无"唯有桀纣者，曰敬不足行"一句。

2　关于兰洲文中所引仁斋之说，可以根据日本思想大系本（岩波书店，1971）所收《语孟字义》进行确认。由于兰洲所引的文章较长，本文根据内容进行了段落调整。只是，《古学论》中"今也余以病屏居多假（错字——引者注），借《童子问》于友人读之"改为了"今也余以病屏居多暇，借《童子问》《语孟字义》等于友人读之"，由此而论，很可能在《古学论》之时兰洲还没有精读《语孟字义》。

3　"一身"疑原文错字。《朱子语类》和《语孟字义》皆作"一心"。

4　各条的全文如下。《大学或问》中"万事之本根"被仁斋引用为"万事之根本"。"敬者，尊崇奉持之谓。按古经书，或说敬天，或说敬鬼神，或说敬君，或说敬亲，或说敬兄，或说敬人，或说敬事，皆尊崇奉持之谓。无一谓无事徒守敬字者。惟夫子曰'修己以敬'，仲弓所谓'居敬而行简'二语，似乎今之所谓持敬主敬之功。然观夫子曰'修己以敬'，而下又曰'君子修己以安人'，仲弓曰'居敬而行简'，而下又续之曰'以临其民不亦可乎'，则此二语，亦以敬民事而言，非徒守敬字之谓。"（『語孟字義』卷之下「敬」第一条、吉川幸次郎・清水茂校注『日本思想大系 33：伊藤仁斋・伊藤東涯』岩波書店、1971、145 页）《大学或问》曰：'敬之一字，圣学之所以成始而成终者也。'朱子又曰：'敬者，一心之主宰，万事之根本也。'愚谓不然。圣门之学，以仁义为宗，而忠信为主。孔子曰：'一言而可以终身行之者，其恕乎？'曾子曰：'夫子之道，忠恕而已矣。'未尝以敬为圣学之成始终而万事之根本。乃为学问紧要之功，而其他圣人千言万语，举皆为无用之长物，岂可乎哉？孔子曰：'言忠信，行笃敬，虽蛮貊之邦行矣。'敬固为学者之切务，然忠信笃敬四者，废一则不可，徒谓守一敬字乃可，则大非圣人之意。譬则医之处方，有君药、有臣药、有佐使药，众药兼用，而后成方。若谓一敬字该尽圣学之始终，则犹言用一味橘皮乃可，不必用补中益气全汤。其虽用参芪之类，犹不得奏全方之效。况一橘皮乎？《语》曰：'好仁不好学，其蔽也愚。好知不好学，其蔽也荡。可见虽仁智之达德，徒专好之，而不学以照之，则犹不免于有蔽。况于一敬乎？其与孔门之学同乎不同，不辨而明矣。"（『語孟字義』卷之下「敬」第二条、145-146 页）

义为宗忠信为主？夫子曰"修己以敬"，仁义者，修己之本也。其要在敬，请详论之。以敬为修养之功，肇自唐虞，历三代，诗书六艺之所载，历历可数。其最切者，孔子曰"敬以直内"，是"尊崇奉持"何物乎？至《国语》云："敬者，德之聚也。能敬必有德。"是"尊崇奉持"何物乎？虽欲宗仁义，内省无敬，则何能得仁义？孔子以敬教学者曰"行笃敬""修己以敬"，是又"尊崇奉持"何物乎？至孟子亦然。自战国历秦汉，圣王不作，处士横议，放荡自肆，即遗敬。至晋清言之徒出，言礼法岂为吾辈设哉。夫礼者敬耳。此辈蔑礼，况敬乎？即乱头养望言旷达，世之悦放肆者，滔滔皆归之，不知圣门正心威仪之学。如王弼、何晏之伦，虽以《易》《论语》为专门，其为人，浮虚躁妄，皆不足取。于是武人倍吏易其诞，异端邪说乘其虚、鼓其说，以轻慢之。因循至唐末五代，遂并君臣之义废之。夫敬与义者，相为表里内外者也，故曰"敬以直内，义以方外"。夫废敬，则义从而亡，亦可观。由是篡弑相继于上，邪暴并兴于下，虽有一韩退之不能本之于理性，亦不知敬之可尚，无补于圣教。及宋诸君子，以礼律身，以敬存心，以复唐虞三代之旧。其间有陆象山者，恶敬。至明兴，王阳明、李卓吾辈亦不知敬、义之为学，佞佛授禅，遂夷狄入中国，敬、义之学，扫地而尽，明从亡。由是观之，敬系人心邪正、国家治乱，其可忽乎？仁斋为人缓慢，不悦义气激烈，故疾敬尔。[1]

如上长文，内容大体可分为前后两部分。

首先，前一半是反驳仁斋具体的"敬"论。内容如吾妻所指出的，是围绕"敬"是否是有对象的概念，即"敬"的"无对象性"而展开

1　『非伊編』中之島図書館蔵本、二葉表。

的。[1] 兰洲反复设问"是'尊崇奉持'何物乎",断定"敬"绝不是仁斋解释的"尊崇奉持"那种有着限定对象的行为。

至于后一半,叙述了秦汉以后思想史中轻视"敬"的脉络及其弊害,离开了仁斋展开论述。兰洲直言"夫礼者敬耳",轻视"礼"和"敬"几乎是一回事,由于"敬"与"义"表里一体,因此人心之邪正会给国家的治乱造成极大的影响。最后以"仁斋为人缓慢,不悦义气激烈,故疾敬尔"结尾。从最后的文字中可以觉出仁斋轻视"敬",临事即对"行"没有足够的热情的意味。

《非伊编》还有如下的条目:

> 又曰:后世或以持敬为宗旨,或以致良知为宗旨,未有以忠信为主。亦异夫孔门之学矣(《语孟字义》卷之上"忠信"第二条——作者注)。夫宋儒以忠信为本,唯其方法各以其性所近,故或持敬,或致知,皆所以进忠信也。不知仁斋进忠信之方法,何以也?将口诵忠信如老婆念佛欤。[2]

如上,兰洲认为"持敬"是"行"的具体的方法论,而仁斋所说的"忠信"不过是抽象的概念。从上文也提到的"学者孰不以仁义为宗忠信为主",可知兰洲认为应该尊崇的"仁义"和"忠信"都是由"敬"而行之物。也就是说,兰洲认为所谓的"敬"是包括了所有"行"的方法论。

二 所谓的"敬"

那么,兰洲是如何认识所谓的"敬"的呢?兰洲的著作《知新录》

---

1 仁斋本来修朱子学,27岁时,感动于朱子之"敬斋箴"而以"敬斋"作为自己书斋的号(伊藤仁斋「敬斋記」『古学先生文集』卷一、吉川幸次郎・清水茂校注『日本思想大系33:伊藤仁斋 伊藤東涯』268-269頁)。但是之后倡古义学,则批判朱子学的无对象的"敬",主张只有针对具体对象而展开的行为才是"敬"。吾妻重二称:"道学以及朱熹之敬,毋宁说忠实于先秦以来的用法","笃实的仁斋只可谓疏漏"。(吾妻重二『朱子学の新研究』408頁)

2 『非伊編』二六葉表。

中有如下条目：

> 古人亦好禅学。儒者敬之工夫与坐禅不同。坐禅如见本来面目，敬之工夫为知心之本体。先，知心之本体为穷理之事，与敬之工夫不合。合理与气，心也。其心之静为性，心之动为情。心静则寂然不动，心动则感而遂通天下之故。形容静之性为中，形容动之情为和。以穷理之力真知实见，可云知心之本体也。知心之本体者，知心之本体之理也。敬，心之存不存如何者，外言之，心不在焉，视而不见，听而不闻，食而不知其味，则心不存也。心之里心在焉，视而见，听而闻，食而知其味，则心存也。临事，其所临之事不思一色，而思二色三色，此心不存也。其临之事，仅思一色，外无一念，此心存也。主一无适亦云此。既穷理，心之本体之理为真知实见，故不放其心而存，则敬之工夫也。真知实见心之本体之理上之工夫为敬。敬，圣学之始终，万事之本根也，故非此敬则无以穷理，勿论也。未知前为敬，知之后更是敬也……穷理，实知实见我心之本体，知臆兆之天下之人之心之本体亦为同事。人又实知实见自身之心之本体又如此，知臆兆之天下之人之心之本体，天下公共也。禅者之坐禅，见心之本体亦己一分之事，不能知人之心之本体。故云自己面目。且以禅者之见心之本体，与圣人之道之心之本体仿佛，则如认影为体。[1]

这里开头所说的"敬"并非坐禅，亦如本文之序也提到的《朱子文集》的《答廖子晦》中的议论，但兰洲认为"知心之本体"的修养不是"敬"而是"穷理"。换言之，所谓的"敬"并非"知"而是有关"行"的修养。

那么，其与"知"的领域中的"穷理"有什么样的关系？兰洲讲

1　五井蘭洲『知新錄』大阪府立中之島図書館蔵本、六十六葉裏。

"既穷理，心之本体之理为真知实见，故不放其心而存，则敬之工夫也。真知实见心之本体之理上之工夫为敬"。兰洲极其重视"穷理"带来的"真知实见"或者说"实知实见"，《兰洲先生大学或问讲义》中虽然还论述道"真知实见则自信，信则必行"，[1] 但这仅意味着为了"必行"而进行准备，为了在任何的场景下都可以实现"行"，"不放其心而存"，即"敬"的工夫是必须的。

只看这里"穷理→居敬"这一简单的图式似乎是成立的，然而兰洲却说："非此敬则无以穷理，勿论也。未知前为敬，知之后更是敬也。"原本兰洲就主张在"知行并进"下，在"穷理"即"格物致知"的阶段，要通过实践来验证，即以"行"补"知"。[2] 因此必然的，在"穷理"的实践之际也必须发挥"敬"。也就是说，可以判定所谓的"敬"是包含了"穷理"的工夫。

至于"敬"是怎样的修养，"其临之事，仅思一色，外无一念此心存也"，兰洲说存心的状态即是如此。也就是"心在焉，视而见，听而闻，食而知其味"，这样集中全力应对每次的对象。

如此就可以明白，此"敬"之中设定了作为集中的对象的"其临之事"，并非无对象的"敬"。

实际上，门人中井竹山也有与此相似之论：

> 主一无适，其义如何。其于修行切实紧要，初学之人难以入手，其文义却无任何子细也。以此事难以心得者，学者之浅陋也。盖此四字，本程子释敬之字而言也。敬者恭敬，原本从心敬物重物，非限于叩拜、弯腰、侍奉尊长贵人，只平日凛然于心，总而言之无论何事皆当作心底大事，戒慎恐惧为紧要。此即是存主之

1　关于兰洲所说的"真知实见"，可参考田尻祐一郎「懐徳堂学派——五井蘭洲と中井履軒」源了圓編『江戸の儒学——「大学」受容の歴史』思文閣出版、1988。

2　参考拙稿「五井蘭洲と中井履軒の格物致知論」『東アジア文化交渉研究』第 10 号、2017 年、「懐徳堂学派の知行論」『日本中国学会報』第 69 集、2017 年。

敬。此为敬之本也。此本一立，无何可施。苟本不立，临事俄而
欲敬，不可至其敬也。程子之主一无适说以此存主之敬为本，无
论何事皆由此念头推行之也。主一即以一为主，以心为一途也。
无适之适音赤，读ユク。无适即不去任何地方，心不散向旁处也。
一途则不散向旁处，不散向旁处则必一途也。故朱子亦言非主一
外，又别有无适也。必竟同样之事叮咛言之。向父一途则以孝为
志，无适其他，向君一途则以忠为志，无适其他。凡人伦之交，
读书讲艺，以其时其事为一途，无适其他也。故可食则食，可眠
则眠，可哀则哀，可乐则乐，可笑则笑，皆主一无适，凡存之无
二念，施于其可，皆囿于敬。敬以直内，义以方外是也。然世之
实学之人必跪坐张臂，临场而虎视，以与人义绝为敬义直方之训，
大误也。勿论敬以严格为正面，故误以为特别应流向有棱角之方。
故程子不用庄严等字，意在扩充主一无适之说。若又出一分固执，
不用旁人之言，以此为主一无适，此是以恶之一途为主，遂不行
于所行之方，此正是固滞人之主一，执拗家之无适。与程朱门下
之主一无适，相隔如薰莸冰炭。宜仔细辨之。[1]

　　竹山更加具体地从"忠"与"孝"的实践、读书与寝食以至喜怒
哀乐之发的情景，也就是以专一集中面对所有的"行"来论述"主一
无适"之"敬"，并进一步批判了将"敬"解释为不给他人带来困扰的
"与人义绝"。这基本沿袭了兰洲之说。

　　那么，竹山在以上论述"敬"的具体内容中，言及"敬以直内，义
以方外是也"，这意味着什么？线索即是上文已提到的兰洲《非伊编》
二页表的文字"敬与义者，相为表里内外者也"。兰洲并没有将"敬以
直内，义以方外"的关系视为不同的两项：

1　『竹山国字牘』卷上「答谷生、論主一無適」、『懷德堂遺書』松村文海堂、1911、三十八葉裏~
　三十九葉裏。

　　善读《易》坤之文言传，则解乾之文言传如破竹。坤之文言
传为贤人学者之工夫，乾之文言传为圣人之工夫故也。先以坤之
文言传始，坤至柔而动也刚，至静而德方。至静之工夫为敬，德
方为义也。至静者云敬以直内，德方者云义以方外。坤之文言传
为贤人之工夫，故敬始敬终，始终敬也。神书中土之训为ツツシ
ム，至当也。敬为土之理也。敬以直内，义以方外，亦敬义一也。
不应见之为二。云在内为敬，发于外为义。方为土之貌定而不动
之事也。一一以义理为定不动云方。至静而德方，方外，皆此意
也……至柔故至静也。至静故常动时方也。此为敬义之源也。圣
人以天为法，贤人以地为法。地以土为主，敬为土之气象。五行
皆以土为基，敬为万事之本根。[1]

　　如上引文所见，兰洲并未将"敬以直内"与"义以方外"理解为
"居敬"与"穷理"的关系。"行"之际修养自己内心的状态是"直内"，
在此状态下做出的行为是"方外"，他认为"不应见之为二"。如此通
过将所有都包含在"敬"之中，展开了"坤之文言传为贤人之工夫，故
敬始敬终，始终敬也"之论。《兰洲先生易四传讲义》中也有如下论述：

　　至极之处，敬为工夫之本，义为工夫之末。敬为心，义为事。
故心内常存内直。内直之处应事判断，则应外事之处，义以行之。
心内不存则心之天理暗，故以非为是，以是为非，故应外事而有
违，义亦不行。如此则自然由内养外，以外助内，内外表里相养
互助，终成广大之德敬，义立而德不孤也，内外全备者直方大也。
故以之事君则忠也，事亲则孝也，随心而往无义理之不行云不习

1　『密察録』大阪府立中之島図書館蔵本、八十五葉表。本书中五井兰洲的论说与山崎闇斋『土
　金の伝』的关联甚密，颇为可疑，对此点的考察当另撰文详析。

> 无不利……静亦主一无适整齐严肃，动亦主一严肃，此云敬。方
> 谓我身之左右前后上下四方八面皆义理四角。[1]

如这里所说"内直之处应事判断，则应外事之处，义以行之"，兰洲对于内外，并没有采取"居敬""穷理"工夫有别的立场。心内常存"敬"的状态而应"外事"，则可处之得宜，且我内在之"敬"也可以近于完备之状态。直言之，"敬以直内，义以方外"的内外工夫通过"居敬"而一以贯之，"穷理"的工夫被置于其外。

若再与之前《知新录》之文一起思考，则可以明白其结构，即"敬以直内"与"义以方外"完全实现的前提条件是"穷理"，而"穷理"亦由"敬"而成。若再加整理，则可看出兰洲之说中"知""行"相互补充的关系性，即合内外之工夫是由"居敬"这一"行"统一的，成其工夫的前提条件是"穷理"的存在，此"穷理"亦由"居敬"而成立。而且从《竹山国字牍》中可以窥见，中井竹山也沿袭了同样的说法。

三 崎门学派"敬"论之同异

然而，问题在于这与朱子所设定的"居敬"与"穷理"的关系相违背。《朱子语类》中有如下记述：

> 敬以直内，义以方外，只是此二句。格物致知是义以方外。[2]
> 道夫曰："敬以直内，义以方外，莫是合内外之道否？"曰：
> "久之则内外自然合。"又问："敬以直内后，便能义以方外？还是
> 更用就上做工夫？"曰："虽是如此，也须是先去敬以直内，然后

---

1 『蘭洲先生易四伝講義』大阪府立中之島図書館藏本、九十葉裏。
2 朱熹:《朱子语类》卷69《易五·坤》，第1739页。

能义以方外。"[1]

　　朱子是说，以内外言之则内为"居敬"，外为"穷理"（格物致知）之工夫，分别行之则可实现"合内外"。然而如此则有内外工夫相别之忧，且若应先做"敬以直内"，则在"穷理"这一"知"的工夫前"居敬"已然存在，如此就会与"知先行后"的理念产生矛盾。由此而论，前节所见兰洲和竹山的解释，即通过以"居敬"贯通"敬以直内，义以方外"，是在尝试化解这些问题。

　　那么，是否还存在如他们一般不采用朱子以"穷理"为"义以方外"的事例？其代表正是作为崎门学派特色而闻名的"敬义内外"说。[2]原本山崎闇斋（1618—1682）断定以"穷理"解释"义以方外""非本指也"，其论述如下：

> 《语类》曰："敬以直内，是持守工夫。义以方外，是讲学工夫。"又曰："敬以直内，义以方外，只是此二句。格物致知，是义以方外。"嘉谓此义方之说非本指也。[3]
>
> 程朱专指心为内之说有之，为吃紧切要，但非《易》之本指也。朱子或以穷理说义方，亦非本指也。[4]

　　衣笠安喜认为山崎闇斋无视"穷理"而依靠"居敬"。[5]这或许也与

1　朱熹：《朱子语类》卷69《易五·坤》，第1740页。

2　关于崎门学派的"敬义内外"说有诸多先行研究，择其要而列举如下：尾藤正英『日本封建思想史研究』青木书店、1961；阿部吉雄『日本的朱子学と朝鲜』東京大学出版会、1965；平重道『近世日本思想史研究』吉川弘文館、1969；衣笠安喜『近世儒學思想史の研究』法政大学出版局、1976；田尻祐一郎『山崎闇斎の世界』ぺりかん社、2006；下川玲子『朱子学の普遍と東アジア——日本・朝鮮・現代』ぺりかん社、2011；厳錫仁『東アジアにおける日本朱子学の位相——崎门学派の理気心性論』勉誠出版、2015。

3　山崎闇斎『文会筆録』七之三、天和三年刊本、六十七葉表。

4　山崎闇斎『文会筆録』七之三、六十三葉表。

5　衣笠安喜『近世儒學思想史の研究』95頁。

从"敬以直内，义以方外"的议论中排除"穷理"有很大的关系。

而且，在倾向于"穷理"的当时的朱子学中，作为关注"居敬"而被重新评价的人物，闇斋和李退溪一起被评价。[1]因此，日本朱子学在论"敬"之时，不得不承袭崎门学派的论述。事实上，兰洲幼年时代交往的怀德堂初代学主三宅石庵即师事过浅见绚斋。且有说法认为，兰洲自己在江户之时，也与崎门学派之徒有过交流。[2]就此而论，可以认为兰洲的"敬"论受到崎门学派"敬内义外"说的影响很大。[3]

然而，若比较崎门学派与五井兰洲对"敬"的解释，则可以看到较大的差异。首先山崎闇斋论述"主一之敬"，有如下之言：

> 抑敬有主事之敬、主一之敬。主事之敬恶，主一之敬善。以看书为喻，但留心于向之书，则面前之字粗也，主事也。谨正己心，应于书物，主一之敬也。问：今仕官奉公人等，奉命而行，听口上之言，无论如何正己之心，若不以向之词为主，则不能记忆口上之内容。又若仅以向之词为主，则是主事也，疏于己心也。

1　阿部吉雄《日本的朱子学与朝鲜》第二篇第三章中，有如下论述："朱子之后，尤其到了明代，薛敬轩、胡敬斋等另当别论，敬往往只是作为既成概念而被概念化叙述，要不然就仅仅是作为静心而统一的工夫来叙述，与身体方面即与生活密切相关的活生生的实际的工夫这一重大的方面却容易被忽略。不仅如此，若说起朱子之学问，想到的只是读书穷理，朱子最为重要的思想，即居敬与穷理互相依存才是学问，这一点也有被忽视的倾向。特别是从王阳明'敬者蛇足'开始，思想界更是一片混乱。李退溪和山崎闇斋对此进行深入思考后，重新阐明朱子重视敬的思想，并将此作为现实而重要的问题提出。"（阿部吉雄『日本の朱子学と朝鮮』366 頁）

2　《兰洲先生遗稿》上卷《与服子安书》中有如下论述："世有一种学徒，崇朱子之甚，至谓宁负孔勿负朱。愚先人尤崇朱子，临殁，召一门生及余，戒之曰：'慎勿与学朱执拗者辩，徒起争端而已。'愚昔者在江户，与一同僚论学，学朱者也。愚乃曰：'朱子虽复大贤，亦有千虑一失，不可从者。'其人曰：'或然，有不可则固不可从也。唯在文公，决无不可者。'执拗者有如此者，先人所戒。"（『蘭洲先生遺稿』上卷「与服子安書」、七十一葉裏～七十二葉表）

3　关于"敬义内外"说，山崎闇斋置"敬以直内"于"修身"以上，"义以方外"于"齐家"以下。与此相对，佐藤直方、浅见绚斋等将"敬以直内"置于"正心"以上，"义以方外"为"修身"以下，此驳论广为人知。其要在于"内"的范围置于何处这一分歧上。五井兰洲也把"内"作为"心"来把握，由于朱子所说的"内"指的是"心"，因此就此点而言后者的主张与朱子是一致的。（衣笠安喜『近世儒學思想史の研究』100 頁）

> 是如何做工夫？答曰：此间之事不出圣人分上则不全。本来圣人
> 为声入心通之人，圣人主一即主事云者也。不主一则不主事，是
> 主一主事则全敬也。[1]

闇斋以抄书为例，认为无心于自己要抄写的书是"主事之敬"，而
理想的是"谨正己心，应于书物"的"主一之敬"。接着弟子问为了避
免"主事之敬"应当如何，闇斋回答"不主一则不主事，是主一主事则
全敬也"，首先要把实践"主一之敬"放在首位尤其用心。

关于"主一之敬"与"主事之敬"，其门人佐藤直方（1650—
1719）也以写信为例论述如下：

> 主一主事之辨，不分明。如今欲写信，心只就纸笔而书，只
> 主事也。放心则非主一。故有损于书，有落字……欲写信，先留
> 意于心，静而磨墨、点笔，思量欲如此写文章，又小心，静而书，
> 信由心书，无损于书，无落字。此则主事则主一也。主事主一，
> 虽二而终一也。不小心，不留神于磨墨、着笔，任心而书，心妄
> 动则非主一。主一主事之辨，虽有诸多困难，总之稍有用心，静
> 做其事也。[2]

综合考量以上文字，可以说闇斋与直方所谓的"主事"，是将意识
投向所处的对象，所谓"主一"是让自身的意识冷静下来。

也就是说，他们所说的"主事之敬"，是对所处对象的外向性"集
中"，"主一之敬"才是表现无对象的内向性"集中"之"敬"。

崎门学派虽然没有完全否定"主事之敬"，但是反对其成为主体，

1　山崎闇斎「敬斎箴講義」西順蔵・阿部隆一・丸山眞男校注『日本思想大系 31：山崎闇斎学
派』岩波書店、1980、90−91 頁。

2　佐藤直方「敬説筆記」西順蔵・阿部隆一・丸山眞男校注『日本思想大系 31：山崎闇斎学派』
104−105 頁。

认为应该先做"主一之敬"。如果本文第二节中所确认的怀德堂学派是合适的，那么不如说怀德堂学派重视的是崎门学派所说的"主事之敬"。这一点可以说是怀德堂学派与崎门学派之间的重大差异。

也就是说，崎门学派的"敬"，强调的是"冷静严肃"的侧面，即处在强调"敬"的"无对象性"的方向上。

这一"冷静严肃"的心理状态的内核，无论面对怎样的对象都不会改变。但是由于更加重视的是自己的理性，因此孕育着本文第二节中《答谷生、论主一无适》中所批判的"临场而虎视，以与人义绝为敬义直方之训"的危险性。

事实上，中井竹山在指名批判崎门学派之际，"敬"论即是他们的重要的根据：

> 夫付家弟，此次御设，第一为缙绅尊贵，尤应忌避之学术，山崎之一派也。山崎氏笃信程朱，削浮文主实学实行，于朱子之功大矣，虽宜于此次教导，然苦于其有一种僻见，极拘泥于敬义直方之训，大失本旨，诸事只以严而行，无风而起波浪，陷于忿戾之矜。往岁竹内何某，受关东之御启，其人未闻不正，其学术之流弊，主张靖献遗言，攘臂欲横议，引出目前之大害。先命中亦有此事，必以之为殷鉴，蒙命尤当存奉。此皆学术之弊。总成学者分上之大害，即不若获生，以缙绅尊贵之身，山崎之害远甚。此旨当反复申与家中子弟。后后末末皆以此为学校之大禁。[1]

这篇被称为《建学私议》的文章，是应京都的公卿高辻胤长的要求撰写的关于京都和大阪学校建设的提案书，这其中竹山强调崎门学是"学校之大禁"。竹山也提到了，这受到了竹内式部（1712—1767）所引起的"宝历事件"的影响，竹山还说，这完全是由于他们拘泥于他们

---

1 『竹山国字牍』卷下「上中納言菅公公建学私議」、四十一葉表～四十一葉裏。

所相信的"敬义直方之训"。这里叙述的"诸事只以严而行"的崎门学派的特征，与《答谷生、论主一无适》中所批判的对象是一致的。

也就是说，拘泥于"敬"的"冷静严肃"这一侧面，会引起"与人义绝"、酿成过激的尊王派这样的弊害和问题。正因为如此，怀德堂学派才选择重视"敬"的"集中"的侧面。

如前所述，重视"敬"的"冷静严肃"的侧面，就会强调其"无对象性"，另外将"集中"的侧面解释为外向性之时，如读为"うやまう"时则没有限定对象，"集中"的对象常常就在眼前。这就是《竹山国字牍》所示的，适用于自己直面的所有事物，学问上面临的课题也会自然增加其日常性和紧迫性。如本文第二节中所确认的，这就是五井兰洲和中井竹山对"敬"的解释，也是与崎门学派采取不同立场的大的分歧点。

因此，在朱子学最为重视的"居敬"的流派之中，根据对"敬"的存在方式的不同解释，可以充分推测其学问方向性上的差异。

四　结语

综上，本文考察了五井兰洲的"敬"论，在确认中井竹山对其思想继承的基础上，分析了他们与崎门学派的共通点与差异点，并由此指出朱子学中重视"居敬"的学问流派中多样展开的可能性。但是，这不过是其一端而已。正如阿部氏所指出的，重视"居敬"的端绪可以在明代的儒者中见到，而如何俯瞰其之后的展开则是今后的课题。

比如，同样以重视"居敬"而为人所知的还有李退溪。仅举一例，他在《进圣学十图札》中有如下论述：

　　孔子曰："学而不思则罔，思而不学则殆。"学也者，习其事而真践履之谓也。盖圣门之学，不求诸心，则昏而无得，故必思以通其微。不习其事，则危而不安，故必学以践其实。思与学，交相发而互相益也……而持敬者，又所以兼思学、贯动静、合内外，一显微之道也。其为之之法，必也存此心于斋庄静一之中，穷此理于学问思辨之际，不睹不闻之前，所以戒惧者愈严愈敬。隐微幽独之处，所以省察者愈精愈密。就一图而思，则当专一于此图，而如不知有他图，就一事而习，则当专一于此事，而如不知有他事。朝焉夕焉而有常，今日明日而相续。或绅绎玩味于夜气清明之时，或体验栽培于日用酬酢之际。其初犹未免或有掣肘矛盾之患，亦时有极辛苦不快活之病。此乃古人所谓将大进之几，亦为好消息之端。切毋因此而自沮，尤当自信而益励。至于积真之多，用力之久，自然心与理相涵，而不觉其融会贯通，习与事相熟，而渐见其坦泰安履。始者各专一，今乃克协于一。此实孟子所论深造自得之境，生则乌可已之验。[1]

从引文中"就一图而思，则当专一于此图，而如不知有他图，就一事而习，则当专一于此事，而如不知有他事"可知，李退溪将"敬"解释为"集中"。但是他的"集中"没有针对不同对象的柔软性，是无论在"夜气清明之时"还是"日用酬酢之际"，常将同一课题置于念头的"专一"的"集中"。在这样的情况下，可以觉察出面对的不是每次不同的对象，而是应该解决的一个学术课题这种更加朝向"知"的方向的矢量。这本来也与将"居敬"视为与"穷理"相对存在的认识不无关系。薛瑄（1389—1464）也有如下论述：

初学时见居敬穷理，为二事。为学之久则见得居敬时敬以存理，穷理时敬以察此理。虽若二事，而实则一矣。[2]

---

1 李退溪『退溪集』（影印標點韓國文集叢刊 29）卷七「進聖学十図箚」、景仁文化社、1989、199 頁。

2 薛瑄『読書録（近世漢籍叢刊・思想続編 6）』卷三、中文出版社、1975、150 頁。

　　李退溪也以如此的思考为则，以在"穷理"中限定"居敬"立说。那么，崎门学派或者怀德堂学派不把"居敬"的范围限定在"穷理"之中，而是扩展到日常性实践或者说社会实践，这种想法究竟渊源何处呢？笔者以为，这是儒学思想史研究中非常大的课题。

　　　　　　　　　　　　　刘莹（中国人民大学哲学院讲师）译

近世日本"说服"批判的派系

〔日〕高山大毅*

一 前言

儒学历来有重视谏言的传统。为臣者，可以毫无忌惮地指出君主的过失，而君主对此亦能宽容接纳，这样的君臣关系被大多数儒者视为理想，在近世日本亦是如此。如藤井懒斋曾编纂过一部名为《国朝谏诤录》的传记，以记录古今的谏臣事迹。近世日本，尤其是前半期的武士，其实对儒学并未有足够的尊重。特别是和中国的士大夫或者朝鲜的"两班"相比，日本武士集团的儒学素养可谓十分贫乏。即便如此，他们中有对进谏之举格外推崇之人。如以名句"所谓武士道，即看破死亡之道"而闻名的《叶隐》一书中，有这样一句话："向君主谏言以治国，可谓奉公中的至

* 东京大学大学院综合文化研究科地域文化研究专攻准教授。

高忠诚。"同时,《叶隐》也指出,应选在无第三人在场的私下场合谏言。除《叶隐》之外,如《岩渊夜话》等书中也提到,德川家康曾言:"见君主行恶而能谏言的家老,比之于战场亦能先入敌阵者,前者之心志,更为卓越。"家康之言中所提到的"家老",在武士的家臣团中,素来被认为是担负着向君主谏言之责的重要职位,这在当时的文献记录中也得以确认。"为了维持政权的组织构造,时常需要对位于权力顶端的人进行批评"这一认知的形成,或许并不仅仅来源于儒学的谏言思想。

前田勉曾对近世日本的谏言思想有过详细的考察。他认为在近世日本,传统的"谏言"思想,逐渐转向所谓"言路洞开"的方向,即由臣子向君主谏言转为君主广泛征求臣子的意见。这一思想在幕末时期与重视"公仪舆论"的思想相结合,最终成为近代议会制度的前身。前田说的正确与否,在此不多做讨论,但可以确定的是,近世日本的"说服"批判体系中仍有区别于前田所描述的发展路径的一脉思想存在,并且有着与"谏言"同样甚至更深的意义。江户时代最具代表性的儒者荻生徂徕对此曾有如下论述:"如非必要,不可谏言。常行则受辱。故以言语教人之事,多不可行。"徂徕此处所指,除谏言以外,但凡以道理晓人之事,也多不可取。值得留意的是,徂徕所指出的问题并非仅仅停留在谏言的正确与否这一层面。他曾提出这样一个问题:"说服,尤其是直言道理之类的说服方式是否是有效的?"

事实上,这也是当今社会值得思考的问题之一。由讨论而形成的共同意见,的确是值得尊重的。社交媒体的出现,固然使言论更呈现多样化的特点,但言论的多样化所导致的社会分裂加剧的问题也值得忧虑。大声疾呼正义之辞是否真的能促使人们改变其态度呢?对于这一问题,徂徕的意见值得倾听。

二　荻生徂徕关于"说服"的批判

(一)说服所需的条件——"信"与"习"

虽然对"说服"的有效性持怀疑的态度,但徂徕并未全面否定其有效性，而是指出在具备某种条件的情况下，"说服"也可能是有效的。如果说服的对象是长久以来对自己抱有深厚信任的人，此种情况下，谏言或许是有效果的。但总的来说，无论是谏言也好，抑或其他方式，在没有足够信任的情况下，讲道理事实上没有任何的作用。相反，如果拥有足够的信任，那么即使所见略有不同，对方仍旧能采纳谏言。

　　如上可见，徂徕对学术性的讨论持以冷淡的态度。因此对批判其学说的学者的来信，他也不会从正面进行反驳。徂徕认为，"习"不同，则难求观点一致。"习"是徂徕学中非常重要的一个概念。徂徕认为"习惯""习俗"非常强力地约束了人的思考方式和情感。比如徂徕曾这样回应来自朱子学者的批判："今观足下所习，宋学而宋文也。以是其所习，而告之以不佞之所见、则必不信矣，以非所习也。"在此，徂徕指出学习宋学、宋文的朱子学者，其思想亦受朱子学说的制约，因此也必然无法接受批判朱子学说的徂徕之见。正因如此，徂徕认为，若要进行对等的讨论，那么对方应与自己一样学习古文辞，这是讨论成立的首要条件。要求对方学习和自己一样的知识，或许这样的回答看起来并不合理，但这确实是徂徕面对质疑的基本态度。而是否接受徂徕的建议学习古文辞这一点，则由对方来判断。由此，"信"与"习"的两个条件得以合而为一。彼此信任，且愿意将自己放到与对方同样的"习"之中去理解，那么"讨论"的基础才得以成立。而如果对方不具备这样的觉悟，那么即使进行讨论，也只是徒增纷争而已，反不如相互保持距离。然而抛弃过往所学所思，重新进入一个新的学说体系亦是障碍重重。因此，从徂徕所说可以看出，要进行"讨论"其实是具有极高难度的一件事。

（二）对《诗》《书》等书的引用

　　值得注意的是，徂徕除了将彼此信任和习惯、习俗的一致作为说服、讨论成立的基础条件之外，还认为在古代曾存在过可以克服"说服"困难的言语体系及方式，即通过引用《诗》《书》的语句来进行语言交流。

徂徕认为，古代的君子是通过引用《书经》中的"先王法言"来进行讨论的（这里所说的"先王法言"，除《书经》外，也包含古代的各种格言）。《书经》言"片辞只言，足援以断事"，便指的是这样的事情。当然这样的引用也并非可以肆意进行，而是需要通过在古代的学校中学习、考试来掌握引证的方法。也就是说古代统治者们的讨论，并非像法律家的讨论那样，只知遵照成文之法进行。除《书经》之外，在徂徕的认知中，《诗经》是同样在古代的讨论中扮演重要角色的典籍。徂徕认为"诗"有着以下的两大作用：一是"观"，所谓"观"，即"默而存之、情态在目"，无须详细解释《诗经》中的篇章字句，便能通晓其意，而其中所描绘的人情世态也自然浮现于眼前；二是"兴"，通过对《诗经》的一节进行"断章取义"，可以向其他人表明自己的所思所想。这里所引用的《诗经》的诗句并没有固定的意思，而是可以自由地赋予其新的含义。

此处提到的"观"与"兴"二词出自《论语·阳货》"诗可以兴，可以观，可以群，可以怨"一句。对于"可以群，可以怨"，徂徕有如下解释：

> 盖此二者，皆以兴观行之。无事则群居相切磋，讽咏相为，则义理无穷。默而识之，则深契于道。此非群乎？有事则主文谲谏，或唱酬相承以引之者，兴也。或不言而赋以示之者，观也。言者无罪，闻者不怒，此非怨乎？

在讨论学问之时，通过使用《诗经》中的句子来表达彼此的意见，以回想起"世变邦俗、人情物态"之事。而进行谏言时，也应避免直言不讳式的表达，而是通过对《诗经》的"断章取义"和君主进行交流，提示应当考虑的风俗人情。

借由《诗经》的内容来提示风俗人情这一方法的有效性，还是比较容易理解的。如谏言停止对外征战之时，比起直言道理，通过吟咏描述出征士兵妻子心情的诗句的方式进行谏言，更能引导人自发地理解对外征战所带来的问题。然而，要理解前文所提到的"断章取义"的方法及其有效性，或许还需要进一步进行说明。

众所周知，在古代中国有许多使用"断章取义"的方法来应酬的事例，此处列举《春秋左氏传》中的一个有名的典故来对其进行详细说明。昭公元年的一节中记录了晋国赵孟和郑国子皮在宴席上的应酬往来：

> 子皮赋《野有死麇》之卒章。赵孟赋《常棣》，且曰："吾兄弟比以安，尨也可使无吠。"

子皮在宴会上吟咏诗经中《野有死麇》中的一节，赵孟返之以《常棣》之诗，并说，你我兄弟之国应保持友好，不应该像野犬乱吠一般背弃道义。这里子皮所引用的是《诗经·召南》中的《野有死麇》一诗中的最后一句"舒而脱脱兮，无感我帨兮，无使尨也吠"。这句诗原本是描述被男子强迫的女子所发的斥责之语，但子皮引用此句来表达"你我应该遵从道义引导诸侯行事"之意。而赵孟则是引用了《常棣》中的"兄弟阋于墙，外御其侮"一句，来表达两国修好、互不相弃之意。

从这个事例可以看到，"断章取义"在大多数的场合下，是一种隐喻的表现手法。而徂徕之所以重视这样的手法，是因其具有"委婉"的特点。他曾对使用"断章取义"的手法来进行委婉谏言，也就是讽谏之事有过如下的论述：

> 讽谏之道，不必斥其过焉，不必举其事焉，不必尽其方焉。孙以出之，长于比兴。辟诸风之入物，物不觉其入也。微言中窾，忽然有喻。喻者彼之喻也，何有于我哉。故我无功伐，则言者无辜焉。彼无有所争，则闻者欣欣然，谓自取诸其衷焉。而况得诸

己者之与得诸人者，其所以知之，岂可同年而语邪。故不啻谏已，
教之道亦尔。

此处，徂徕指出所谓讽谏其实不必指摘其错误，不必直言，也不必
尽言其事。而应以谦逊的态度、巧妙的比喻来说服对方。这样的说服方
式仿佛风过万物，而万物不觉风动一般，似是悄无声息但已受其影响。
言者委婉地指出问题所在，而听者亦心领而神会。这样的理解是听者自
身的领会，而非受劝谏者所说服。因此劝者无功，听者亦无咎。彼此之
间没有争执，听者也能悦而领会之。自己领悟和他人教诲而悟，两者的
效力自然不能相提并论。如此，不仅是谏言，于教育之事亦是如此。

和直谏这样全由己方进行表达的方式不同，讽谏更多地给对方留
下了思考的余地。听者在理解比喻的过程中，进行思考，从而逐渐理解
其中真意。但这并不是来自别人强加的认知，而是出于自身的发现和理
解。因此听者更容易接纳这样的谏言。

"谲谏"一词出于《诗经·大序》，"讽谏"见于《春秋公羊传》何
休注及《孔子家语》等文献。可见在古代儒学中，这样的谏言方法受
到格外的重视。然而在此后的中国却疏于对讽谏进行理论性的思考。尤
其是性理学中，几乎没有将其作为讨论的对象。对此，清代学者焦循
曾言：

> 夫诗温柔敦厚者也，不质直言之而比兴言之，不言理言情，
> 不务胜人而务感人。自理道之说起，人各挟其是非，以逞其血气、
> 激浊扬清。本非谬戾而言不本于性情，则听者厌倦，至于倾轭之
> 不已。

《诗经》原本就是温柔敦厚的性格。不直接教诲人而是用比喻的方
式来叙述。不言理而言情，不在于胜人，而在于感人。至于性理学起，
人人情绪高扬，辩论是非，斥恶扬善，这并不是出于真实的性情来发

言，因此从根本上就犯了错误。从此争论不休，听者厌之。由此来看，焦循之说或许与徂徕有所相似。

对古代文献中"断章取义"手法的注意，可以说是江户儒者的一大特点。徂徕之外，伊藤仁斋等人也对此方法十分重视。如种村和史所指出的那样，中国的学者固然熟知此类手法在古代中国的使用，但不同于江户儒者的是，中国学者似乎没有将"断章取义"视为理解《诗经》的重点。此外值得注意的是，徂徕的弟子们遵从其教诲，搜集古代典籍中所引《诗》《书》的内容，编纂了《诗书古传》一书。

借由引用《诗》《书》中的语句来进行语言交流的前提是要能背诵其中的篇章。相较于"直言"的表达，这样的方式或许会被批判为"封闭保守"。但直言不讳所带来的紧张感，又哪是人们所能时常忍受的呢？即使是可以畅所欲言的场合，也有人会为了避免对立冲突而进行事前沟通或者采取沉默以对的方式。对此，徂徕提出了自己的意见：对于这样的人而言，与其鼓励其直言不讳地进行表达，是否可以设计一种能缓和紧张的表达方式呢？

三　本居宣长、富士谷御杖的说服批判

（一）本居宣长

徂徕在论说中指出了引用《诗经》的语句进行说服的方式可以达到直言之外的效果。像这样通过将说服批判与诗歌的作用相结合进行考察的方式，此后被国学者本居宣长继承。事实上，从宣长的读书笔记中可以发现，他曾抄录《论语征》中解说"观""兴"的部分。由此可知宣长对徂徕的这一论述是确有所知的。《石上私淑言》一书中，他曾用比喻的方式来论述中国古书中的典故教训、汉诗及和歌三者各自的效用。原本无罪的两个人被抓之后正要被处决的时候，有同情其境遇的人一边说着"不能杀"，一边试图夺过刀子，但这样的求情却没有被杀人者认同。这就好比中国古书的典故教训的效用。而在这时候，

又有一人假托他事来说明杀人是恶事。对此，杀人者虽然稍有动容，但最终没有改变其决定。这就好比汉诗的效用。于是将要行刑之际，其中一人做好了赴死的觉悟，说道："万事皆是命运，即使像今天这样死去也并不值得可惜。但我担心的是作为杀人者的你，今后将会怎样呢？杀人者的未来会有好的事情发生吗？"他的话不但没能帮自己逃过一劫，反倒激起了杀人者的怒气，于是立刻就被杀了。这同样好比汉诗的效用。而另外一人只是不停地哭泣，一边磕头一边求饶。看到他的样子，杀人者也忍不住生出怜悯之心，于是放下屠刀，饶恕了他。这就好比和歌的效用。

如上所述，在宣长看来，相较于和歌，汉诗更注重说理性和教育性。无论是假托他事来教人的汉诗，还是表明自己高洁之志的汉诗，都无法直诉人心。反倒是注重如实地表现自己心情的和歌，更具有打动人心的作用。

宣长注意到强调直抒胸臆的和歌有着以下的作用。譬如他用"父母之心，本无阴暗之处，为子女思虑，则难免有迷失之处"这首和歌为例来进行说明。这首和歌既没有赞颂父母亲恩，也没有教育人子孝道，只是自然而然地陈述父母为子女思虑之心。通过这首和歌，无须谁来教诲，读者自然可以领悟其中所描述的父母亲恩之深及子女尽孝的道理。这是因为自身的感悟更容易铭记在心。如这首和歌一般，宣长强调自然地吐露内心真实的感受所引发的共鸣可以使人们自发地领悟其中的道理。通过和歌，即使是与自己处于不同立场的人的心情也得以感知，从而能自然而然地体谅对方，认识到不可对世人作恶的道理。像这样，宣长指出，通过使用能直抒胸臆的和歌进行应答，就能建立起人与人之间的一种优美和谐的秩序。

通过以上考察可以发现，宣长对和歌功效的论述与徂徕所说引用《诗经》以揭示"人情所在"的方法有着异曲同工之处。但两者的不同点在于宣长认为与其引用过往的作品，不如直接吐露自己的真实心意更为有效。

（二）富士谷御杖

着眼于和歌的探讨，除了说理，对宣长所说的直抒胸臆的这一特点，持否定态度的意见也有出现。富士谷御杖就是其中一人。御杖的父亲是在古典日语语法研究上有着卓越成果的富士谷成章，伯父则是因难解的语言论而闻名的儒者皆川淇园。和父亲、伯父一样，御杖也将关心的主要问题放在了语言研究上。针对直言道理一事，他曾指出，如果通过语言可以充分表达想说的道理，并且能让对方迅速理解，那么对听者来说确实无须费心去思考。如果能做到这一点，固然是一件好事，但说话者本身的心情或许并不美妙。这是因为若要不勉强对方去思考，就要求说话者本身巧妙地操纵词语进行表达。

除说理之外，御杖对于直率地吐露心情这一点也持有批判的意见。他认为通过语言表达来直抒情感，也可以视作一种"直言"。因此即使貌似可以将自身情感直接传递给对方，但实际上却并非如此。像这样对"直言"完全持否定态度的御杖认为，还有一种方式可以让他人与自己的情感产生共鸣，这就是"倒语"。

富士谷御杖指出，和歌本身并非直抒胸臆型的表达，而主要是通过"倒语"来吟咏的。所谓"倒语"，大致分为两类：一种是"比喻"的手法；另一种则是狭义上的"反语"。富士谷御杖此处所说的"比喻"指的是借由别的事物来进行表述。用如今的话来说，或许更接近于"假托"或者说"寓言"。而"反语"即故意用相反含义的词语来进行表达，如通过用"悲伤"一词来表示"喜悦"之情。无论是"比喻"还是"反语"，其内涵都在于不言所思，而言其所不思者。在御杖看来，这样的手法在《万叶集》中得到了彻底的应用。

御杖认为，在古代日本社会中，表示谦恭谨慎之意的"倒语"手法受到当时人的推崇，如《长皇子与志贵皇子于佐纪宫俱宴歌》就是其中的代表。

秋天到来之际，追寻着呦呦鹿鸣，来到这高野原上。

对此，御杖有如下的解说：

从字面上来看，表面上描述的是深秋之时，雄鹿会在高野原一带发出鹿鸣求偶，而"我"追随这呦呦鹿鸣来到了高野原上。但如果长皇子只是为了表达来到深秋的高野原时的愉悦之情，那么这样的情感仅停留在其胸臆之中即可，并不需要加上"ぞ"这个词来强调这是能听到鹿鸣的山。这样的事也不是古人会在和歌中吟咏的内容。由此可以推测，长皇子作此和歌，乃是为了表达与志贵皇子在此处游宴的畅快愉悦之情，并借此与客人约定今后的再会。然而如果在这时直接发出下次再会的邀请，对客人来说是一种带有强迫性质的邀请。因此此处长皇子使用了"倒语"的手法，通过"听到鹿鸣而来"这样隐晦的表达方式邀请志贵皇子今后的赴宴。由此可知，即使是邀人赴宴这样的乐事，古人依然会慎重地进行语言表达。

如上所述，富士谷御杖认为，比起直接邀请"到了秋天请再来赴会"，使用"到了秋天，这里有鹿鸣可闻"这样委婉的说法来进行邀请更能表达期待下一次美好的再会的心情。富士谷御杖的这番解说难免有"牵强附会"之嫌，但"倒语"这样的表达方式，在现代日本社会中也时常有所使用。比如，想邀请人看电影时，如果委婉地表示"那个电影很有趣"，对方或许可能会用"请让我仔细考虑一下"这样的方式来委婉地拒绝。这种表现方式的重点在于，比起"直言"或许能给人留下更好的印象。（对此，在中国社会又是怎样的情况呢？）

为何这样委婉的表达，至少在现代日本社会来说，会比较受到欢迎呢？事实上通过这样的方式可以避免将道理和感情强加于人。而富士谷御杖也通过这样的感受，来展开自己对"道德"的独特认识。其论说主要通过对《古事记》的解释来展开。此处，仅对其理论的核心部分进行简要介绍。

对御杖而言，人的身体中同时具有"善心"和"人欲"两个部分。大多数人认为不过分流露"人欲"是善事，因此拼命地克制自己的欲望。比如有人将仅排斥自己讨厌的人或物看作对正义的实践。那么如何能避免将人欲和善事混淆呢？对此，朱子学者认为那就应当排斥人欲，而御杖则不然，他主张反而要扩大自己内心的欲望。比如前述的例子中所提到的对于讨厌的人或物，富士谷御杖认为反而应该增大这样"讨厌"的感受，由此能明确地意识到自己的内心存在这种"欲望"，从而避免通过"道理"将排斥的行为正当化。此外，像这样具象化自己的"欲望"的方法，也可以以一种纯粹的方式将"善心"抽取出来。不过，御杖也否定了基于这样被抽取出来的善心的所言所行的正当性。这是因为，当人认为自己的言行是正确的时候，往往容易陷入自我陶醉，而引发周围人的反感。另外，基于这样的善心，努力为他人而行动的行为本身，落在对方眼中，则好像是为了宣扬自己的善心而做出的扶弱救贫的行为，也会招致他人的反感。他强调，从古今和汉的事迹中可以明确发现这一事实。

那么，人们究竟需要怎样的生活态度呢？御杖认为，要彻底地认识到人所能行之善事大多出于人欲这一事实。也就是说，只要强烈地认识到人不过是为了实现自我欲望而存在的个体，那么就会保持羞耻心来努力完成自我认知中的"善事"。而如果是在这样的自觉之上所做的善行，那必定不会招人反感。

如上所述，御杖的文学论和道德论中的共通之处在于，留意到向他人阐述道理或表达感情时，对方可能会产生不适和反感之情。如果有人理直气壮地大谈正论，那么对于听者而言，即使知道其所说的道理的正确性，也难免有一种被鄙视之感，并由此生出反对之心。又如，对于沉浸在和恋人分别的悲伤中的人，比起对这样的悲伤的感同身受，人们更多会产生"虽然知道你的悲伤，但也不需过分夸张"之感。对此，有人或许也会觉得心有所愧，抑或不愿正视，但是对大多数人而言，其实难免都有过同样的感情体验。因此在御杖看来，既然如此，就应该在考虑此种心情的基础上进行语言的表达，或者重新思考伦理的规范。

当然，御杖对古代的认识有其独特之处。除了上述对"倒语"的表达的思考或是其关于道德的论述之外，还在于他将此发现归功于神武天皇，认为正是神武天皇将这样的思想及表达传播到各地，才使日本得以统一。而在此后的时代中，这样的教诲又由侍奉于伊势神宫的斋王们所传承。特别是尤好"直言"的"海外之人"，成为斋王们教化的重要对象。在御杖的论说中承担了这一职责的斋王大多是由年轻貌美且聪慧的女性担任，由此也可以看出，他所构想的理想秩序或许类似欧洲的沙龙，即以美貌的女主人为中心来进行深奥优美的交流。

如上所述，御杖的理论核心在于使用委婉的表达来避免给对方带来强迫性的感受。这一点也和徂徕的"断章取义"说有所相似。然而，和宣长一样，御杖也认为作为言语表达的媒体，诗歌应该是自己创作而非引用既往的作品。此外，御杖说的特点还在他对"直言"给人带来的反感的分析，较徂徕所说更为细致精确。

四 结语

综上，本文考察了江户思想中对于以说理来说服这一行为的质疑及其批判脉络。徂徕认为，中国古代理想社会的统治者，为避免直言道理带来的紧张感，选择通过引用诗书的内容来进行对话交流。值得重视的是，徂徕此说成为此后江户时代说服批判论的源头。通过吟咏诗歌或是采取"断章取义"的方式来促使对方理解"人情"，从前者的延长线上发展出宣长的学说，从后者的延长线上则发展出御杖的见解。

为了避免误解，需要特别解释的是，徂徕等人并不仅仅是因为无法对权力者直言不讳地批评而选择摸索"直言"之外的可能性。在徂徕看来，委婉地提示对方这样的表达方式，在教育场合也非常有效。"讽喻"

的表达不仅用于比自己身份高的人，对平辈或是比自己身份低的人也应是如此。换言之，即使对表达没有特殊制约，但考虑到说服并非完全有效的，就应当寻找别的交流方式。

像这样对于交流方式以及对人关系的深思，可以说是江户时代中期，特别是18世纪日本思想的特色之一。虽然本文中所提及的富士谷御杖是生于19世纪的人物，但他关心的问题仍然处于18世纪的延长线上。

或许和同时代的中国以及西洋相比，本文所考察的一系列论说似乎有些奇特微妙之处。然而，对于"说服是有效的吗"这一疑问，我们是否可以明确清晰地回答呢？这或许正是生活在当下社会的我们应该思索的问题之一。对此，也期待听到诸位的高见。

石运（重庆大学讲师）译

·第三部　东亚国际秩序的近代转型·

从经世论到扩张论：近世后期日本经世家佐藤信渊的思想综合及其后果

李果安*

18 世纪中后期，德川幕府享保改革的种种措施逐渐暴露出弊端，农村崩坏、武士贫困、藩国财政困难等问题再度浮现。荻生徂徕以其制度重建论开辟经世论的新道路，太宰春台、中井竹山、海保青陵、本多利明等经世家继踵其后，面对时代问题提出自己的主张。这些经世家多为武士出身，构成了近世中后期一支重要的思想谱系。值得关注的是，他们虽然大多具备儒学背景，但已经体现出综合各派思想解决现实问题的趋势。日本学者源了圆曾强调 19 世纪上半叶后期水户学"把以往零散的观点有机地统合在一起，并确立了综合把握和认识这些方面的观点"的历史意义，指出综合性正是后期水户学影响广泛的重要原

---

* 北京大学历史学系硕士研究生。

因。[1] 源了圆认为这一综合性与幕末志士将学问与实践结合的态度密不可分，既为幕末志士提供了现实行动力，也反映了幕末日本凝聚各阶层的统一国家构想的出现。[2] 这些判断同样适用于稍早于后期水户学的经世家群体。虽然他们往往在幕府统治秩序内部进行思考，但这种综合性实际上已经暗示了突破幕府秩序的新制度构想。

近世后期著名的扩张论者佐藤信渊（1769—1850）常常出现在近世后期日本经世家谱系的末尾。他融合儒学、中国古典政治学、国学、洋学、农学、本草学、兵学等众多思想，进行了近世后期最为庞大的思想综合，在他身上恰恰体现了突破幕府秩序的制度构想的强烈冲动。但是，既往信渊研究基本集中在两个问题上：其一，信渊因其扩张论和皇国主义论述在战后饱受诟病，尤其受到亚洲受侵略国家学者的批判；[3] 其二，信渊长期面临思想"剽窃"的指控，这令其思想价值备受质疑。[4] 这两个方面的研究构成信渊研究史的主旋律，极大瓦解了近代日本形塑的"伟人"信渊形象。[5] 但是，这同样也在一定程度上压缩了深入探究

1 源了圆：《德川思想小史》，郭连友译，外语教学与研究出版社，2009，第184—185页。

2 源了圆：《德川思想小史》，第182—183页。

3 民国时期，学者刘文典和姚宝猷便已指出信渊海外扩张思想的危害。见刘文典《宇内混同秘策》，章玉政、刘平章主编《刘文典笔下的日本》，合肥工业大学出版社，2012，第84—86页。民国史学家姚宝猷较早对信渊进行了详细介绍，并大段翻译了其有关对华侵略的著作。见姚宝猷《日本"神国思想"的形成及其影响》，刘岳兵主编《南开日本研究》，天津人民出版社，2017，第325—340页。当代研究中，对信渊海外扩张思想进行深入探讨和批判的代表性研究有宋成有《未雨绸缪：江户时代经学派对近代日本世界战略的先期探索》，《北大史学》第1辑，北京大学出版社，1993，第62—65页；严绍《幕末的"宇内混同说"与明治时代的"大东合邦论"——近代日本的"国家主义"思潮研究》，《日本学刊》1997年第1期；王向远《江户时代日本民间文人学者的侵华迷梦——以近松门左卫门、佐藤信渊、吉田松阴为例》，《重庆大学学报》（社会科学版）2008年第4期；韩东育《日本对外战争的隐秘逻辑（1592—1945）》，《中国社会科学》2013年第4期；赵德宇《日本"江户三学"中的中国认识辨析》，《世界历史》2015年第4期；董灏智《江户日本人建立"日式区域秩序"的设想——以近松门左卫门、佐藤信渊、吉田松阴为中心》，《台湾东亚文明研究学刊》第16卷第1期，2019年。

4 日本学界对信渊思想"剽窃"的揭露在战前便已开始，尤其以羽仁五郎和森铣三的研究最具代表性。见羽仁五郎『佐藤信渊に關する基礎的研究』岩波书店、1929；森铣三『佐藤信渊疑問の人物』今日の問題社、1942。

5 子安宣邦「佐藤信渊とは誰か─自己確信者と歴史のエコー」『方法としての江戸─日本思想史と批判的視座』ぺりかん社、2000、117-120頁。

信渊思想综合方式及制度构想之意义的空间。正如羽仁五郎、桂岛宣弘等学者所说，在"破坏的批判"后，有必要转入对信渊的"再建的批判的理解"，即探究其集成广泛知识的努力及诞生于其中的独立思考。[1] 在这方面，丸山真男、苔莎·莫里斯－铃木（Tessa Morris-Suzuki）和费德里科·马孔（Federico Marcon）已经从信渊的制度论和自然观等角度进行了较为深入的探讨。[2] 在此基础上，我们有必要更加深入考察信渊看待世界、组织知识、撰写作品的方式，从而丰富对其扩张论的理解和批判。

一 问题的提出：佐藤信渊的历史体验与经世思路

18 世纪以来，德川幕府治下日本的社会经济问题逐渐暴露，最终演变为统治阶层陷入财政困难、农民贫困、商人缺乏再生产力的上下贫乏状况，极大冲击了幕府统治的合法性。18 世纪后期天明大饥馑之后，上下贫乏的状况愈发严重，最终达到大盐平八郎口中"四海困穷，天禄永终"的地步。[3] 生活在这个时代的信渊也非常喜欢引用这句典出《论语》的话，甚至直接以此命名他的著作。[4]

"四海困穷"同时体现为农村崩坏和统治阶层财政困难。18 世纪

1　羽仁五郎『佐藤信淵に關する基礎的研究』113 頁；桂島宣弘『思想史の 19 世紀－「他者」としての德川日本』ぺりかん社、1999、1–2 頁。

2　丸山真男强调了信渊作为"制作"逻辑的重要发展者的地位，见丸山真男《日本政治思想史研究》，王中江译，生活·读书·新知三联书店，2000，第 228—232 页。苔莎·莫里斯－铃木指出，信渊的思想特点在于将不同来源的传统编织成一个连贯的整体，而日本在战后出于顾虑相对忽视了信渊的思想则是一种遗憾，见 Tessa Morris-Suzuki, *Reinventing Japan: Time, Space, Nation*, London: Routledge, 2015, p.51；费德里科·马孔在其新著中梳理了整个近世日本的自然观念变迁史，突出了信渊在日本传统自然观瓦解过程中起的作用，见 Federico Marcon, *The Knowledge of Nature and the Nature of Knowledge in Early Modern Japan*, Chicago: University Of Chicago Press, 2015, pp. 276–297。

3　大鹽平八郎「大鹽平八郎檄文」近藤瓶城編『史籍集覧第 16 冊改定』近藤出版部、1906、465 頁。

4　如『濟四海困窮建白』。

后期以后，日本农村中离村、间引（溺婴）和农村一揆现象激增，导致在册人口锐减。[1]同时，统治阶层也陷入了财政困难。幕府的财政基石——石高制僵化，幕府和各藩逐渐无法掌控已有土地新增加的生产能力，在物价上升和消费增长的经济环境下陷入财政困难。[2]统治阶层不得不依赖商人的贷款来应付财政困难，这往往导致财政的恶性循环。在幕府和各藩加深对农民剥削的情况下，商品经济在农村的渗透不但加速了农村的崩坏，还改变了农民的观念，严重动摇了幕藩体制的根基。[3]

农村崩坏与统治阶层财政困难也是信渊最为关注的时代问题，构成其危机意识的核心。幼年时期，信渊就亲身体验了农村饥馑：

> 天明年间，奥、羽两国连年饥馑，不知饿死几千万人民。但我家虽贫，幸赖旧书颇多，于是将其浸水再蒸干，捣好与些许糠秕调和，当作饼吃下。我十二三岁的时候，非常饿的话，觉得这非常美味。不止如此，亲族尽皆食用纸饼，从村内六曲庵的所有经书和宝泉寺的《大般若经》开始，儒书、佛书皆被食用……[4]

在常年游历的过程中，信渊目睹农村崩坏之实情，逐渐开始以农村指导者自居。他曾多次在著述中描述日本各地的间引现象，以"然不闻有惊叹此而骂之者，此其非甚可异乎"指责时人对农村崩坏问题的漠视。[5]农村触目惊心的景象让信渊萌生了救济万民的心愿。他经年累月活动于关东，尤其是上总、下总农村，逐渐积累了可观的农业实践知识。在农业技术方面，信渊先后撰写了《草木六部耕种法》《渔村维持

---

1 奈良本辰也「雄藩の台頭」矢木明夫等『岩波講座日本歴史第13巻：近世5』岩波書店、1964、269-270頁。

2 浜野洁等：《日本经济史：1600~2015》，彭曦等译，南京大学出版社，2018，第43页。

3 源了圆：《德川思想小史》，第150页。

4 佐藤信淵「経済要録」滝本誠一編『佐藤信淵家学全集（上卷）』岩波書店、1925、842頁。

5 佐藤信淵「経済要録」滝本誠一編『佐藤信淵家学全集（上卷）』907頁。

法》《致富小记》《内洋经纬记》等作品。这些作品的题材都与上总、下总农村的自然地理、商业经济条件极为契合，说明信渊积极在农村内部以农业指导者自居。[1]

不仅如此，信渊还在广泛游历中跳出农村内部视角，尝试从统治阶层的角度来把握社会问题。他认为，上总国之所以农业凋敝，不只是因为农业技术落后，还在于领主常年不在本地，导致藩国农政缺乏主导者，因而难以推行。[2]但是，随着对庙堂之事的深入了解，信渊也体验到了统治阶层的困窘，统治阶层财政困难遂成为信渊关注的另一个重要课题。信渊将统治阶层财政困难的情况比喻为"骑虎难下"：

> 国内空虚、借金如山，年中财用窘迫则减少无罪家臣俸禄，甚至有一些藩全年都在为借钱而奔走。凡是家规崩坏呈现上述恶状的藩国，一旦不能用酷烈良法严格改正制度，即使偿还了这笔钱，仍然没有尽头。如"济しても八百"（即使一时偿还了钱，也没有尽头）之谚语所说，即便采用无比奇妙的策略借入大量的钱，都像用水湿石灰，难免贫困，永远沉沦借钱的深渊。[3]

信渊进而将农村崩坏和统治阶层财政困难这两个时代问题结合起来思考，提出了别具一格的经世思路。相较于近世后期其他有名的经世家，比如食禄武家出身的太宰春台、林子平、海保青陵和农村出身但主要活动于江户都市的本多利明，农村生活以及目击间引、亲历饥馑的体验赋予信渊"农村型知识人"的角色，让他不仅思考统治者的问题，也

1　小室正紀「化政・天保期における一経世論の農村の起源：佐藤信淵の場合」『三田学会雑誌』第 71 巻第 4 号、1978 年、141 頁。

2　佐藤信淵「草木六部耕種法」滝本誠一編『佐藤信淵家学全集（下巻）』岩波書店、1927、217 頁。

3　佐藤信淵「経済要略」尾藤正英・島崎隆夫校注『日本思想大系 45：安藤昌益・佐藤信淵』岩波書店、1977、531 頁。

在农村内部反思农民自身的问题。[1]故而，信渊将农村崩坏与统治阶层财政困难当成一个整体过程来看待：

> 然近年来听闻诸国风评，暗自观察世上局势，天下诸侯大半困窘于财用融通，挪用无罪家臣的俸禄，更向衣食厄塞的百姓掠夺年贡之外的课役用金，致使乡村凋敝。故即便是丰年，困于食物不足者亦多，凶年则饿殍满街。如此，岂止不能富裕，蕃息子孙亦不能为，孕妇堕胎、秘密杀害儿童者甚多，故百姓人口渐少。我闻之则唏嘘慨叹，呜呼哀哉。[2]

统治阶层财政困难使统治者增重农民赋敛，致使农村崩坏。然而，农村崩坏也部分由于农民未能掌握精密技术，导致生产不足，造成藩国财政短缺。再进一步说，农民未能掌握技术，也与藩国政府教化不力有关。两大问题互为因果，纠缠不清。可知，信渊的学问体系之所以如此庞杂，是因为其中混杂了农民与统治阶层两个视角，其思想综合方式最终也需要通过这个特色来把握。

信渊在繁多的著述中对经世思路有不同版本的表达，按照时间顺序主要有"经济三要"（精农政、括万物、勉教化）、"经济四条"（创业、开物、富国、垂统）、"三事六要"（三事为建设国土之基础，六要为安靖国家之要务）、"一纲五目"（勉励农务与地图、气候、土性、水利、耕种）等。[3]不过，后二者是应萨摩藩家臣问策而作，存有让对方了解农务重要性的意图，因而增加了具体技术的篇幅，所以前二者更能反映

1　小室正紀「化政·天保期における一経世論の農村の起源：佐藤信淵の場合」『三田学会雑誌』第 71 巻第 4 号、1978 年、140–142 頁。

2　佐藤信淵「農政学解嘲辯」滝本誠一編『佐藤信淵家学全集（下巻）』648 頁。

3　分别见佐藤信淵「鎔造化育論」滝本誠一編『佐藤信淵家学全集（上巻）』586 頁。佐藤信淵「経済要略」尾藤正英·島崎隆夫校注『日本思想大系 45：安藤昌益·佐藤信淵』527 頁。佐藤信淵「経済提要」滝本誠一編『佐藤信淵家学全集（中巻）』岩波書店、1926、554 頁。佐藤信淵「農政本論」滝本誠一編『佐藤信淵家学全集（中巻）』6–8 頁。

信渊心中具有普世性的经世之道。[1]"经济三要"与"经济四条"的表述大同小异，实际上"精农政"和"括万物"就是"开物"，"勉教化"包含了"富国"和"垂统"，"创业"则是对统治者单独的要求。因此，下文将以"经济四条"作为信渊经世的核心思路，对信渊的思想进行综合详细考察。

二　唤起生产力量：集成国学宇宙观与本草学

信渊作为精修农学且了解近代天文学的经世家，其思想中浓厚的国学宇宙观色彩一直广受关注。不过，子安已经指出，国学宇宙观只是信渊集成家学知识，并将之改造为更强烈的观念结构的契机。[2]桂岛也认为，与笃胤相比，信渊并不热衷于幽界的运行，他只需要确认幽界的存在，保证死后世界的想象使人民安心即可。[3]此外，桂岛还指出，国学宇宙观在信渊重要著作《天柱记》和《镕造化育论》的早期版本中极为稀薄，而且信渊对宇宙论本身的重视更甚于对神之运作的关心。[4]因此，国学宇宙观真正吸引信渊的，是其安定人心、激发生产热情的非合理主义特质。另外，随着日本本草学愈发与公共利益结合，信渊从中提取出自然知识意味着生产技术的信条，彻底打破了自然固有的意义秩序，铺平了以精密技术利用自然的道路。由此，信渊集成国学宇宙观与本草学，打造了一套行之有效的唤起生产力量的话语。

1　羽仁五郎认为包含广泛的"三事六要"与"一纲五目"反映了信渊融合家学的完成阶段，见羽仁五郎『佐藤信淵に關する基礎的研究』115—118 頁。但这两个更广阔的体系毋宁说是为了让萨摩藩家臣意识到农务之难度与重要性而提出。

2　子安宣邦「佐藤信淵と国学の宇宙形成論」尾藤正英・島崎隆夫校注『日本思想大系 45：安藤昌益・佐藤信淵』2 頁。

3　桂島宣弘『思想史の 19 世紀－「他者」としての徳川日本』3 頁。

4　佐藤信淵「農政本論」滝本誠一編『佐藤信淵家学全集（中卷）』3—4 頁。

（一）化育：激发生产热情

信渊经过长期游历与游说后认识到，单纯的技术性文字虽然可以切实提高生产力，但很难引起统治阶层的兴趣：

> 今世士君子，大概皆浮靡华奢，不知农事为安集天下之大本，而以耕种为极下贱者之务也。如调剂粪苴之说，不啻不知之，闻之尚有发呕哕者，何暇讲明农政、教化百姓哉？[1]

信渊也曾尝试用儒学话语包装自家学问，但效果并不显著，甚至被一些武士目为"迂阔"。[2]故而，信渊亟须找到一种能够打开局面的新话语。

与同乡平田笃胤的交往给信渊带来灵感。信渊曾戏剧性地在著作中夸饰自己接受国学的契机：

> 旋转天地、发育万物，首为造化者，皆我皇祖产灵神搅回神机所系。乃舍卷而叹曰："道在近矣，而求诸远，我之误也，我之误也！皇国既为大地之最初生成者，则天地开辟之事实，无疑传于皇国。"其后又读本居氏《古事记传》、服部氏《三大考》、平田氏《灵真柱》等书，而及益精究古实，悦然悟天地生生之理，悉为产灵之元运焉。[3]

在国学宇宙观的影响下，信渊制造了唤起生产力量的新话语——"化育"，把生产提高到报答神恩的地位。信渊指出，在皇祖神的安排下，所有的神都把化育当作自己的职责：

1　佐藤信淵「農政本論」滝本誠一編『佐藤信淵家学全集（中卷）』4 頁。
2　佐藤信淵「農政学解嘲辩」滝本誠一編『佐藤信淵家学全集（下卷）』649 頁。
3　佐藤信淵「天柱記」尾藤正英・島崎隆夫校注『日本思想大系 45：安藤昌益・佐藤信淵』362–363 頁。

天御中主神，爱惠人民极笃，岂止滋息之哉，更欲使之修道成德以为神圣也。乃命产灵二神，为化育之元始矣。……皇祖天神人民滋息之鸿业至诚，唯化育为主。……天照皇大神奉皇祖之神意，欲使苍生蕃息，慈惠恳笃，无所不至也。[1]

为了化育人类，自然界被神明确置于人类的下位，仅仅是神用以"养育人类"的造物：

万物者，毕竟皆是发出使苍生饱食暖衣、强健身体、合媾牝牡、殷勤欢喜、以蕃滋儿孙之养料也矣。[2]

信渊十分自信地宣布，"化育"乃皇祖神以下众神对人的"爱惠"、天之"大德鸿业"，甚至"人之为产育，总是天工，岂其人力之所能哉"。[3] 如此恩惠，意味着人民必须怀有对神的报恩热情。而在一切事业中，只有精于农事才是对神恩最好的报答：

故欲赞化育，则当精农事而丰万物也，虽精究万物之理，不切于农事，则属无用之辩。……皇大神以农事为人世第一之政也。[4]

信渊还借报应说强化了人报答神恩、投身生产的必要性。他指出人必须依靠自己的努力"修道积德"，来报答神、靠近神，即所谓"人人不可以不修行者也"[5]：

1　佐藤信淵「鎔造化育論」滝本誠一編『佐藤信淵家学全集（上卷）』532、547、570頁。
2　佐藤信淵「鎔造化育論」滝本誠一編『佐藤信淵家学全集（上卷）』561頁。
3　佐藤信淵「鎔造化育論」滝本誠一編『佐藤信淵家学全集（上卷）』561頁。
4　佐藤信淵「鎔造化育論」滝本誠一編『佐藤信淵家学全集（上卷）』568、572頁。
5　佐藤信淵「鎔造化育論」滝本誠一編『佐藤信淵家学全集（上卷）』564頁。

> 最初产灵神之奉天御中主神敕命而造斯天地也，岂止化育万物、滋息人类哉，其意必欲使人修道积德为神圣也。[1]

人如果汲汲于报答神恩、努力修行，死后必将成神：

> ……故大地虽为人民之本处，而则使人修道积德之戒场也。何者？自天降生民，则莫不与之以仁义礼智之性也，所谓此四者为人之规则，而无此四性者非人也。故能率此性，而乐善不倦为哲人，哲人则没后升天必为天神，此天造草昧之成宪也。[2]

反之，如果人这一生只是享受神的恩惠，毫无事天立命之功绩，那么无异于"粪尿之纳器"，死后也必定在冥府接受裁决。[3]这些报应对所有人同等有效。因而，信渊用报恩之心和死后报应说力图唤起农民和统治阶层的生产热情。

（二）开物：从认识自然到利用自然

对生产的热情需要得到正确自然知识的支持。为此，信渊继承了19世纪初期日本本草学的新变动，着手将自然知识作为工具与公共利益更紧密地联系起来。

日本本草学的新变动首先始自外部的政治因素。18世纪中期，幕府第八代将军德川吉宗组建幕府医学馆，运用本草学者的知识在全国进行动植物物种调查，发展农业技术，并试图建立物资丰富的药园来减少对中国和朝鲜的药物进口依赖。幕府对自然知识的控制是近世国家常见的手段，虽尚未上升到改造和利用自然的程度，却也奠定了本草学转型的方向。[4]18世纪80年代天明大饥馑的冲击后，主政者的观念开始发生

1　佐藤信淵「鎔造化育論」滝本誠一編『佐藤信淵家学全集（上卷）』572 頁。

2　佐藤信淵「鎔造化育論」滝本誠一編『佐藤信淵家学全集（上卷）』572–573 頁。

3　佐藤信淵「鎔造化育論」滝本誠一編『佐藤信淵家学全集（上卷）』574、577–578 頁。

4　Federico Marcon, *The Knowledge of Nature and the Nature of Knowledge in Early Modern Japan*, pp. 120–125.

变化。大饥馑带来的人口损失和物质短缺极大地刺激了领国大名们，以萨摩藩藩主岛津重豪为代表的大名逐渐形成自然研究与经济问题密不可分的观点，开始认真探索将自然知识运用到经济上来的方法。重豪的本草学造诣颇高，对他来说，自然知识已经不仅仅是一项私人事业，而且是一门关涉公共利益的学科，与政府和臣民的福利密切相关。[1]

日本本草学的新变动也有其内部动力。从贝原益轩（1630—1714）到丹羽正伯（1691—1756），日本本草学一直笼罩在《本草纲目》的形而上体系下，主要遵循文献考证、辨别物名的语文学（philology）方法论。但随着 17、18 世纪日本社会的发展，各阶层对自然产生了知识、文化、审美、医学、农业、娱乐等不同的需求，自然插图、展览、标本等"描述的科学"地位大为上升。[2] 在此过程中，自然逐渐被具象化，开始被视为可以操纵和管理的对象。

信渊既躬身实践本草学，师从著名本草学家宇田川玄随，又与岛津重豪交往甚密，参与了萨摩藩的物产管理和经济改革，因而充分掌握了近世后期本草学将自然具象化和工具化的新动向。不仅如此，信渊还利用国学宇宙观进一步明确了自然知识作为开发自然、佐益国家之工具的可能性。在此基础上，信渊提出了全新的"开物"思想，并将之置于其经世学的核心位置。[3]

"开物"一词最早见于中国古典《易·系辞》。子曰："夫易，何为者也？夫易开物成务，冒天下之道，如斯而已者也。是故，圣人以通天下之志，以定天下之业，以断天下之疑。"[4] 此"开物"与"成务"相对，孔颖达疏云"开通万物之志"，即理解事物的本质。[5] "开物"的原本含

1　Federico Marcon，*The Knowledge of Nature and the Nature of Knowledge in Early Modern Japan*，pp. 285-290.

2　Federico Marcon，*The Knowledge of Nature and the Nature of Knowledge in Early Modern Japan*，p.252.

3　"'开发物产'＝开物，乃国君第一要务。"见佐藤信渊「経済要略」尾藤正英·島崎隆夫校注『日本思想大系 45：安藤昌益·佐藤信淵』536 頁。

4　李学勤主编，王弼注，孔颖达疏《十三经注疏·周易正义》，北京大学出版社，1999，第 286 页。

5　李学勤主编，王弼注，孔颖达疏《十三经注疏·周易正义》，第 286 页。

义很好地体现在《本草纲目》及受其影响的日本本草学作品中。而信渊则将"开物"的含义转换为为了人类的需要而利用自然：

> 开物是自百谷、百果始，开发各种水陆物产以丰饶领国境内。开拓山泽、河海，开垦平原、旷野，生熟谷果，输出财货，蕃息境内苍生，此主国事天者之本业也。[1]
>
> 皇祖高灵产灵大神之所以镕造此天地、发育万物、丰富世界，是为了让国君抚育苍生、繁衍儿孙。……（各类万物）乃是群神各自奉天命行使执掌，以创造人类日常所需之物品，以此抚养国君之民、保全天年、产育儿孙之资源恒有余焉……故国君帅万民拜受上下神祇化育之所（自然界）之群品，采而精制用以衣食万民……此即代天地救济苍生之事。[2]

信渊接着依据本草学的分类法将自然界万物大抵分为三类：土石类、草木类、活物类。而土石类又分为宝玉、宝石等十七类，草木类分为二十类，活物类分为十五类，在此基础上另有著作介绍这些类别各自的炼造之法。[3]信渊将原本各自有灵的万物按照其各异之性和对人类的用途严密地划分为各个门类，并计划让开采、制造各个门类物种的各业人民垂直为中央政府中的"开物府"管理，以期创造更多财富。[4]这可谓日本思想史上前所未有的人类干预并利用自然的构想。但信渊走得比这还要远。他不仅对自然界采取绝对理性支配的态度，还相信自然界有无限创造的神圣力量——这意味着人类越是压榨大自然，就越能从它那

1　佐藤信淵「経済要略」尾藤正英·島崎隆夫校注『日本思想大系 45：安藤昌益·佐藤信淵』535 頁。

2　佐藤信淵「経済要略」尾藤正英·島崎隆夫校注『日本思想大系 45：安藤昌益·佐藤信淵』535–536 頁。

3　佐藤信淵「経済要略」尾藤正英·島崎隆夫校注『日本思想大系 45：安藤昌益·佐藤信淵』536–547 頁。

4　佐藤信淵「垂統秘録」尾藤正英·島崎隆夫校注『日本思想大系 45：安藤昌益·佐藤信淵』496 頁。

里得到更多：

> 上下神祇皆勤恳于此人世之化育，日夜不得片刻休息。[1]
>
> 凡国土所生之物，田租、商税且不论，其他平原、旷野、山泽、河海、陆产之丰饶，鱼盐之利，年年岁岁无穷尽也。[2]

日本作为最尊贵的国度，当然也有着数不胜数的自然物产：

> ……（日本）气候温和、土壤肥沃，万种物产皆满溢。四面临洋、海舶运漕之便利万国无双，人杰地灵远胜他国，其形胜之势自八表堂堂，天然全备鞭挞宇内之实。[3]

如此一来，皇祖神无限创造自然的设想使信渊构建了比近代欧洲更激进的自然观，排除了阻挠"开物"的所有借口。于是他心安理得地将自然界从与人平等的地位上踢落，极大加速了近代日本在"开物"中积累财富的进程。

三　重组统治机构：挪用中国古典政治学

信渊的"化育"与"开物"思想，归根结底是为了唤起生产力量，而这一切还必须由统治阶层，也就是"主国者"（国家ニ主タル者）及其统治机构来主导。但既有统治机构已难当此任，所以必须对其进行重组。此外，小室和桂岛已经通过信渊的农村体验及对宇宙秩序的兴趣

1　佐藤信淵「経済要略」尾藤正英・島崎隆夫校注『日本思想大系 45：安藤昌益・佐藤信淵』535 頁。
2　佐藤信淵「経済要略」尾藤正英・島崎隆夫校注『日本思想大系 45：安藤昌益・佐藤信淵』533 頁。
3　佐藤信淵「混同秘策」尾藤正英・島崎隆夫校注『日本思想大系 45：安藤昌益・佐藤信淵』426 頁。

指出其对农业生产安定化的追求，这也成为信渊重组统治机构的动力。[1]
为此，信渊挪用中国古典政治学，展开了重组统治机构的设想。

（一）创业与教化：重组统治机构的基本前提

信渊明白，国学宇宙观中的神不可能直接作为统治主体来完成化
育，人世间关于化育的一切问题最终需要由主国者承担神意来推行。出
于为统治者建言的立场，信渊决心在"化育"论的延长线上将"绝对掌
握日本的绝对主义性格"赋予理想国家中的最高统治者：[2]

> 天矜于民，故其赋命也，无有四性之不备焉。然各美富贵、憎
> 贫贱，而徼幸分外之利欲，无主乃乱。故必降聪明以为之主，使之
> 治而教之，以复其性也。是所以皇孙命之天降而主于人世也。[3]
>
> 盖皇祖天神爱人君之隆，亦欲使之施仁惠民，经济世界，益
> 其大德，以升天也。[4]

但是，信渊指出，具有绝对权威的人君必须履行奉天化育民众
的职责，否则将遭受"天罚"。[5]因而，人君必须实行真正的"经济
学"——也就是信渊的学说，才能化育百姓，报答神恩。[6]由此，信渊
将其经世学的地位提高到了绝对国策的位置。信渊将人君修养恭、俭
二德置于其"经济四条"的首位，亦即"创业"之策。[7]如果不能实现

1　小室正紀「化政・天保期における一経世論の農村的起源：佐藤信淵の場合」『三田学会雑誌』
　　第71巻第4号、1978年、146頁；桂島宣弘『思想史の19世紀－「他者」としての徳川日本』
　　3頁。

2　丸山真男：《日本政治思想史研究》，第233页。

3　佐藤信淵「鎔造化育論」滝本誠一編『佐藤信淵家学全集（上巻）』576頁。

4　佐藤信淵「鎔造化育論」滝本誠一編『佐藤信淵家学全集（上巻）』581頁。

5　佐藤信淵「鎔造化育論」滝本誠一編『佐藤信淵家学全集（上巻）』583–584頁。

6　佐藤信淵「経済要略」尾藤正英・島崎隆夫校注『日本思想大系45：安藤昌益・佐藤信淵』
　　525–526頁。

7　佐藤信淵「経済要略」尾藤正英・島崎隆夫校注『日本思想大系45：安藤昌益・佐藤信淵』
　　527–528頁。

此二德，即便其他方面做得再好，最终都必定会陷入资金周转困难的境地，不得不借贷，奢侈、虚伪之心渐起，最终遮盖仁爱本性，做出有害化育的举措。[1] 所以，重组统治机构的第一步是人君修养恭、俭二德，摆正姿态。

人君养成恭俭二德仅仅是前提，接下来，还需要由有德之君重组统治机构。在这项工作上，信渊着重挪用了中国古典政治学。小野武夫认为，相对于来历不明的家学、错漏极多的洋学、多有抄袭的农政学，中国古典政治学是信渊更为重要的思想来源。[2] 这其实也是近世后期较为普遍的政治思想动态的一部分。天明饥馑后，关注时务的知识分子开始重视农业政策，促使东北大名推出象征君臣一体和农业再建的籍田之礼。[3] 知识分子更试图通过籍田之礼构建各司其职、无怠祭祀、上下和合之理想社会。为此，人君作为万民之表，需要担负起"牧民"的责任，但在现实统治中，处在最前线的是家臣。于是，如细井平洲所说般"欲治国，先立制度"的统治机构确立论愈发瞩目。[4] 这与丸山提出的近世后期儒学内部制作逻辑之再积极化重叠，共同呼唤政治能动性的回归。[5] 其中，机构分化、执掌明确的《周礼》作为中国古典政治思想的代表浮出水面，吸引了从伊藤东涯、太宰春台到会泽正志斋、藤田幽谷等一大批有志于重建制度的知识分子。[6] 信渊也不例外。信渊为了避免损害国学话语的力量，以"神代政事，古典无所记，则

1　佐藤信淵「経済要略」尾藤正英・島崎隆夫校注『日本思想大系 45：安藤昌益・佐藤信淵』531–532 頁。

2　小野武夫『佐藤信淵』三省堂、1934、66–70 頁。信渊复古法多介绍中国制度，自陈与伊尹、傅说、管仲同轨一辙，贫困救济法与伊尹意同，其物产统括法亦取自南宋赵开，其农政学则"祖述公刘"。

3　羽賀祥二「近世後期的政治思想」平川新等『岩波講座・日本歴史第 14 巻：近世 5』岩波書店、2015、291–292 頁。

4　羽賀祥二「近世後期的政治思想」平川新等『岩波講座・日本歴史第 14 巻：近世 5』299–300 頁。

5　丸山真男：《日本政治思想史研究》，第 222–224 頁。

6　羽賀祥二「近世後期的政治思想」平川新等『岩波講座・日本歴史第 14 巻：近世 5』300–301 頁。

不能不师汉土先圣之道而立政也"进行辩解，从而顺利导入中国古典政治学。[1]

在中国诸多典籍中，最为信渊所倚重的是成书于汉初，全面反映了先秦政治思想的《周礼》。[2]《周礼》之所以被信渊如此重视，很大程度上是因为其通过密集教化网络来治民的思想：

> 惟王建国，辨方正位，体国经野，设官分职，以为民极。乃立地官司徒，使帅其属而掌邦教，以佐王安扰邦国……施十有二教焉：一曰以祀礼教敬，则民不苟；二曰以阳礼教让，则民不争；三曰以阴礼教亲，则民不怨；四曰以乐礼教和，则民不乖；五曰以仪辨等，则民不越；六曰以俗教安，则民不愉；七曰以刑教中，则民不虣；八曰以誓教恤，则民不怠；九曰以度教节，则民知足；十曰以世事教能，则民不失职；十有一曰以贤制爵，则民慎德；十有二曰以庸制禄，则民兴功。[3]

如此繁多的内容需要通过密集的教化网络来实现。一方面，由州长、党正、族师、闾胥依时读法，全年在四十次以上；另一方面，通过国学、乡学等教育组织覆盖全民，保证教化的落实。[4] 不仅如此，这一教化网络还具有绝对强制性：

> 以五礼防万民之伪而教之中，以六乐防万民之情而教之和。凡万民之不服教而有狱讼者，与有地治者听而断之；其附于刑者归于士。[5]

---

1 佐藤信淵「鎔造化育論」滝本誠一編『佐藤信淵家学全集（上卷）』576 頁。
2 关于《周礼》的成书年代历来纷争不已，今采彭林"秦末汉初"说。详见彭林《〈周礼〉主体思想与成书年代研究》，中国人民大学出版社，2009。
3 李学勤主编，郑玄注，贾公彦疏《十三经注疏·周礼注疏》，第 223、246 页。
4 彭林：《〈周礼〉主体思想与成书年代研究》，第 51—54 页。
5 李学勤主编，郑玄注，贾公彦疏《十三经注疏·周礼注疏》，第 268—269 页。

信渊对《周礼》之教化思想深有同感，并积极将之导入自己的制度设计中。他指出，"欲奉天意治人民，而不道之以德、齐之以礼，则人皆行险徼幸，而不知天命之可畏也，是所以教化之下不可以不勤也"。[1]为了广施教化，信渊在垂统法中将负责教化的教化台置于国家机构的最高地位，成为"垂统法之根基"。[2]教化台的长官被称为教化大师，负责教化国中百姓，虽国君亦必尊敬之。不仅如此，信渊在三台之上还设计了一个被他称为"大学校"的机构，该机构乃教化与政治之中心，统辖"三台"，教化大师兼为其长官。这样，大学校凌驾于三台六府之上，俨然似《周礼》中"于百官无所不主"的天官冢宰，可以顺利在全国推行教化大业。[3]

（二）富国与垂统：心力一致与中央集权构想

信渊重组统治机构的构想没有停留在教化这一步。他认为，即便百姓在有德之君的教化下安居乐业，如果国家不能将流通、分配完全管理，势必不能阻止贫富分化，资本将流入商人手中，上下士民仍然难免贫困。[4]这种"一时富盛"正是信渊所担忧的：

> 垂统乃令人君子子孙孙万世不衰、国家永久全盛之策。此垂统法因上古以来之圣人亦未尽其善，至今尚未全备故，能讲创业与开物之道、富盛其国的英主虽多，仅能一时富盛，难得永续也。……其人既殁，善政陵夷，风俗亦颓废，不得永续。故垂统乃经济之最难者矣！[5]

1　佐藤信淵「鎔造化育論」滝本誠一編『佐藤信淵家学全集（上巻）』576 頁。
2　佐藤信淵「経済要略」尾藤正英・島崎隆夫校注『日本思想大系 45：安藤昌益・佐藤信淵』559 頁。
3　李学勤主编，郑玄注，贾公彦疏《十三经注疏・周礼注疏》，第 6 页。
4　羽仁五郎『佐藤信淵に關する基礎の研究』176—181 頁。
5　佐藤信淵「経済要略」尾藤正英・島崎隆夫校注『日本思想大系 45：安藤昌益・佐藤信淵』557 頁。

因此，在国家层面，想要达到永久富盛，必须推行信渊最引以为傲的垂统之策。垂统之策的关键在于，人君通过教化使境内民众"心力一致"，共同经营国事：

> （讲谈所导师）为了国家教化苍生，要赞颂天地和国君之恩，使万民笃涕泣感服之念，日夜皆欲报答天地之恩与人君之恩，使境内心力一致，专心经营国事。[1]

"心力一致"为信渊提供了从内部超越家职国家、构建空前的中央集权体制设想的契机。所谓家职国家，按照尾藤正英的分析，乃是各个行业的民众以"役"为原理，在相对独立的社会结构中履行责任的国家形态。[2] 近代日本以天皇作为国民统合的基轴，通过排除国民与天皇＝中央政治秩序之间的中间层，从四民平等政策之下的世袭制度中解放出平等化的个人。[3] 虽然其后日本国民又以天皇臣民的身份被统合起来形成所谓"一君万民"格局，但毕竟打破了近世日本的家职国家格局。身处近世后期的信渊虽然已经渐渐意识到天皇权威的崛起，但他以自己的方式发展了另一种超越家职国家的新的可能——在不质疑等级制度的前提下，协同地让所有阶层参与到"富国"的共同任务中来，亦即丸山所论"对多元的政治力量尽可能进行统合的倾向"。[4]

信渊通过将《周礼》中职能性的六官转换为垂统法中职业性的六府，顺利构想了家职国家中跨阶层的合作。[5] 其中，本事府管辖草

1　佐藤信淵「経済要略」尾藤正英・島崎隆夫校注『日本思想大系 45：安藤昌益・佐藤信淵』526 頁。

2　尾藤正英『江戸時代とはなにか——日本史上の近世と近代』岩波書店、1996、33-46 頁。

3　丸山真男：《日本政治思想史研究》，第 280 页。

4　丸山真男：《日本政治思想史研究》，第 285 页。

5　信渊自陈，"六府"颇类周六官、唐六典。见佐藤信淵「垂統秘録」尾藤正英、島崎隆夫校注『日本思想大系 45：安藤昌益・佐藤信淵』488 頁。

民，开物府管辖树民和矿民，制造府管辖匠民，融通府管辖商民，陆军府管辖佣民，海军府管辖渔民和舟民。[1] 信渊详细划分了"六府""八民"的职能，并期待他们在各自职业范围内精研业务，创造财富。这并非近世家职国家的进一步精细化，而是完全将"四民"分化分解为均质的"万民"，再按照职业划分为"八民"，由作为中央政府的"六府"垂直管理。这一"去中间化"的工作极为彻底，以至于作为近世国家的统治阶级的武士也被信渊分解回收到"八民"中。虽然信渊没有激进到废除一切诸侯，但在其设计中，即便最大的诸侯也不能超过二十万石，已经被削弱到完全无法与中央权力抗衡。[2] 不仅"六府""八民"的生产为中央政府直接控制，其流通与分配也完全被纳入政府管控中来：

> 　　农事府（本事府）治天下农政，收天下赋税输入融通府，物产府亦同。百工府（制造府）……经费悉赖融通府。融通府将农业府（本事府）所输百谷、赋金及物产府所输货物会集，供给上至皇宫、皇庙，下至军卒、下吏之俸禄。百工府及水陆二军府、两京十三省（地方政府），其他病院、养院及外国征伐等费用亦由融通府处理。天下交易亦悉由融通府支配。[3]

至此，信渊构想了中央集权体制对全社会的控制。在这个理想国中，有德的人君通过分工明确的机构教化百姓热心生产，管理社会以保证物产流通与均输。最终，万民上下心力一致，共同为了富国经营职业，实现永久富盛、救济苍生的宏愿。

1　佐藤信淵「垂統秘録」尾藤正英・島崎隆夫校注『日本思想大系 45：安藤昌益・佐藤信淵』489—510 頁。

2　佐藤信淵「混同秘策」尾藤正英・島崎隆夫校注『日本思想大系 45：安藤昌益・佐藤信淵』425 頁。

3　佐藤信淵「混同秘策」尾藤正英・島崎隆夫校注『日本思想大系 45：安藤昌益・佐藤信淵』444 頁。

　　这份构想从未在现实中得到采纳，但信渊在参与萨摩藩财政改革的过程中还是部分实践了其垂统之策。在信渊为萨摩藩量身定制的改革方案中，除了不厌其烦地列举藩内物产以及利用方式，他还尤其强调了跨阶层的合作。比如本草学家尽心监督农业生产和药材种植，商人获得特定产品的商业垄断权并将利润与国家分享，武士为之提供管理等。[1]在这番改革后，萨摩武士与本地专家、商人、富农等的合作变得系统化，为萨摩的财政复兴以及主导幕末政治舞台提供了良好的基础。因此，尽管信渊的垂统之策未曾真正出现在现实政治中，但其理念还是在一定程度上影响了幕末历史进程。

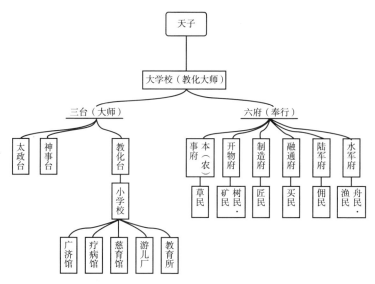

图 1　佐藤信渊设想的家职国家中跨阶层合作及中央政府体制

　　说明：主要依据佐藤信渊「垂統秘録」尾藤正英・島崎隆夫校注『日本思想大系 45：安藤昌益・佐藤信淵』，并参考了稲雄次『佐藤信淵の虚像と実像：佐藤信淵研究序説』岩田書院、2001、78 頁绘制。

1　详见佐藤信渊「薩摩経緯記」滝本誠一編『佐藤信淵家学全集（中卷）』679–70 頁 3。

四　结语：信渊思想综合方式的后果

至此，本文梳理了信渊为改变"四海困穷"之局面所进行的思想综合。

一方面，信渊导入国学宇宙观的非合理主义话语，制造了"化育"论，从报恩与死后报应两个方面激发农民和统治阶层的生产热情。信渊还吸收19世纪初日本本草学的新变动，将自然知识与公共利益紧密结合，形成独具特色的"开物"思想，为近代日本利用自然、大规模开发物产之先声。信渊集成国学宇宙观与本草学，成功打造了一套唤起生产力量的话语。另一方面，信渊积极挪用以《周礼》为代表的中国古典政治思想，教导国君恭俭正身，并力图打造教化百姓、"心力一致"的统治机构。为了"富国"的永久延续，信渊在"垂统"策中构想出统合多元政治力量的中央集权体制，展现了近世后期超越家职国家的制度重建进路。

可以发现，信渊思想综合的最终目的在于实现富国，而其手段则是诉诸非合理主义话语。国学、本草学、中国古典政治学经过信渊的调整与综合，最终都归结于富国。即便是鸦片战争后，日本知识人对军事技术热情高涨，信渊也仍然坚持富国这个核心目标。弘化四年（1847），信渊应伊势津藩主藤堂高猷之问，呈递海防建议，在其中痛斥时人的"强兵"论，认为所谓海防之策唯有"富国"而已。[1] 这一庞大的思想综合归功于信渊诉诸非合理主义话语的手段。信渊用以唤起生产力量的"化育"和"开物"思想，背后皆以国学宇宙观中的非合理主义话语为支撑。而他重组统治机构的"创业""垂统"等策略，归根结底也是以神道和报应论为基础。

但是信渊思想综合的手段却带来了超出"富国"的严重后果。与信渊同时代的经世家海保青陵、本多利明等人虽然提出了富有见识的经

1　佐藤信淵「吞海肇基論序」滝本誠一編『佐藤信淵家学全集（下卷）』856—860頁。

世论，但由于不能被统治者采纳，最终难以对现实政策产生影响。在承认既有统治者的前提下，信渊为了保证自己的经世思想得到贯彻，势必要求诸超越性的权威。[1] 信渊本身就是一位捏造家学谱系、频繁自我引用的"自我确信者"，而他诉诸非合理主义话语的手段进一步放大了这种自恋，最终导致其思想走上狂妄的极端。[2] 一方面，信渊通过"复魅"（reenchantment）的"开物"思想在意识形态上支持了近代日本的工业扩张，造就了对自然的全面掠夺和严重的环境问题；[3] 另一方面，信渊在这样的自恋和狂妄中写出了主张侵略中国、"以世界万国为皇国郡县、万国君长作皇国臣仆"的《混同秘策》。[4] 据信渊家学全集的编者、明治官僚织田完之所说，大久保利通、西乡隆盛都曾熟读《混同秘策》，深受其影响。议官海江田信义更将此书传阅于三大臣、十参议。[5]

因此，信渊本人虽然并不热衷于鼓吹扩张论，但他选择扩张论作为推销自己的策略，还是反映了当时日本社会觊觎中国、追求海外扩张的思潮。[6] 而且，信渊终究因其扩张论在近代日本被誉为"伟人""先知"，其著作更成为战时思想改造的工具，在实质上成为军国主义的同谋。[7] 然则，作为扩张论者的信渊绝不无辜。他沉浸于自恋与非合理主义话语，从经世论中导出了狂妄的扩张论，发出了近代日本同时向自然界和周边国家大举扩张的先声。相较于信渊的经世论，其扩张论曾长期作为"秘策"而不显于世，但最终被近代日本的强力反响所唤回，化为日本海外战争隐秘逻辑的一环。[8]

1　松浦玲「江戸後期の経済思想」矢木明夫等『岩波講座日本歴史第 13 巻：近世 5』151 頁。

2　对信渊自我引用的分析参见子安宣邦「佐藤信淵とは誰か—自己確信者と歴史のエコー」121 頁。

3　Federico Marcon, *The Knowledge of Nature and the Nature of Knowledge in Early Modern Japan*, pp. 296–297.

4　佐藤信淵「混同秘策」尾藤正英・島崎隆夫校注『日本思想大系 45：安藤昌益・佐藤信淵』436 頁。

5　織田完之「序」佐藤信淵『混同秘策』穴山篤太郎、1888、2 頁。

6　除了《混同秘策》和其他个别谈及殖民北海道和小笠原群岛的言论，信渊其实很少谈论对外扩张。

7　増田涉：《西学东渐与中国事情》，由其民、周启乾译，江苏人民出版社，2010，第 61 页。

8　韩东育：《日本对外战争的隐秘逻辑（1592~1945）》，《中国社会科学》2013 年第 4 期，第197 页。

从"国民帝国论"的视角看帝国日本的脆弱性

——以在朝民间日人的"朝鲜统治论"为中心（1905—1937）

邓哲承 *

一 序言

本文所研究的课题是 1905—1937 年，即近代朝鲜的统监政治、"武断政治"与"文化政治"三个时期在朝鲜的日本民间人士（下文简称为"在朝民间日人"）的朝鲜统治论，以及其所反映的日本殖民帝国的"脆弱"性。对此，本文将运用山室信一的"国民帝国论"进行分析。在本节中，笔者将首先就研究课题中的一些概念进行设定与阐释。

在研究的时间范围上，选择统监政治至"文化政治"时期作为本文所主要涉及的时间范围，主要是因为这三个时期可称为日本对朝殖民统治的"独

* 北京大学历史学系硕士研究生。

立自然发展"时期。在日俄战争之前，日本尚处于和其他国家争夺独占朝鲜地位的状态，无法仅按照自身意志决定对朝鲜的侵略走向。而在战时体制时期，日本对朝鲜的殖民统治则在较大程度上从属于日本对包括中国、东南亚等在内的广大地区发动的侵略战争，并非此前日本对朝鲜殖民统治"自然发展"之结果。与之相对，统监政治、"武断政治"与"文化政治"时期是日本可基本按自身意志决定对朝鲜的侵略走向，且对朝鲜的"保护统治"与殖民统治基本按当时朝鲜所面临的情况"自然发展"之时期。因此，这三个时期在朝民间日人的朝鲜统治论较有代表性。

在研究的对象群体上，"在朝民间日人"这一群体的概念是对长期以来一直使用的"在朝日本人"概念的修正。出于与"在日朝鲜人"群体相对的考虑，在朝鲜近代史的研究中，对于近代在朝鲜活动乃至定居的日本人，学界一向以"在朝日本人"统一指代。然而，用"在朝日本人"这一概念统一概括当时所有在朝鲜的日本人是不准确的。因为与"在日朝鲜人"基本全为赴日求学或务工的民间人士相比，所谓的"在朝日本人"可以明显分为在朝日本官方人士与在朝日本民间人士两个在来源、在朝滞留时间、利益诉求等多个方面都截然不同的群体。这一对"在朝日本人"概念的疑问主要由韩国学界提出，代表就是李东勋（이동훈）及其《在朝日本人社会的形成——殖民地空间的变容与意识构造》。[1] 而基于对这一疑问的赞同，本文亦不使用"在朝日本人"这一概念统一指称近代在朝鲜活动乃至定居的全部日本人，而是以"在朝民间日人"指代本文所要研究的群体，与之相对的则是"日本官方"。

在学术史方面，主要包括中国、日本、韩国及美国学界的研究。其中，中国学界对朝鲜近代史的研究虽然较多，但时段大多集中在与中国关系较为密切的甲午战争之前，而与本文所涉及的时期相关者较

1　李東勳『在朝日本人社会の形成——植民地空間の変容と意識構造』明石書店、2019。

少，在提及在朝民间日人时，也仅是将其作为日本官方侵略殖民政策的一环，而并未注意到其相对于日本官方的独立性。在日本学界，与在日朝鲜人互为呼应，关于"在朝日本人"的研究亦较为丰富。这些关于"在朝日本人"的研究对日本官方与在朝民间日人均有所涉及，并更侧重于在朝民间日人，如木村健二《在朝日本人的社会史》[1]、李昇烨《三一运动时期在朝日本人社会的对应与动向》[2]与《殖民地的"政治空间"与在朝日本人社会》[3]等。但大部分研究对在朝民间日人的主张与在朝日本官方人士的主张并不做区分，而是笼统地将其作为"在朝日本人"进行研究。在韩国学界，以在朝民间日人为主体的所谓"在朝日本人"相关研究也较为丰富。如李圭洙（이규수）《在帝国与殖民地之间：作为边缘人的在朝日本人》[4]与李炯植（이형식）《帝国与殖民地的边缘人：在朝日本人的历史展开》[5]。但与日本学界类似，韩国学界也往往以与"在日朝鲜人"相对应的"在朝日本人"一词指代近代所有在朝鲜的日本人，而缺乏对在朝的日本官方与民间人士的明确区分。在美国学界，亦有学者对"在朝日本人"有一定研究，如斯坦福大学彼得·杜斯（Peter Duus）的著作《算盘与剑：日本对朝鲜的渗透（1895—1910）》[6]。但是，在历史时期上，美国学界较为关注朝鲜开国至1910年间的"在朝日本人"，对本文所主要涉及的时期研究较少。

　　在理论上，本文将会运用山室信一在《"国民帝国"论的射程》[7]一

1　木村健二『在朝日本人の社会史』未来社、1989。

2　李昇燁「三・一運動期における朝鮮在住日本人社会の対応と動向」『人文學報』92号、2005年3月、119–144頁。

3　李昇燁「植民地の『政治空間』と朝鮮在住日本人社会」京都大学大学院博士論文、2007。

4　이규수『제국과식민지의사이：경계인으로서의재조일본인』，2018。

5　이형식『제국과식민지의주변인：재조일본인의역사적전개』보고사，2013。

6　Peter Duus, *The Abacus and the Sword: the Japanese Petration of Korea, 1895–1910*（University of California Press, 1995）．

7　山室信一「『国民帝国』論の射程」山本有造編『帝国の研究』名古屋大学出版会、2003、87–128頁。

文中所提出的"国民帝国论",对统监政治至"文化政治"时期在朝民间日人的朝鲜统治论进行分析。在"国民帝国论"中,"帝国"是指独裁的多民族国家,而"国民帝国"则是结合了"国民国家"(在日语语境中一般与"民族国家"类似)与"帝国"两者特征的产物,其最初往往不是经过"国民国家"政府的统一政策或计划而形成,而是在民间势力逐渐扩张后政府力量方才大规模介入。在思想上,支撑"国民国家"扩张成为"国民帝国"的重要动力是国民对自身归属于一个伟大帝国的自我意识,即所谓"帝国民族主义"。然而,随着"国民帝国"的规模逐渐扩大,尤其是所统辖的异民族逐渐增多,"国民帝国"往往不得不面对"国民国家"基于地域与血缘形成的纽带与跨越地域边界与血缘界限的扩张之间的矛盾。在这一情况下,"国民帝国"常会选择对异民族进行文化同化,并试图建立起跨越地域边界与血缘界限的更高一级的"帝国认同"。然而,"国民帝国"在扩张的同时也不可避免地会给殖民地带来民族主义,这种民族主义将会推进殖民地的民族独立运动。可以说,"国民帝国"既是"国民国家"的延伸,也是对"国民国家"的否定与超越,其所兼有的"国民国家"与"帝国"的双重特质使克服"国民国家"赖以形成的基于地域与血缘的纽带与跨越地域边界与血缘界限的扩张之间的矛盾及构建"帝国认同"与殖民地民族主义兴起之间的矛盾,成为"国民帝国"所要面临的重要问题。

而本文所言的"朝鲜统治论"则主要可以分为对朝鲜人的看法、对在朝民间日人的看法与对如何统治朝鲜的看法,分别涉及近代日本对朝统治的主要客体、在朝民间日人自身与对朝鲜进行统治的具体举措。对此,本文将先简要阐述在朝民间日人移居朝鲜的过程及特点,再以释尾春芿、青柳纲太郎这两位在朝民间日人群体中影响较大的文化人士为例,运用"国民帝国论",从对朝鲜人的看法、对在朝民间日人的看法与如何统治朝鲜三个方面对在朝民间日人的朝鲜统治论展开分析,并对在朝民间日人与日本官方两者的朝鲜统治论进行对比,从而探究近代日本帝国的"脆弱"性。

二 在朝民间日人移居朝鲜的过程及特点

在 1876 年朝鲜"开国"后，由于距离较近和国内资本主义经济的快速发展，包括商人、文化人士等在内的大量日本民间人士移居朝鲜，形成了当时朝鲜境内规模最大的外国人群体——在朝民间日人。而在本节中，笔者则将分时期论述在朝民间日人移居朝鲜的过程，并对在朝民间日人移居朝鲜的特点进行分析。

1876 年至 1895 年是在朝民间日人移居朝鲜的起步时期。在这一时期，在朝民间日人已经占据了在朝鲜的日本人的绝对主体；而其中男性远多于女性，反映出该时期大部分移居朝鲜的日本人尚缺乏在朝鲜永久定居的意愿。此外，当时在朝鲜的日本人大多聚居于釜山等少数港口的外国人居留地内，聚居区域相对有限。在法理上，作为享有治外法权的外国人，在朝民间日人的内部事务应全部由在朝鲜的日本领事馆管理，但实际上，在朝民间日人在移居朝鲜后较快形成了自治团体，并享有广泛的自治权。随着同时期日本国内地方管理制度的完善，这些自治团体的架构也通过模仿日本国内的市町村制逐渐得到完善。在这一时期，在朝民间日人的自治团体已经形成了"决议机关—执行机关"的基本架构。并且，各居留地的自治团体还广泛制定了本居留地适用的管理规定，对享有选举权的人群及自治团体的职能等进行了界定。可以说，在这一时期，在朝民间日人已经初步形成了管理自身内部事务的自治团体。

在 1895 年至 1905 年的"日俄争夺朝鲜"时期，在朝民间日人移居朝鲜在一度遇挫后于日俄战争前后迎来了高速增长。1896 年，日本颁布了《移民保护法》，其所规定的移民许可制，即必须得到特殊许可方可移民的制度亦成为日本人移居朝鲜的一大阻碍。面对这一状况，日本在 1902 年 2 月修改了《移民保护法》，将其中的"外国"改为了"中韩两国以外的外国",[1] 又在 1904 年废除了日本人需要持护照方能前往朝鲜的规定。在这一背景下，在朝民间日人一方面在数量上快速增加，如京城领事馆统计的本领事馆管辖范围内的日本人人数由 1901 年末的 2490 人迅速增加至 1904 年 6 月末的 8330 人[2]；另一方面男女性人数趋于均衡，显示出这一时期移居朝鲜的日本人在朝永久定居意向大为增强。同时，这一时期随着朝鲜"对外开放"地区的增多及日本主导的京釜铁路的修建，日本人聚居的城镇较之前大幅增加，并沿铁路向内陆扩展。而这一时期在朝民间日人的自治组织主要面临的是如何确定其法律地位的问题。对此，在这一时期，日本外务省等对在朝民间日人居留地的情况进行了一系列调查，并起草了相关法案草案，但这些法案尚未得到正式通过。

1905 年至 1910 年统监政治时期是在朝民间日人移居朝鲜飞速发展的时期。随着日本在日俄战争后取得独占朝鲜的地位，移居朝鲜的日本人人口数进入了一个快速增长的时期，尤其是清津等在日俄战争后新"开港"的地区更是实现了远快于其他城市的增长。同时，这一时期在朝民间日人定居地也在向朝鲜内陆地区继续推进。而就在朝民间日人自治组织的发展状况而言，1905 年 3 月颁布的《居留民团法》使在朝民间日人自治团体的法人地位得到法律正式承认。该法并规定在日本居留民人数达到 1500 人以上的地区，将其原有的在朝民间日人内部的决议机关、执行机关分别统一改成"居留民会""居留民团役所"，由这两个组织共同组成"居留民团"。同样是在《居留民团法》中，居留民团的组织权、立法权、财政权等自治权利受到了法律正式承认，在权限上与日本的市町村类似。但是，在统监府设立后，统监也拥有了居留民会的解散权和居留民团役所首脑——民长的任命权，事实上介入了在朝民间日人内部事务的管理。

1　李東勳『在朝日本人社会の形成：植民地空間の変容と意識構造』56 頁。

2　李東勳『在朝日本人社会の形成：植民地空間の変容と意識構造』55、59 頁。

　　"日韩合并"之后的"武断政治"与"文化政治"时期是在朝民间日人在人口上稳步增长并彻底定居的时期。就人口而言，1915 年末，在朝鲜的日本人人口达到了 303659 人，[1] 是同年朝鲜人人口数的 2%。[2] 而到 1925 年末，在朝鲜的日本人人口则超过了 42 万人，[3] 在人数上达到了当年朝鲜人口数的 2.2%。[4] 同时，由于朝鲜已完全成为日本殖民地，在朝民间日人还广泛进入光州、全州等非港口的城市定居，居住范围逐渐扩大至朝鲜全境。就自治组织的发展而言，此时的日本官方迅速推进其对朝鲜的一元化统治，于 1914 年在地方实行府制的同时解散了各地的居留民团。自此，在朝民间日人的大规模自治组织基本消失。但是，在朝民间日人在文化、经济等方面仍是一个区别于朝鲜人与在朝日本官方人士的群体，作为一支较为独立的力量发挥着影响力。

　　总体而言，在朝民间日人移居朝鲜的过程主要有以下几个特点。

　　在人口方面，在朝民间日人的人口经历了从稳步增长到快速增长再到稳步增长的过程，在这一过程中，在朝民间日人在朝鲜永久定居的意愿逐渐加强，分布范围亦逐渐由少数港口和铁路沿线扩展至朝鲜全境。在 1876 年至 1895 年间，乃至 1902 年《移民保护法》修改前，在朝民间日人的人口处于稳步增长阶段。一方面，距离近的优势使日本人迅速成为朝鲜境内规模最大的外国人群体；另一方面，这一时期的在朝民间日人大多并无在朝鲜永久定居之意愿。同时，这一时期的在朝民间日人主要集中在釜山等少数港口，移居其他地区者极少。在 1902 年至 1910 年"日韩合并"期间，在朝民间日人的人口处于快速增长阶段。在这一时期，在朝民间日人的人口在日本事实上独占朝鲜的背景下实现了前所未有的快速增长，在朝鲜永久定居之意愿整体上大为增强。同时，在朝民间日人移居的地域范围得到了较大扩展。1910 年"日韩合并"后的

"武断政治"与"文化政治"时期是在朝民间日人移居朝鲜人数重新回到稳步增长状态的时期。在这一时期，由于"三一运动"等朝鲜人抗日民族独立运动和朝鲜总督府"武断政治"等的影响，在朝民间日人移居朝鲜的速度较统监政治时期有所放缓。但是，随着日本将朝鲜完全变为殖民地，这一时期在朝民间日人在朝鲜永久定居的意愿进一步增强，并出现了朝鲜本地出生的第二代在朝民间日人。在此基础上，这一时期在朝民间日人在朝鲜的定居地亦扩展至包括庆州、光州等城市在内的朝鲜全境。

在自治组织方面，在朝民间日人的自治组织经历了从自由发展到受到日本官方限制再到被日本官方基本解散的过程，反映出在朝民间日人独立性的逐渐弱化和日本官方对朝鲜掌控程度的不断加强。在1876年至1905年间，由于日本尚未取得独占朝鲜之地位，在朝民间日人在法律地位上仅是外国侨民，而日本官方亦无力对在朝民间日人的内部事务进行管理，这一时期的在朝民间日人形成了自治组织，对本群体内部事务进行管理，俨然有形成日本官方之外在朝鲜日本人的第二个权力中心之趋势，反映出这一时期在朝民间日人的较强独立性。在1905年至1910年间的统监政治时期，由于已经实现了对朝鲜的完全掌控，日本官方开始加强对在朝民间日人自治组织的控制。在以法律明确规定在朝民间日人自治组织地位的基础上，日本官方还通过规定统监有解散自治组织中决议机关和任命执行机关首脑的权力之做法实现了对在朝民间日人自治组织的间接控制，削弱了在朝民间日人的独立性。而在1910年之后的"武断政治"与"文化政治"时期，已经将朝鲜完全变为殖民地的日本官方更不可能容忍可能形成其他权力中心的自治组织之存在，因此，在朝民间日人的自治组织在"日韩合并"后五年内即基本为朝鲜总督府所解散，反映出在朝民间日人独立性的大幅减弱。

而在在朝民间日人移居朝鲜的过程中，在朝民间日人中间也逐渐产生了代表本群体利益、体现本群体特点的朝鲜统治论。对此，在接下来的两节中，笔者将选取在在朝民间日人中有较大舆论影响力、具有较

强代表性的释尾春芿、青柳纲太郎这两位文化人士的朝鲜统治论展开
论述。

三　释尾春芿及其朝鲜统治论

释尾春芿是在朝民间日人中具有代表性的文化人士，在在朝民间
日人群体中有较强的舆论影响力。其于 1900 年来到釜山的开成学校担
任校长，此后数十年间一直定居于朝鲜。1907 年，释尾春芿移居汉城，
担任汉城居留民团第一课课长，参与到与在朝民间日人自治团体相关的
记录搜集和历史整理工作之中。而在 1909 年，释尾春芿又开始负责于
1908 年 3 月创刊的《朝鲜》（1912 年 1 月更名为《朝鲜及满洲》，为行
文方便，下文统称后者）杂志的经营工作，同时担任该杂志的主笔，以
本名或"释尾旭邦""旭邦生"等笔名在每期杂志开头发表主题社论，
直至 1941 年 1 月该杂志停刊。《朝鲜及满洲》杂志是在朝民间日人群体
自行创办管理的最主要媒体之一，在在朝民间日人群体中有较强的舆论
影响力，这也使作为其社长及主笔的释尾春芿在近代朝鲜舆论界有着作
为在朝民间日人舆论代表的独特地位。而除《朝鲜及满洲》杂志之外，
释尾春芿还著有《朝鲜及满洲之研究》《朝鲜之研究》《朝鲜合并史》
等。这些著作与每期《朝鲜及满洲》杂志开头的主题社论，均体现了释
尾春芿的朝鲜统治论。

总体而言，释尾春芿的朝鲜统治论可以从以下三个方面展开论述，
一是对朝鲜人的认识，二是对在朝民间日人的认识，三是对如何统治朝
鲜的认识。

在对朝鲜人的认识方面，释尾春芿认为朝鲜人在历史发展过程中
形成了众多"劣根性"。如在《最新朝鲜地志　上编》中，释尾春芿提到
朝鲜人"因循守旧、姑息、卑屈、阴险、表里反复，不洁、无廉耻之
心，自私自利心理强，党同伐异心理盛行，奉行保守主义而缺乏进取、
改善、进步之观念，依赖心理过强，缺乏独立心理，宗教观念淡薄，缺

乏趣味性"，[1]强调了朝鲜人在多个方面均存在"劣根性"。且朝鲜在历史上从未取得独立，但朝鲜人在近代又在诸多"劣根性"的影响下不念日本之"恩德"并追求所谓"独立"。在这些认识的基础上，释尾春芿认为朝鲜人在发展水平上与日本人差距甚大，更难以为日本人所同化。对此，释尾春芿在写于 1926 年 4 月的《朝鲜人与近代文明：日本与朝鲜人的比较》一文中指出，"还有很多朝鲜人沿袭其古来的习惯习性，因循姑息、懒惰……冥顽不灵，不接受近代文化，不知改善生活，其进步甚是缓慢"，[2]并从储蓄额、电灯普及度、自来水普及度等方面举出具体数据对比了朝鲜人与日本人在所谓"近代文明生活"方面的发展水平，强调"这（相关数据）足以使人推测出大多数朝鲜人距近代文明生活尚很遥远，其生活状态亦甚为原始"，[3]突出了朝鲜人与"已普遍进入近代文明"的日本人相比在"发展水平"上远逊于后者。而关于朝鲜人难以为日本人所同化的主要原因，释尾春芿则认为是朝鲜人在"劣根性"的影响下"冥顽不灵"地追求所谓"独立"，以朝鲜人的身份而自豪，拒绝成为日本臣民与被日本文化同化。

在对在朝民间日人自身的认识方面，释尾春芿认为应不断强化日本向朝鲜的移民，在对朝鲜总督府施政的抨击中，释尾春芿提及最多的即是总督府未能充分鼓励移民，致使日本向朝鲜的移民没有达到其应有的规模。在释尾春芿看来，朝鲜一方面有着吸收大量日本移民的优越条件。在《最新朝鲜地志 上编》中，释尾春芿即指出，"全朝鲜平均的人口密度是每平方日里 1152 余人，若与内地（指日本——引者注）的每平方日里 2150 余人相比的话，可以说还可以收容相当于现在两倍的人口"，[4]"在作为新领土且一衣带水的朝鲜，仅有三十万左右的内地人实在是遗憾"，[5]

1　釋尾春芿『最新朝鮮地誌　上編』朝鮮及滿洲社出版部、1918、99 頁。

2　釋尾春芿「朝鮮人と近代文明：内鮮人の比較」『朝鮮之研究』朝鮮及滿洲社、1930、60–61 頁。

3　釋尾春芿「朝鮮人と近代文明：内鮮人の比較」『朝鮮之研究』62 頁。

4　釋尾春芿『最新朝鮮地誌　上編』102 頁。

5　釋尾春芿『最新朝鮮地誌　上編』105 頁。

阐述了其认为朝鲜因人口密度远低于日本而尚可容纳大量移民的观点，并希望更多日本人在这一优越条件吸引下移居朝鲜。另一方面，释尾春芿认为日本人向朝鲜的大规模移民有助于强化日本对朝鲜的殖民统治。如在 1916 年 4 月写作的《向寺内总督说》一文中，释尾春芿即指出：“我认为，在朝鲜的官员如果不以与明治维新时的官员一样的气概对朝鲜进行开发经营，朝鲜的开发就没有希望取得显著成就。对此，我希望官员在自身奋力工作的同时，可以刺激助力民间的有志人士，奖励其从事开发事业。”[1] 而其对在朝民间日人自身的认识事实上也反映了在朝民间日人群体对统治朝鲜的主体的看法，即对朝鲜进行统治的人应该同时包括在朝民间日人，而不应仅仅是日本官方。

在对如何统治朝鲜的认识方面，释尾春芿首先支持日本完全吞并朝鲜建立殖民统治。在 1908 年，释尾春芿即提出，“韩国是保护国，但这不是最终目标，而只是过渡期的临时产物”，[2] “日韩合并是历史的自然状态，是必然之命数”，[3] 强调将朝鲜“保护国化”仅是过渡而非最终目标，且吞并朝鲜是历史发展的必然结果，表达了对“日韩合并”的支持。关于应该实现“日韩合并”的原因，释尾春芿认为，统监政治时期以伊藤博文为首的统监府实行的是“韩人本位政策”，对朝鲜人的抗日民族独立运动镇压不力，使其威胁到了日本在朝鲜的利益，因此必须通过“日韩合并”更为彻底地掌控朝鲜，镇压朝鲜人的抗日民族独立运动，维护日本、朝鲜之安全与和平。在此基础上，释尾春芿认为，朝鲜人在日本对朝鲜建立殖民统治后的较长时间内，不应与在朝民间日人享受同一待遇与相同政策。例如，在“武断政治”时期，释尾春芿即激烈反对朝鲜总督府对在朝民间日人采取与朝鲜人基本一致的高压政策，对朝鲜总督府侵害在朝民间日人的自治权、言论自由权等表示不满。在 1913 年 4 月的《论总督政治》一文中，释尾春芿指出，

1　釋尾春芿「寺内総督と語る」『朝鮮之研究』4—5 頁。

2　釋尾春芿「伊藤公の統監政治を論ず」『朝鮮及満洲之研究』朝鮮及満洲社、1933、45 頁。

3　釋尾春芿「吾徒の提唱する日韓合併の理由」『朝鮮及満洲之研究』50 頁。

"试图压制日本人的言论是为了统治朝鲜人牺牲日本人之精华,是在阻碍大和魂的发扬,是将日本人朝鲜人化与弱化,又有谁能够认可这样的政策呢",[1]表达了当时朝鲜总督府对在朝民间日人采取与对朝鲜人类似的压制政策的不满,认为这是对在朝民间日人的"牺牲"与"弱化"。而这样认为的主要原因则是朝鲜人所具有的"劣根性"与其抗日民族独立运动之激烈。

四 青柳纲太郎及其朝鲜统治论

青柳纲太郎(因号南冥,又称"青柳南冥")是释尾春芿之外另一位在在朝民间日人中有较大舆论影响力的文化人士。其在1903年来到朝鲜后至1932年去世为止一直常住朝鲜。在来到朝鲜后,青柳纲太郎组织了朝鲜研究会等研究团体,对朝鲜的历史、文化、社会等方面进行较为深入的研究。而在这些研究的基础上,青柳纲太郎也写作了《李朝五百年史》《朝鲜宗教史》《朝鲜统治论》《朝鲜独立骚乱史论》《总督政治史论》等关于朝鲜历史文化与朝鲜统治论的著作。与释尾春芿一样,青柳纲太郎也曾创办媒体,于1920年4月创办了《京城日日新闻》。这些著作与刊物,尤其是其中青柳纲太郎对日本对朝统治的评论,在在朝民间日人群体中产生了较大舆论影响,成为反映统监政治至"文化政治"时期在朝民间日人朝鲜统治论的重要材料。

与释尾春芿的朝鲜统治论类似,青柳纲太郎的朝鲜统治论也可从对朝鲜人的看法、对在朝民间日人的看法与对如何统治朝鲜的看法三个方面展开分析。

在对朝鲜人的看法方面,青柳纲太郎着重从对朝鲜历史的详细分析突出朝鲜人在历史发展过程中形成了诸多"劣根性"且缺乏"独立精神"的特点。与释尾春芿相比,青柳纲太郎对朝鲜历史的分析更多

---

1 釋尾春芿「総督政治を論ず」『朝鮮及満洲之研究』110 頁。

也更为"深入"。且在分析朝鲜历史的过程中，青柳纲太郎在指出朝鲜人与日本人"同源"的同时更注重强调在历史发展进程中朝鲜人所形成的"劣根性"，尤其是朝鲜人缺乏"独立精神"的特点。在《朝鲜统治论》中，青柳纲太郎写道，朝鲜人"没有建国之精神，上千年来始终持续着革命、动乱与作为中国之藩属的历史，民族道德极端堕落，事大思想蔓延，朝鲜民族变得偬柔阴险，反复无常而卑劣，以至于有着应该忌讳的民族性"，[1] 强调朝鲜人在其历史发展过程中形成了事大主义、阴险、反复无常等"劣根性"，尤其是长期作为中国藩属而缺乏独立精神。在此基础上，青柳纲太郎也认为对朝鲜人的同化有较大难度。在《朝鲜统治论》中，青柳纲太郎指出，"如这样一般在国家观念上、道德上、性格品行上、历史上、语言风俗习惯上均不同甚至相反的日本人与朝鲜人真的可以达成精神上的同化吗？这实在是值得发出疑问的"，[2] "必须越来越认识到对朝鲜人的同化很难用寻常的手段完成"，[3] 强调了对朝鲜人进行同化的难度。但是，与释尾春芿相比，青柳纲太郎对同化朝鲜人的看法相对"乐观"，即认为通过特定手段可以实现对朝鲜人的同化，而这一过程也需要在朝民间日人的深度参与。

在对在朝民间日人的看法方面，青柳纲太郎同样主张鼓励移民并明确提出应"官民一体"推进对朝统治。在《朝鲜统治论》中，青柳纲太郎即指出，"发挥此（殖民地）的无穷无尽的经济力量，坚实地扶植移民乃大日本主义之实现，乃大和民族真正意义上的发展……开拓经营之要必须在于我官民一致团结之奋斗努力"。[4] 这也反映出其认为应使在朝民间日人与日本官方一起作为日本对朝鲜殖民统治的主体，此为其对在朝民间日人的看法之基础。对于鼓励日本人大规模向

1　青柳綱太郎『朝鮮統治論』朝鮮研究会、1923、124 頁。

2　青柳綱太郎『朝鮮統治論』126 頁。

3　青柳綱太郎『朝鮮統治論』131 頁。

4　青柳綱太郎『朝鮮統治論』818 頁。

朝鲜移民的必要性，青柳纲太郎认为这源于日本国内的人口问题，即日本国内人口过剩；可行性则在于朝鲜的"地广人稀"，即朝鲜的人口密度远低于日本。对于如何推进日本人向朝鲜移民，青柳纲太郎强调在朝民间日人群体中"定居意识"的培养与以集体移居的方式促进移民。在《朝鲜统治论》中，青柳纲太郎即指出，"朝鲜已非他国，而是被纳入了日本帝国之版图。正应培养永居之风气，昂首阔步确立其经营发展之根本"，[1]"散居移民主义失策了，最初就应该奖励团体移民，在各地建设日本村，在日本村整备各类组织"。[2] 而对于鼓励日本人大规模向朝鲜移民的意义，青柳纲太郎则认为在于促进日本人对朝鲜人的同化与日本向大陆的扩张，即"使日本民族大量移居朝鲜与官方设施一同发挥民族同化的伟大力量，实在是我辈理想的朝鲜人同化政策，如果不这样的话不能在精神上同化朝鲜人"，[3]"向大陆发展是日本帝国的国是，没有我们大规模的移居殖民，所谓向大陆发展就只是徒有虚名"。[4]

在对如何统治朝鲜的看法方面，青柳纲太郎反对对"发展水平"差距巨大的在朝民间日人与朝鲜人实行同一政策与给予相同待遇，主张应实行"有武力背景的文化政治"。一方面，青柳纲太郎反对对在朝民间日人与朝鲜人施以同样的高压政策。在《总督政治史论》中，青柳纲太郎即论述道："日本人是宪法治下的国民，是不能容忍正当的自由被束缚的。忍受是为了统治一千二百万新附之同胞而付出的高尚的牺牲。"[5] 另一方面，青柳纲太郎与释尾春芿一样，也反对给予朝鲜人与在朝民间日人相同的自由与权利。如针对"文化政治"时期朝鲜总督府在教育方面推行的"促进内鲜同一"之改革，青柳纲太郎认为这超越了朝鲜

1　青柳綱太郎『朝鮮統治論』827-828 頁。
2　青柳綱太郎『朝鮮統治論』673 頁。
3　青柳綱太郎『朝鮮統治論』128 頁。
4　青柳綱太郎『総督政治史論　前篇』京城新聞社、1928、49 頁。
5　青柳綱太郎『総督政治史論　前篇』18-19 頁。

人之"民度",即文明层面的发展水平。在此基础上,青柳纲太郎认为"文化政治之背后必须有武力,即必须施行有武力背景的文化政治",[1]即在部分放松高压统治的同时,保持对朝鲜人抗日民族独立运动的严厉镇压。并且,日本官方应借助在朝民间日人之力量积极推进对朝鲜人的精神同化并使朝鲜人负担更多义务,即"我文化政治之要在于对朝鲜进行开发整理,将朝鲜人导向文化,令日本人移居,以民族的伟大力量使朝鲜人抛弃独立思想,即恢复祖国之思想"。[2]在朝鲜人承担义务相对"较少"的背景下,应该使朝鲜人承担兵役等作为"日本臣民"之义务,且朝鲜人承担这些义务也有利于对朝鲜人的精神同化。

五　日本官方与在朝民间日人朝鲜统治论的异同

在本节中,笔者将依然从对朝鲜人的看法、对在朝民间日人的看法与对如何统治朝鲜的看法三个方面就统监政治至"文化政治"时期日本官方与在朝民间日人两者的朝鲜统治论进行对比,指出两者朝鲜统治论的异同,并探究这种异同的历史意味。

在对朝鲜人的看法方面,两者朝鲜统治论之异在于,日本官方在明面上,包括在公开的政策文件与演讲等中往往不会强调朝鲜人有"劣根性"、"发展水平"低与难以同化,反而会时常强调对朝鲜人的"一视同仁",表达同化朝鲜人的意愿;而在朝民间日人则会直接明确强调朝鲜人的众多"劣根性"、较低的"发展水平"与难以同化的特征。而两者朝鲜统治论之同则在于,实质上均认为朝鲜人在"发展水平"上远不如日本人,并希望采用"文化同化,制度歧视"方式对朝鲜人进行统治。

在对在朝民间日人的看法上,日本官方与在朝民间日人的朝鲜统

1　青柳綱太郎『朝鮮獨立騷擾史論』朝鮮研究會、1921、158頁。

2　青柳綱太郎『朝鮮統治論』88頁。

治论呈现迥然不同的样貌，即日本官方不支持甚至反对日本大规模向朝鲜移民，而在朝民间日人则极力主张日本大规模向朝鲜移民，并从必要性、可行性、重要性等多个角度论证这一主张的合理性。

在对如何统治朝鲜的看法上，日本官方与在朝民间日人的朝鲜统治论之异在于，日本官方所主张的高压统治不仅涉及朝鲜人，也涉及在朝民间日人，即对所有可能威胁到日本官方对朝一元化统治的势力进行打压。这点在"武断政治"时期朝鲜总督府在严厉镇压朝鲜人的抗日民族独立运动的同时强硬解散在朝民间日人自治组织中得到了充分体现。而在在朝民间日人的朝鲜统治论中，作为"发展水平"高的日本人，自身理应取得与在日本的日本人相同的、远优于朝鲜人的自由与各项权利。两者朝鲜统治论之同在于，均在实质上认为，朝鲜人不应享有与日本人平等的权利与待遇。

对于日本官方与在朝民间日人的朝鲜统治论乃至日本帝国构想中相同之处产生的原因，可运用"国民帝国论"进行分析。"国民帝国论"提出，"国民国家"向"国民帝国"的扩张是受到国民对自己归属于一个伟大帝国的自我意识，即所谓"帝国民族主义"的驱动的结果。在这种意识影响下，对原"国民国家"主体民族之外的其他民族进行殖民统治，使原"国民国家"的主体民族取得优越于殖民地原住民的地位，成为证明原"国民国家"主体民族优越性的重要标志。具体到日本对朝殖民统治建立的过程中，证明日本民族优越于周边民族的"日本民族帝国主义"成为驱动日本官方与在朝民间日人在朝鲜进行侵略活动的共同精神动力。在这一意识影响下，在实质上认为朝鲜人在"发展水平"上远劣于日本人与在事实上严格限制朝鲜人与日本人享有同一权利与相同待遇，都成为维持作为原"国民国家"主体民族的日本人之优越感的重要方面。

对于日本官方与在朝民间日人的朝鲜统治论乃至日本帝国构想中相异之处产生的原因，也可运用"国民帝国论"进行如下分析。"国民帝国论"强调，"国民帝国"在最初往往是在通过民间力量逐渐扩张在被侵略国的势力后，政府力量才大规模介入，并最终由政府力量在被侵略国建立起殖民统治。因此，政府力量在对被侵略国建立起殖民统治后，必然面临如何处理势力已经得到较大发展且并不完全听命于政府力量的民间力量的问题。并且，随着"国民帝国"规模的不断扩大，其在殖民统治中不得不面对"国民国家"基于地域与血缘形成的纽带与"国民帝国"跨越地域边界与血缘界限的扩张之间的矛盾，因此不得不寻找可以涵盖"国民帝国"内所有民族居民的新纽带，这种新纽带往往是高于原有民族意识的"帝国意识"。这会给原本支撑"国民帝国"扩张的重要精神动力，即统治民族与被统治民族的二元对立观念造成巨大冲击。此外，"国民帝国"的扩张还往往会将近代民族主义带至殖民地，这种近代民族主义会与宗主国对殖民地原住民的压迫共同促进殖民地原住民反宗主国殖民侵略的民族独立运动的出现与发展，成为威胁"国民帝国"的重要因素。

　　具体到日本对朝鲜殖民统治的建立及发展过程，一方面，日本建立对朝殖民统治过程中一度存在的日本官方与在朝民间日人基本各自独立推进对朝侵略的情况，与由这种情况导致的日本官方与在朝民间日人的立场差异，是日本官方与在朝民间日人朝鲜统治论对统治朝鲜的主体之认识相异的主要原因，也是两者围绕日本人是否应大规模向朝鲜移民与是否应对在朝民间日人进行高压统治的认识产生差异的原因。即，在日本官方与在朝民间日人基本各自平行推进的侵略过程中，由于与日本官方的直接联系并不密切，在朝民间日人形成了较强的自治意识，将自身作为日本官方之外另一支促进日本对朝"开拓"的重要力量，置自身于与日本官方平等的地位，认为自身与日本官方应共同作为日本对朝进行统治的主体。而日本官方则因长期并未对在朝民间日人有较强的直接控制，亦将在朝民间日人视作自身之外的另一群体，并基于自身应独占对朝统治权的立场将一度有较强自治权的在朝民间日人视作威胁统治的力量。这种矛盾造成了日本官方与在朝民间日人围绕对朝统治主体乃至对所有殖民地统治主体的认识差异的一系列冲突。在这种认识差异与冲突的基础上，日本官方与在朝民间日人亦出于各自所处的立场，分别反对与支持日本人向朝鲜大规模移民，也分别支持与反对对在朝民间日人进行高压统治。

另一方面，由于日本官方作为朝鲜实际统治者与在朝民间日人实质上并非朝鲜直接统治者的立场差异，两者在考虑问题时所要顾及的方面不同，受到朝鲜人抗日民族独立运动冲击的程度亦有所不同。而在此基础上，两者在明面上对朝鲜人的妥协意愿也产生了较大分歧，这成为两者朝鲜统治论中在明面上对朝鲜人"发展水平"的态度与对朝鲜人是否应受到与日本人一致的对待之看法有较大差异的主要原因。在日本对朝殖民统治的建立与巩固过程中，朝鲜人亦逐渐形成了民族独立思想，其抗日民族独立运动声势逐渐壮大，成为威胁日本对朝殖民统治的主要力量。这使作为朝鲜直接统治者的日本官方在统治过程中也必然要考虑当时朝鲜境内居住着多民族的实际情况，兼顾占人口主体的朝鲜人的态度，不得不在明面上对朝鲜人做出一定程度的妥协。与之相对，在朝民间日人由于并非朝鲜直接统治者，在言论上可以更"无所顾忌"，无须如日本官方一般考虑朝鲜人的态度，其受朝鲜人抗日民族独立运动冲击的程度小于日本官方，对朝鲜人的妥协意愿亦低于日本官方。这使在朝民间日人在明面上对朝鲜人亦基本没有妥协，而是直接强调朝鲜人的"劣根性"与不应对朝鲜人与日本人"一视同仁"。

六　结语

在本文中，笔者对统监政治至"文化政治"时期在朝民间日人的朝鲜统治论进行了论述，对在朝民间日人与日本官方朝鲜统治论的异同进行了对比，并运用"国民帝国论"分析了异同产生之原因。在此基础上，笔者希望在结论中进一步延伸，探讨在朝民间日人朝鲜统治论乃至其与日本官方朝鲜统治论的异同中所反映的近代日本帝国的

"脆弱性"。

由于所处历史背景及宗主国与殖民地间地理、文化联系乃至力量对比的根本差异，近代日本的殖民统治较英、法、西、葡等国的殖民统治更加"脆弱"，更易在短时间内爆发"国民帝国论"中所提到的由"国民国家"扩张为"国民帝国"时所面临的诸多矛盾，而在朝民间日人的朝鲜统治论乃至其与日本官方朝鲜统治论的差异亦是这种"脆弱"性的体现。

在英、法、西、葡等国的殖民统治中，宗主国与殖民地的地理距离较远，文化差异也较大，且宗主国力量相对强大，而殖民地原住民在近代之前经济社会发展水平则大多差于近代日本殖民地。这使英、法、西、葡等国建立殖民统治的过程相对"顺利"，在殖民地的宗主国人难以在迁居殖民地的第一代即发生分化，而殖民地原住民接受民族独立思想与发起独立运动亦需要经过更长的时期，从而令英、法、西、葡的殖民地难以在数十年的"短时间"内即集中爆发"国民帝国论"所提及的宗主国官方力量与民间力量的矛盾以及"国民国家"基于地域与血缘形成的纽带与"国民帝国"跨越地域边界与血缘界限的扩张之间的矛盾。即往往在殖民统治建立近百年乃至数百年后，出生于殖民地的土生白人才能成为在殖民地的宗主国人的主体，成为明显独立于官方力量之外的群体，而殖民地原住民也才能充分形成民族独立意识，发起足以冲击殖民统治的民族独立运动，迫使宗主国不得不做出妥协并加快思考高于血缘民族界限的"帝国认同"。

相较而言，在日本对朝殖民统治乃至整个近代日本的殖民统治中，宗主国与殖民地的地理距离较近，文化差异相对较小，宗主国力量相对其他列强较为弱小，但殖民地原住民在近代之前的经济社会发展水平却与宗主国差距不那么大。这使近代日本建立殖民统治的过程相对"曲折"，在殖民地的宗主国人因早期官方与民间各自独立发展，易在迁居殖民地的第一代即产生分化，而殖民地原住民亦会迅速接受民族独立思想并发起民族独立运动，这令近代日本的殖民统治带有更多"脆弱性"。

而近代日本对朝鲜的殖民统治，乃至其中在朝民间日人的朝鲜统治论，以及在朝民间日人与日本官方朝鲜统治论之异同，则是这种"脆弱性"的充分体现。即，近代日本在列强中实力相对"弱小"，无力在侵略朝鲜之初即独占朝鲜，而地理接近与文化相近又使大量日本人迅速移居朝鲜，形成了规模较大的在朝民间日人群体。因日本官方在侵略朝鲜之初尚无力管辖在朝民间日人的内部事务，在朝民间日人群体一度取得了相对独立之地位，这使在朝民间日人在立场上与日本官方有所不同，日本官方不得不在日本独占朝鲜后迅速面临消除在朝民间日人对自身对朝一元化统治威胁的问题，从而与在朝民间日人爆发一系列冲突，而两者朝鲜统治论的差异也日益凸显。此外，由于朝鲜人在近代前的经济社会发展水平与日本人相近，朝鲜人迅速接受了民族独立思想并发起民族独立运动，对日本殖民统治形成了巨大冲击，迫使日本不得不迅速进行应对。这种应对在"武断政治"时期是对全朝鲜进行高压统治，在"文化政治"时期则是有限度地向朝鲜人做出妥协，这些均引起了在朝民间日人的不满，成为造成日本官方与在朝民间日人朝鲜统治论有所差异的又一重要因素。但是，近代日本殖民统治"脆弱性"下共同应对朝鲜人的民族独立运动之冲击、防止朝鲜独立之需要又使日本官方与在朝民间日人的朝鲜统治论在实质反对朝鲜人享有与日本人平等之地位等方面具有相同之处。

可以说，近代日本殖民统治的"脆弱性"造成了近代日本殖民地中多重矛盾在较短时间内集中爆发之情况，而本文所研究的统监政治至"文化政治"时期在朝民间日人的朝鲜统治论乃至其与日本官方朝鲜统治论之异同也与"脆弱性"所导致的多重矛盾在较短时间内集中爆发之情况密切相关。从世界殖民史的视角观察，"脆弱性"是近代日本殖民统治相对于其他列强殖民统治的显著特点，这亦使近代日本殖民统治必须依靠较其他列强而言对殖民地民族独立运动更为残酷的镇压方能得以维持，使近代日本殖民统治更具残暴性。

参考文献

1. 青柳綱太郎『韓國植民策：一名　韓國植民案內』輝文館、日韓書房、1908。

2. 青柳綱太郎『朝鮮宗教史』朝鮮研究会、1911。

3 青柳綱太郎『李朝五百年史』朝鮮研究会、1912。

4. 青柳綱太郎『高麗史提綱（上、中、下全三卷)』朝鮮研究会、1916。

5. 青柳綱太郎『朝鮮獨立騷擾史論』朝鮮研究會、1921。

6. 青柳綱太郎『李朝史大全』朝鮮研究会、1922。

7. 青柳綱太郎『朝鮮統治論』朝鮮研究會、1923。

8. 青柳綱太郎『總督政治史論』京城新聞社、1928。

9. 尹錫田　編集『朝鮮及満洲（初名：『朝鮮』）全卷セット（全58冊)』オークラ情報サービス株式会社、2005。

10. 釋尾春芿『最新朝鮮地誌（上、中、下全三卷)』朝鮮及満洲社出版部、1918。

11. 釋尾春芿『朝鮮併合史：一名　朝鮮最近史』朝鮮及満洲社、1926。

12. 釋尾春芿『朝鮮之研究』朝鮮及満洲社、1930。

13. 釋尾春芿『朝鮮及滿洲之研究』朝鮮及滿洲社、1933。

14. 小松綠編『伊藤公全集　第二卷』昭和出版社、1929。

15. 德富猪一郎編『公爵山縣有朋傳　下卷』山縣有朋公記念事業會、1933。

16. 廣岡宇一郎『斎藤實傳』斎藤實傳刊行會、1933。

17. 財團法人斎藤子爵記念會編纂『子爵斎藤實傳　第2卷』財團法人斎藤子爵記念會、1941。

18. 池田常太郎『日韓合邦小史』讀賣新聞社、1910。

19. 加藤房藏『朝鮮騒擾の真相』京城日報社、1920。

20. 曹中屏:《朝鲜近代史 1863—1919》,东方出版社,1993。

21. 姜万吉:《韩国近代史》,贺剑城、周四川、杨永骝、刘渤译,东方出版社,1993。

22. 姜万吉:《韩国现代史》,陈文寿、金英姬、金学贤译,社会科学文献出版社,1997。

23. 李東勲『在朝日本人社会の形成——植民地空間の変容と意識構造』明石書店、2019。

24. 趙景達『植民地朝鮮と日本』岩波書店、2013。

25. 駒込武『植民地帝国日本の文化統合』岩波書店、1996。

26. 若林正丈等『岩波講座　近代日本と植民地(全八巻)』岩波書店、1992~1993 年。

27. 川合貞吉『近代朝鮮の変革と日本人(下)』たいまつ社、1977。

28. 山本有造『帝国の研究』名古屋大学出版会、2003。

29. 张寅:《多元文化背景下的民族国家建构研究》,博士学位论文,吉林大学,2011。

30. 施华辉:《英帝国历史书写的形成》,博士学位论文,东北师范大学,2017。

31. 陈志宏:《维多利亚时代后期的帝国意识(1871—1901)》,硕士学位论文,浙江大学,2012。

32. 何戴翰:《英国和法国在非洲的殖民体制比较——政治哲学视角》,硕士学位论文,外交学院,2016。

33. 张弛:《法国对塞内加尔同化政策研究》,硕士学位论文,上海师范大学,2016。

34. 梁志明:《论法国在印度支那殖民统治体制的基本特征及其影响》,《世界历史》1999 年第 6 期,第 50—62、125 页。

35. 许介鳞:《日本对台湾和朝鲜半岛殖民统治比较研究》,《东北亚学刊》2013 年第 1 期,第 3—9 页。

　　36. 李昇燁「植民地の政治空間と朝鮮在住日本人社会」京都大学大学院博士論文、2007。

　　37. 李昇燁「植民地の政治空間と朝鮮在住日本人社会」『人文學報』92 号、2005 年 3 月、119－144 頁。

　　38. 이동훈「일본인식민자사회가바라본 3.1 운동 : '재조일본인' 의 '조선소요' (朝鮮騷擾) 인식」『일본비평』21 호, 2019.

东亚国际秩序变迁下的中日海带贸易

高 燎[*]

近年来国内外的海洋史研究方兴未艾，就海上丝绸之路而言，也迎来备受关注的高光时刻。经由海洋的跨国贸易是其中的研究热点之一，围绕贸易政策、路线、方式、商品等已产生大量研究成果，并与经济史、金融史、商业史、食物史等构成学科交叉的生长点。一般而言，海上丝绸之路的研究偏向于从中国出发南下并西进，关注与东南亚、南亚、阿拉伯地区、非洲、欧洲等的贸易联系，这是其主线。而从中国出发往东与朝鲜半岛、日本列岛等的贸易联系的这一条支线尚未得到应有的关注。近世以来，中国、朝鲜、日本不约而同地采取限制乃至禁止对外贸易交往的"闭关"政策，但这主要是针对西方列强带来的冲

---

* 北京大学历史学系博雅博士后、助理研究员。

击，东亚内部诸国间依然维持着相当规模的贸易往来。海带贸易便是近世中日贸易联系的一环，并见证了此后两三百年间东亚国际秩序的风云变幻，是考察东亚地区历史延续与变迁的绝佳对象之一。

对于国人来说，海带是再熟悉不过的普通海味，然而在新中国成立之时大部分却依赖从日本进口。随着中国 1950 年代在冷战体制下自力更生，实现海带的国产化，持续两百余年的日本对华海带出口彻底失去根基，甚至在改革开放后还出现日本进口中国海带的逆转现象。目前国内海洋史学界对鲸鱼、鲍鱼、燕窝等价格高昂的海产品食物研究较多，而对海带这一司空见惯的低廉食材尚关注不足，对于新中国为何要以举国之力养殖海带的历史原因也没有进行澄清，相关事件仅见于地方志或新闻报纸。[1] 即使在涉及该问题的水产学领域，其关注点也主要在于养殖技术、经济效用等方面。[2] 在曾经主导海带生产的日本，部分水产学者或多或少察觉到中国从海带消费大国到生产大国的转变，其论述局限于对我国海带养殖缘由的揣测或养殖技术的介绍，语焉不详处较多。[3]

要详细考察海带与中日贸易、中国历史的渊源，就必须在东亚史的

1　薛鸿瀛主编《芝罘水产志》，山东省出版总社烟台分社，1987，第 81—93 页；青岛市水产局编《青岛市水产志》，青岛出版社，1994，第 165—173 页；福建省霞浦县地方志编纂委员会编《霞浦县志》，方志出版社，1999，第 270—271 页；连江县地方志编纂委员会编《连江县志》（上），方志出版社，2001，第 345—346 页；大连市史志办公室编《大连市志·水产志》，大连出版社，2004，第 196—199 页；宋世民：《烟台引殖海带事略》，《烟台日报》2020 年 7 月 20 日，第 7 版。

2　孙国玉：《50 年代我国海带栽培研究的几件事》，《海洋科学》1993 年第 2 期；李基磐：《中国海带养殖业回顾与展望》，《中国渔业经济》2010 年第 1 期。

3　笠原文善「アルギン酸：その特性と産業への展開」大野正夫編著『有用海藻誌：海藻の資源開発と利用に向けて』内田老鶴圃、2004；楊清閔・董雅鳳・李展栄・宮澤晴彦・廣吉勝治「コンブ生産における中国の動向と台湾市場」『北海道大学農経論叢』第 64 集、2009 年 3 月；神長英輔「コンブの旅とコンブ革命——ロシア極東、日本列島、中華世界」谷垣真理子等編『変容する華南と華人ネットワークの現在』風響社、2014。英文学界にも一定関注、但聚焦于海带养殖技术开发者曾呈奎在 20 世纪中国宏大历史背景下"科学救国"的个人经历，参见 Peter Neushul & Zuoyue Wang, "Between the Devil and the Deep Sea: C.K. Tseng, Mariculture, and the Politics of Science in Modern China," *Isis*（*The History of Science Society*）91（1）（2000）：59–88。

视野下深入挖掘其背后的贸易机制。这既与近世以来中日两国国内市场的完善、后发展国家的资源开发难解难分，更与东亚国际秩序的变迁、东亚贸易圈的形成密切关联。拙文将在前人研究基础上，从历史连续性的角度出发，系统考察近世朝贡体系下日本海带大规模传入中国、近代条约体系下中日海带贸易繁荣与波动、二战后冷战体系下中国海带养殖的缘起，借此透视海上丝绸之路东线各国经济互补的历史韧性。

一　朝贡贸易体系下日本海带舶来中华

海带，属褐藻类海藻，今日主要分布于中国、日本、朝鲜、韩国等东亚沿岸海域。天然海带生长于 5—7 米深的海水中，一般长度为 2 米左右，质量上乘者可达到长 10 米、宽 60 厘米以上。从生物学角度来看，海带是世代交替的两年生孢子体藻类，人类所采获、食用的海带多为经过两年生长后的产物。一年生海带产生的游孢子，附着到海底岩石上，发芽后形成雌、雄配偶体，其排出的精子和卵细胞结合后，经多次分裂，成为芽孢体，生长一年后自然枯死，残余的根部再度生长，第二年重新长出比第一年叶片更大更厚的二年生海带。二年生海带的整个自然繁殖过程需要三年，以秋季 10—11 月一年生海带散发游孢体为起始点，其生长速度受海水温度变化影响较大，尤其是夏季，若温度高于 19℃，会抑制其生长。[1] 这一点就决定了天然海带只能生长于高纬度低温的寒冷海区，特别是西北太平洋，主要见于日本北海道岛与本州岛东北部三陆海岸的沿海区域，日本海南起朝鲜半岛东部元山附近的东朝鲜湾、北至俄罗斯远东地区的萨哈林岛（库页岛）西部亦有一定分布。[2] 由于夏季高温会阻碍海带生长甚至导致其腐烂，天然海带品种尤以千岛寒流所

1　吴超元：《海带的生活史和我国海带人工养殖现状》，《生物学通报》1981 年第 1 期；大野正夫编著『有用海藻誌——海藻の資源開発と利用に向けて』内田老鶴圃，2004、67—74 頁。

2　日本昆布協会「昆布って何？」，网址：https://kombu.or.jp/power/himitu.html，最后访问日期：2018 年 12 月 30 日。

经过的北海道岛太平洋沿岸为盛，而今天中国的渤海、黄海、东海、南海范围内并没有天然海带的踪影。因此作为海带养殖的前史，有必要就这一异域物种传播到中国并被大量消费的历史过程进行梳理。

东亚世界早在古代便知晓海带，彼时药典医书多以"昆布"[1]为名，在中国最早出现于公元 3 世纪成书的《吴普本草》。唐代以前，包括陶弘景在内的医家多误以为其产自"东海"；李唐一代，随着本草知识的逐渐丰富与东亚域内交流的活跃，渤海国南海府、新罗东莱郡等所产"昆布"舶来中土，作为消肿、"下气"的药材被用于治疗脚气、水肿、瘰疬等病。同期的渤海国、新罗以及日本则将昆布作为食物，用于日常饮食、贡送赠答、宗教祭祀等。[2]直到明朝，李时珍撰写《本草纲目》时还继承昆布经验性药效的知识，认为颈下出现瘿瘤，可服用"海藻""昆布""海带"等加以治疗。[3]这一时期产自东北亚地区日本海西岸的"昆布"已经传播到中国，但受限于交通运输等客观条件，天然海带的流通量较小，尚属稀缺之物，中土能使用者应多为王公贵族，这一情况一直延续到清朝。

尽管古代日本原产天然海带，但与中国相似，早期能够享用海带者亦非平民，仅为接受本州岛东北部虾夷贡奉的朝廷贵族，它向庶民的普及是缓慢的过程。日本人食用"昆布"受海带种类、北海道开发、船运航线等影响，从古至今先后历经了细布昆布时代、宇贺昆布时代、元揃昆布时代、长昆布时代和促成昆布时代。[4]具体来说，随着日本国家的

1　中国古代医药典籍中有"海藻""昆布""海带"等水草，它们与今天所称海带的关系存在争论。据考证，大多古代本草书中所称"海带""昆布"，对应的是我国东海沿岸生长的鹅掌菜和大叶藻；南朝梁陶弘景《名医别录》、晚唐李珣《海药本草》中记载的，来自高丽、新罗的"昆布"才是今人所指海带。参见曾呈奎、张峻甫：《中国北部的经济海藻》，《山东大学学报》1952 年第 1 期；谢宗万：《中药昆布的本草考证》，《渔史文选》（第一辑），中国水产学会中国渔业史研究会办公室，1984，第 195—198 页。

2　胡梧挺：《"南海之昆布"：唐代东亚昆布的产地、传播及应用》，《中国历史地理论丛》2019 年第 3 辑。

3　李时珍：《本草纲目》校点本上册，卷 19 草之八，人民卫生出版社，1982，第 1374—1378 页。

4　大石圭一『昆布の道』第一書房，1987、85-98 頁。

形成与发展，其国境不断向海带天然出产地的本州岛东北部及北海道岛推进，和人与"虾夷"交往日益密切，新的海带品种被渐次发现，加入日本和食文化传统的形成过程中。伴随着日本对"虾夷地"[1]，即阿伊努人生活区域的入侵与同化，包括海带等在内的"虾夷地"土产开始大量流入京都、大阪、东京等近世大都市。特别是海上交通的改善——北前船的开行与西回航路的开辟，将江户时代作为边疆的"虾夷地"与中心的近畿地区联系起来，促使海带嵌入以"天下的厨房"大阪为中心的日本全国性贸易市场体系中。

日本国内市场体系发展的同时，东亚地区贸易亦发生变化。尽管清代中国与德川时代的日本长时期实行"闭关"或"锁国"政策，但并非全然与外部世界断绝关系，可以将其理解为国家严密管控下的统制贸易。中日之间贸易得以维系的载体，即海上丝绸之路东线。日本以长崎为指定口岸同中国、荷兰进行贸易往来，另外萨摩藩通过其控制下的琉球王国亦与中国保持通商。清朝派出采买洋铜的船舶多靠泊浙江乍浦，琉球贸易则以福州为对接港口。从交易产品来看，日本从中国进口生丝、纺织品、药材、砂糖等"唐物"，作为结算手段，先后对中国出口金、银、铜等贵金属以及海产品等。贵金属的出口在早期占据大宗，经历了从银到铜的转变，供给中国货币市场所需，经由中国"唐船"进口的日本铜，从 1664 年的 170 吨增长到高峰期 1696 年的 4486 余吨。[2] 但随着日本国内矿产资源的衰竭，为控制贵金属的流出，德川幕府限制日本铜的出口，转而扩大海产品出口。[3] 这样自 17 世纪起到近代以前，中日两国虽无正式邦交关系，但通过非典型的特殊朝贡贸易形态，在各自

1　"虾夷"为古代日本对生活于今天东日本、北海道等地土著居民阿伊努人的歧视性称呼。虾夷地，即虾夷所生活的土地，为变动的历史概念。其范围伴随着大和民族的向东扩张——"征夷"，不断向日本列岛东北部后退，江户时代已缩小到北海道岛。实际上其生活范围还包括更北的库页岛等，但彼时德川幕府还无力触及。

2　山脇悌二郎『長崎の唐人貿易』吉川弘文館、1995、219 頁。

3　王来特：《近世中日通商关系史研究：贸易模式的转换与区域秩序的变动》，清华大学出版社，2018，第 172—182 页。

资源禀赋与产业基础上，满足了相互的通商需要，中日贸易得到维持与发展。

作为出口铜替代品的海产品，包括了经由西回航线流入日本国内市场的虾夷地土产——由于使用被称为"俵"的草袋进行包装、运输，这些货物被叫作"俵物诸色"。其中，俵物特指海参、鲍鱼、鱼翅三种高级海鲜干品，诸色则包括海带、寒天、鲣节、鱿鱼干等。从价值属性来看，"俵物三品"为贵，它们进入中国后，成为珍贵药材及高级食材，学界对其已有颇多研究；在量上，海带占据大宗，但相关研究较少。根据荷兰商馆统计，尽管海带的出口量存在不规律的较大波动，但在有几乎连续记录的 1763 年到 1823 年共 60 年间，平均年出口量为 873.43 吨，最多时 1766 年达到 1581 吨。[1] 同期日本铜出口量逐渐减少，在 1755 年到 1794 年的 40 年间，唐船获得的出口铜平均每年为 988 吨，1795 年后更是滑落到不足 600 吨。[2] 此外，海带流入中国市场还有一条公开的走私渠道。萨摩藩以西回航线上重要港口的越中富山为中介，进行中国药材与"虾夷"海带等的转口贸易。[3] 这一时期，海带被"唐船"接受，一方面是日本调节外贸结构与中国持续需求日本铜二者相互妥协的结果；另一方面恐怕也离不开其价廉物重、适宜于充当海运压舱石的特点。在德川幕府原始的重商主义政策推动下，"虾夷"海带开始流入清代中国，日本学者所谓的"海带之路"是以成立。

如上，海带虽早在唐代或者更早以前便已在东亚世界传播，但直到清代才成规模地流入中国。近世中日海带贸易的出现，得益于日本对中国丝绸等商品需求而形成的海上丝绸之路东线，同时又作为中国进口日本铜的副产品，可以说是朝贡贸易的一种特殊形态。这一贸易形态，既

1　该数据为笔者计算所得，原数据（缺 1797 年、1817 年）参见荒居英次『近世海産物貿易史の研究』吉川弘文館，1975、181、248、323 頁。

2　该数据为笔者计算所得，原数据参见山脇悌二郎『長崎の唐人貿易』220—221 頁。

3　深井甚三「近世後期，加越能の抜け荷取引湊の廻船間屋展開と富山壳薬商の抜け荷壳買」『富山大学教育学部紀要』第 53 号、1999 年 2 月。

可以说是丝绸之路、洋铜之路，又可称为海带之路。尽管在此时，海带
在中日贸易中所占比重远远不如丝绸、洋铜，甚至在今天的研究中也不
受重视，但它已然打开日本特色海产出口中国的一个口子，成为之后中
日两国历史纠葛中的角色之一。

二　条约体系下海带贸易的繁荣与波动

进入近代后，西方列强的到来，改变了传统东亚世界内部的"海带
之路"。原本采取"信牌"等形式的统制贸易，被迫向西方列强开放，
朝贡贸易体系向条约通商体系转变。1858 年德川幕府先后与美国、荷
兰、俄国、英国、法国签订修好通商条约，并于 1859 年 7 月 1 日起开
放横滨、长崎、箱馆[1]作为贸易港口，"锁国"政策正式画上句号。原本
以长崎、琉球为枢纽，连接日本产地与中国市场的"海带之路"随之发
生转变。

在英国人的要求下，俵物诸色等海产品也成为自由贸易的对象，箱
馆从海产品的日本国内集散中转地发展为对外直接出口贸易港。箱馆开
港当天，中国商人陈玉松以英商阿斯顿代理人的身份，搭乘英国商船前
来，向批发商柳田滕吉寻购海带，是为箱馆近代海带直接出口的嚆矢。[2]
尽管当时《中日修好条规》尚未缔结，但民间商人已然借助新的条约通
商体系展开活动，陈玉松之后，华侨商人接踵而至，甚至在居留地建立
成记号、万顺号等商号，直接斡旋交易。特别是 1871 年中日两国正式
缔约通商后，函馆华商渐增，到 1910 年函馆居留中国人已达 69 人，直
到 1940 年以前一直是北海道华人最多的城市。[3]这样，近代"海带之路"
在华商主导下迎来自由贸易下的大发展。尽管期间日本官商并不乐意见

1　1869 年，在明治政府与德川幕府之间的内战——戊辰战争结束后，箱馆被改名为函馆。

2　『函館市史　通説篇第 1 巻』函館市、1980、724–727 頁。

3　小川正樹「明治・大正・昭和初期における北海道華僑社会の形成」『史朋』第 41 号、2008
　　年 12 月。

到这种局面，曾组织保任社、广业商会、日本昆布会社等有政府背景的公司，试图从华商手中"夺回商权"，但均以失败告终。[1]

近代中日被迫打开国门后，两国海带贸易总体处于稳定上升期，一战结束前达到顶点，虽然中间受太平天国运动、甲午战争、日俄战争等影响时有波动。明治初期的 1869 年，作为主产地的北海道对外出口海带共 4862 吨，[2] 基本代表日本全国状况。到明治中期的 1885 年，日本全国出口海带便已增至 18303 吨，1918 年更是达到 45554 吨。[3] 其中 90% 以上海带的出口目的地是中国，中日间的"海带之路"在这一时期获得长足发展。这自然是西方列强到来后改变东亚地区原本国际秩序、创造出条约体系贸易这一流通渠道的产物。另外，日本海带出口的增加也离不开海带捕捞生产的发展。具体说来，自江户时代后期为应对沙俄南下压力，德川幕府加强对包括南千岛群岛在内的东虾夷地的开发，明治政府新设开拓使专责北海道开发，通过减免税收等政策培育支柱性经济部门水产业的发展。加之，1860 年山田文右卫门发现通过人工投石增殖天然海带的方法，后来受到德川幕府与明治政府的推广，促进了海带生产量的增加。[4]

近代中日海带贸易的繁荣，建立于西方介入东亚地区后形成的条约通商体系基础之上，两国关系在 1894 年以前处于《中日修好条规》《中日通商章程》等[5] 规定下的相互平等状态，但实际已被卷入前所未有的全球化背景下的以近代民族国家为单位的激烈竞合。在"通商立国"的

1　对 19 世纪后半期海带贸易中日本试图"夺回商权"的历史，学界已有相当研究，可参考籠谷直人『アジア国際通商秩序と近代日本』第二章、名古屋大学出版会、2000；黄栄光『近代日中貿易成立史論』（東京）比較文化研究所、2008；神長英輔「コンブの旅とコンブ革命——ロシア極東、日本列島、中華世界」谷垣真理子等編『変容する華南と華人ネットワークの現在』。

2　北海道水産部漁業調整課ほか編『北海道漁業史』1957、541 頁。

3　『大日本外国貿易年表明治十五年』大蔵省、1883、53-54 頁；『大日本外国貿易年表大正七年』大蔵省、1919、188 頁。

4　『官報』第 1161 号、内閣官報局、1887 年 5 月 16 日、4-5 頁。

5　JACAR（アジア歴史資料センター）Ref. B13090891000、大日本国大清国修好条規、通商章程、両国海関税則（外務省外交史料館）。

国家主义思想下，包括海带在内的初级产品的出口成为日本赚取外汇、积累工业化原始资本的重要手段。随着日本对华侵略步伐的加快，特别是 1895 年迫使清政府签订《马关条约》后，两国贸易关系变得不再平等。[1]"海带之路"亦变质为不断膨胀的日本资本主义对外商品输出的工具，中国成为海带消费大国的同时中国水产品市场也逐渐沦为受制于日本水产业侵略的对象。

第一次世界大战期间，西方列强忙于战事，长久以来备受压迫的中国民族工商业获得黄金发展机会，但同在东方的日本亦然。明治维新后羽翼日渐丰满的日本资本主义乘此间隙，加大对华商品与资本输出，以与德作战的名义出兵山东，甚至公然向北洋政府提出侵犯中国主权的"二十一条"，这激发了爱国人士强烈抗议。继美国排华法案引发 1905 年反美爱国、抵制美货运动后，1915 年出现大规模抵制日货活动，1919 年五四运动以后每逢中日关系敏感之时更是渐成常态，从此前的局部局地活动[2]变为全国性民众运动。[3]进口自日本的海带也不例外，被列入抵制行列当中。

1919 年 5 月 23 日，上海商界决定对"产自东洋"的海带采取"存货限至旧历端阳为止，概止装卖"，并要求"汉口各行请一体进行"。[4]在与抵制洋货构成表里的提倡国货运动中，同期上海厨师业"厨业公所开会集议抵制日货办法"，要求"各厨司无论主顾包办点菜或主顾自办货物，如其中杂有日本海味料者，均当拒却，或剔除改用国货"，在对各种日本产食材的清点中，发现海参、鱼翅、鲍鱼、紫菜等尚"国货可

1　樊如森、吴焕良：《近代中日贸易述评》，《史学月刊》2012 年第 6 期。

2　笔者所见，1909 年东北人民出现抵制日货活动，1913 年天津发生抵制日货活动，此外南洋华侨在更早就开始了抵制日货活动。

3　赵亲：《一九一五年抵制日货运动》，《复旦》1959 年第 8 期；金希教：《抵制美货运动时期中国民众的"近代性"》，《历史研究》1997 年第 4 期；潘君祥主编《近代中国国货运动研究》，上海社会科学院出版社，1998，第 2—5 页。

4　《关于提倡国货之消息》，《申报》1919 年 5 月 24 日，第 11 版。1919 年"旧历端阳"为 6 月 2 日。

抵",但"海带、海带丝均是日货,国货无物可代",[1]这直接反映出近代中日海带贸易中国受制于人的被动性。不过当时的海带进口不独日本一家,只是日本在南方市场中几乎独占鳌头,另外在北方烟台等港口亦有进口自俄国远东地区的海带。因此抵制活动的发展,也偶有波及"无辜者",如同祥永商号特意登报发布告示,以"完全负责"的态度表明自家2199件海带"实系海参崴土产,绝非某国货品"。[2]正如五四运动、抵货运动中青年学生总是冲锋在前,抵制海带亦是如此。10月14日,有海带即将水运进入四川之时,夔州学生联合会前往码头登船,发现314件海带,痛斥"重庆、万县等处商人""不顾国家存亡,贪图微利",视之为"全国公敌",不得不对其"从重处罚",将查获海带"全数推入河流"。[3]可以看到,对海带的抵制蔓延到流通、消费等经济活动的各个环节,是抵制日货全面性、彻底性的缩影。自此,中日间"海带之路"最盛期不再,而陷入了20世纪中前期漫长的不稳定阶段。

五四运动之后,中日海带贸易有所恢复,但整体受中日关系影响而波动起伏较大。特别是九一八事变后日本发动侵华战争,"海带之路"在中日贸易逐渐萎缩乃至中断的大背景下未能幸免。第二次世界大战期间日本海带出口仅限于中国东北等沦陷区,而失去长江中上游的庞大海带消费市场。在此,不得不对日本海带在近代中国的消费情况进行补充说明。

日本官商为开拓中国市场,曾多次派人来华调查。1880年代中叶,农商务省水产局职员河原田盛美调查显示,日本海带大部分经上海流入中国,再以汉口为中转据点扩散到长江流域各地,主要被四川、湖北、江西、湖南等省消费。[4]上海东亚同文书院的前身日清贸易研究所在19世纪末进行的调查中,也提到海带在日清贸易中出口额连年增长,成为

---

1 《各方面提倡国货之进行——厨业》,《申报》1919年5月31日,第11版。

2 《同祥永声明实系海参崴土产》,《申报》1919年7月1日,第4版。

3 《学生会所得川省抵制消息》,《申报》1919年10月15日,第10版。

4 水产局编『清国输出日本水产图説』農商務省、1886、32–34頁。

"水产物中屈指可数的物产，是居于本邦富源之一的重要商品"，其中四川、江西、湖南、湖北省消费占比分别为 38%、25%、15%、13%。[1] 长江中上游俨然是进口日本海带的最大消费市场，特别是四川盆地更是居于首位。之所以这样，在于海带干品易于长期储存，加之带有盐分，特别受"食盐昂贵的僻地或冬季蔬菜缺乏之地"欢迎，被内陆农民当作副食品。[2]1937 年全面抗战开始后，四川盆地成为大后方，长江流域亦为中日双方激战前线，加之抵制日货运动长期塑造出的"敌国产品"形象，日本海带由此失去最大的出口市场，"海带之路"陷于阻滞。

三　冷战体系下海带生产大国的诞生

二战结束后，由于中国爆发内战，国内经济环境仍旧动荡，美军占领下的日本也百废待兴，盛产海带的南千岛群岛被苏联占领而产地缩小，"海带之路"并未迎来迅速恢复。新中国成立后次年，朝鲜战争爆发，冷战在东亚地区演化为"热战"。尽管此时中、日双方分属东、西方两大阵营，但两国同时积极推动战后国民经济的恢复，试图打通相互之间的市场，助力经济复兴。在美国的许可与限制下，1950 年中日开始民间贸易。1952 年 6 月，中日双方签订第一次中日民间贸易协定。[3] 海带被列入许可贸易商品中，成为冷战时期中国突破西方阵营经济封锁高墙的见证之一。

到 1958 年，中日共签订 4 次民间贸易协定，按约定的甲、乙、丙三个类别，通过以货易货的方式进行以英镑计价的限额进出口交易。双边贸易额从还未签订协议的 1950 年的 5900 万美元，增加到 1956 年的1.5 亿美元，创下 1950 年代的最高纪录。[4] 既往对这一时期以及之后 60

1　清国上海日清贸易研究所编纂『清国通商綜覧第 2 编』1892、308–314 页。

2　山崎光直『支那に於ける海産物調査』山崎熊太郎商店、1924、12 页。

3　陈敦德：《中日第一个民间贸易协定签订的来龙去脉》，《百年潮》2007 年第 4 期。

4　曲晓范：《中日邦交正常化前的民间贸易述论》，《日本学论坛》2005 年第 Z1 期。

年代双方贸易商品结构的研究，重视日本对华出口的化肥、钢材、机械和化纤等工业制品以及中国对日出口的大豆、煤炭、生铁、桐油等农、矿、土产这些初级产品，强调中日经济的互补性。[1] 这一结构呈现出两国处于不同经济发展阶段的状态，但忽略了日本也曾对华出售以海带为主的水产品等初级产品。

1950 年到 1958 年间，日本对华出口海带从 19 吨增加到 3400 吨，九年间共计 16764 吨，贸易额从 128.7 万日元增长至接近 20 亿日元。[2] 以 1954 年为例，当年日本对华食品出口 1 亿 2502 万余日元，其中仅干品海带一项就占 67%。[3] 这一方面说明日本虽在 50 年代后期步入高速经济发展期，但在出口贸易上仍多少沿袭战前外贸结构，处于过渡时期，并未完全走出战后；另一方面，对外推销水产品也是由日本农业结构特征所决定的，至今日本仍是全球水产品生产、消费与出口大国。

"海带之路"得以恢复，对日本来说是海带出口的延续，对中国来说则是海带进口的回归，此前抵制日货运动所赋予海带的"敌国产品"形象逐渐淡化，在国民经济与社会民生的恢复与发展中，海带被赋予新的意义。

首先，作为在近代早已渗透到中国民众饮食生活中的副食品，恢复海带供给标志着日常生活物资的充实，成为市场恢复与安定的象征之一。如 1951 年《人民日报》报道春节期间北京市场上土产年货的丰富时，就将海带包括其中，并提到"市百货公司食品部的海带、木耳、秀

1　廖海敏:《50 年代中日民间贸易述评》,《史学月刊》1997 年第 6 期；张玉梅:《六十年代中日民间贸易述略》,《史学月刊》2000 年第 5 期。

2　大石圭一『昆布の道』第一書房、1987、257 頁。此外其他著作中亦有罗列 1952—1958 年中日海带交易额（共计 15344 吨），虽然具体数字有所出入，但总量与变化趋势大体一致。参见日中貿易逸史研究会編著『ドキュメント黎明期の日中貿易: 1946 年—1979 年』東方書店、2000、5-7 頁。

3　財団法人産業科学協会編『日中貿易と我国の産業』財団法人産業科学協会、1956、51、91 頁, 转引自姚国利『食料品をめぐる日中貿易: 1970 年代までの事情を中心にして』（宮城学院女子大学）『人文社会科学論叢』第 23 巻、2014 年 3 月、107 頁。

笋等土产食品，每日出售量日渐增加"。[1]

其次，在解放战争与抗美援朝战争中，海带的身份更是超越了日常的意义，成为给英勇作战人民子弟兵的慰劳品。1949 年 4 月第四野战军入关后，收到"华北东北各界同胞各机关同志"惠赠的"大批慰劳品"，其中就包括3188 斤海带；[2]1951 年志愿军归国代表嵇炳前从朝鲜战争前线向祖国人民写信，提及"祖国支援我们的物资里有花生、黄豆、海带、蛋粉和各种罐头，支援的东西种类太丰富了"，在"伟大的爱国主义和国际主义的精神鼓舞"下，"部队中的战斗情绪更加高涨了"。[3]

再者，更为重要的是，海带表面上属于副食品，但广大内陆民众对海带的消费需求也代表了对身体健康的诉求。如前所述，海带在古代医书中具有治疗"瘿病"之效，在现代医学中"瘿病"就是困扰我国西南、西北、华北、东北等高原、山地地区的地方性甲状腺肿，俗称"大脖子病"。[4] 1956 年 1 月，中共中央制定的《1956 年到 1967 年全国农业发展纲要（草案）》中，第二十六条明确提出为改善农民身体健康，"应当积极防治"包括甲状腺肿在内的地方性疾病。[5] 食盐加碘与海带供给成为这一时期有限条件下预防内陆人民缺碘所致地方性甲状腺肿的重要手段。[6] 海带被纳入中日民间贸易品种，占用本就有限的贸易额度，这与新生的人民政府高度重视人民群众的身体健康密不可分。

中日双方的现实需求促进"海带之路"重开，甚至克服冷战时分属东、西方两大阵营的阻碍，其背后也离不开当时两国领导人的政治远见。但随着日本政坛的变更，持右翼立场的岸信介于 1957 年成为日本首相，对新中国抱有强烈的意识形态偏见，不断接近败退台湾的蒋介石当局，突破中日双方开展民间贸易的政治默契，以致 1958 年 4 月 30 日

---

1 《各地物资交流畅旺 北京市场土产年货多》，《人民日报》1951 年 2 月 2 日，第 2 版。

2 《中国人民解放军第四野战军政治部鸣谢启事》，《人民日报》1949 年 4 月 26 日，第 3 版。

3 《当祖国人民的爱国热情传到朝鲜前线的时候》，《人民日报》1951 年 12 月 2 日，第 4 版。

4 傅连暲：《地方性甲状腺肿的防治》，《人民日报》1960 年 8 月 29 日，第 8 版。

5 《1956 年到 1967 年全国农业发展纲要（草案）》，《人民日报》1956 年 1 月 26 日，第 2 版。

6 傅连暲：《地方性甲状腺肿的防治》，《人民日报》1960 年 8 月 29 日，第 8 版。

长崎国旗事件发生，至此中日民间贸易告一段落，日本对华海带出口再度停止。虽然 60 年代后中日两国以友好贸易、LT 贸易等形式重启经贸往来，但彼时光景已完全不同，中国对日进口物资中已经难以找到海带的踪迹。

与其说"海带之路"在 1958 年被偶然地按下休止符，不如说它在人民创造的历史必然性支撑下迎来崭新的局面，这就是 50 年代中国大规模海带养殖的成功。由于长期以来形成的饮食习惯，加之海带对改善内陆居民地方性甲状腺肿具有良好效果，海带的供应已在近世以来中日间"海带之路"推动下，成为经济与民生中不可或缺的一环。但完全依赖日本进口，一方面主动权在他人手中，会受到两国关系以及冷战东西阵营的对立影响而不稳定，事实上 1958 年的长崎国旗事件就证明了这一点；另一方面，大量进口外国物资将会消耗有限的外汇，这对于成立初期百废待兴、集中精力工业化的新中国而言是不利的。

在中国的海域中养殖海带，从开篇的植物生活史来看似乎是天马行空，中国沿海的夏日高温客观上并不允许海带的自然生长，这注定是一项坎坷而又凝聚广大科技工作者与人民群众智慧的不平凡事业。近代日本为开发侵占殖民地的渔业资源，曾在各个殖民地建立水产试验所，1907 年起在日俄战争后被日本强行租借的关东州设立的关东水产试验所便是其中之一。1933 年起，该试验场在"重要藻类养殖试验"的名目下开始裙带菜与海带的养殖，"成绩良好"，1935 年起发展为"与本州水产会合作施行"。[1] 在这一过程中，毕业于北海道帝国大学的大槻洋四郎发挥了较大作用。

大槻洋四郎 1924 年毕业于北海道帝国大学，曾在东京帝国大学从事裙带菜与海带的干燥保存研究，1927 年来华担任关东水产试验所技师。因为偶然的机会，他在大连海域发现海边栈桥生长有北海道利尻昆布幼苗，于是认为在此也可能养殖海带，进而与日本本土学者合作开始

1　関東水産試験場『昭和十四年度事業報告』1940、131 頁。

尝试养殖，发明出"干燥刺激法""筏式养殖法"等技术，在 1940 年获得海带与裙带菜筏式养殖专利权。[1]1943 年，日方在华北设立的水产株式会社芝罘水产组合着手浅海养殖，延请大槻洋四郎进行裙带菜、海带养殖，直到 1945 年春才取得一定进展。[2]尽管大槻的活动根本上服务于日本对外侵略扩张、殖民开发，但客观上这是中国海带养殖的萌芽，为此后的养殖事业积累了一定经验与基础。

抗战胜利后，1945 年 8 月，中国共产党率先解放烟台，市政府实业局接收了日本殖民者设立的芝罘水产组合，12 月创建烟台水产公司，由战时负责军事物资供应的薛中和负责海带养殖，聘请大槻洋四郎化名为杨殖昆从事技术指导。1946 年 3 月，成立隶属于烟台水产公司的烟台水产试验场，薛中和任场长。这是中共领导下的第一个海水养殖试验场，克服技术与时局带来的重重困难，全力进行海带养殖技术开发，1949 年《胶东日报》称"根据三年来之试养，现在在烟台已经成功（开展）了昆布和若布的养殖工作"。[3]这样，我国海带养殖的范围就从渤海湾北部的大连扩展到了南部的烟台，可以称此为海带南移的先声。

青岛解放后，1950 年 9 月国家在此设立山东水产养殖场，大槻洋四郎一家也从烟台迁来，并与山东大学水产系合作，在此继续海带养殖事业。根据当时共事者回忆，大槻对我国海带养殖的贡献主要体现在四个方面，分别是"海带人工南移的倡导者；具有科学精神的实践家，第一个完成了人工控制下的海带生活史的循环；'绑石投石'与海区水质肥贫不同的发现；第一次提出海带施肥问题"。[4]笔者认为，还应再加上一条，即海藻养殖技术人才培养。1953 年 4 月，大槻回到日本后，中国海带养殖事业的重担落到本土科技工作者的身上，被称为"中国海带

1　方宗熙、张定民：《大槻洋四郎对我国海带早期养殖的贡献》，《山东海洋学院学报》1982 年第 3 期。

2　宋世民：《烟台引殖海带事略》，《烟台日报》2020 年 7 月 20 日，第 7 版。

3　宋世民：《烟台引殖海带事略》，《烟台日报》2020 年 7 月 20 日，第 7 版。

4　鲁詹海：《日本海带养殖专家大槻洋四郎对我国海带养殖的贡献》，《现代渔业信息》1987 年第 6 期。

之父"[1]的曾呈奎即是其中的关键人物。

　　曾呈奎 1909 年生于厦门，在成长环境中目睹农民的贫困，抱有强烈的科学救国情怀，希望通过发展"海洋农业"拯救中国农民，甚至改名为"泽农"。早年在厦门大学、岭南大学学习植物学，后赴美国专攻海藻研究，1947 年回国在山东大学任教，与童第周一同创建中国首个专门研究海洋问题的研究机构——海洋解剖学研究室。[2]新中国成立后，这一研究室被吸收进新成立的中国科学院，1950 年 8 月 1 日成立水生生物研究所青岛海洋生物研究室，此后几经易名与发展，1959 年扩大建制为中科院海洋研究所延续至今，曾呈奎任副所长。在以曾呈奎为核心的中科院海洋所以及由山东大学水产学系[3]（中国海洋大学前身）、黄海水产研究院[4]、山东水产养殖所[5]等科研技术机构所构成的科学举国体制下，中国相继攻克海带养殖的种种难关，包括人工筏式养殖、贫瘠海区的陶罐施肥法、夏苗培育、自然光育苗等。[6]到 1950 年代中期，青岛海带养殖取得成功，使海带在我国的栽培范围进一步南下到山东半岛南部的黄海之滨。

1　《"中国海带之父"曾呈奎》，《齐鲁渔业》2005 年第 4 期；李明春：《人民科学家——追忆海洋生物学家、中国海带之父曾呈奎》，《海洋世界》2008 年第 8 期。

2　Peter Neushul & Zuoyue Wang, "Between the Devil and the Deep Sea: C.K. Tseng, Mariculture, and the Politics of Science in Modern China," *Isis*（*The History of Science Society*）91（1）（2000）: 59-88；廖振远：《海洋水产农牧化的先驱》，《科学家》2004 年第 4 期。

3　1946 年起山东大学在农学院下设水产（学）系，1958 年按照国家教育规划，山东大学主体迁至济南，但水产学系、海洋系等专业留驻青岛，1959 年 3 月以山东大学海洋相关专业为基础，组建中国第一所海洋高等学府——山东海洋学院，1988 年更名青岛海洋大学，2002 年正式改称现名中国海洋大学。

4　最早可追溯到 1946 年 8 月国民政府在上海筹建的农林部中央水产试验所，新中国成立后被人民政府接管，迁至青岛，先后隶属于食品工业部、农林部、水产部等，1956 年 10 月改称黄海水产研究所，经多次改名、调整，1982 年 10 月改为中国水产科学研究院黄海水产研究所至今。

5　1950 年 9 月国营山东水产养殖场在青岛成立，1958 年改称山东省水产养殖试验场，1960 年改称山东省海水养殖研究所，此后多次更名分合，在 1977 年得以恢复，2013 年更名为山东省海洋生物研究院。

6　曾呈奎主编《中国海洋志》，大象出版社，2003，第 520—521 页。

从大连到烟台，再到青岛，在科技工作者的努力下，海带养殖成为新中国海洋研究与水产养殖业的嚆矢。鲜品海带年产量从 1952 年的 134.1 吨提高到 1956 年的 3396.4 吨，但"这样迅速的发展，还是远不能满足人民的需要，每年还得由国外进口大量的海带"，进一步提高海带养殖生产能力成为"我国海藻养殖工作者和海藻科学研究人员这几年内的首要任务"，其手段之一是在既有养殖区域通过合理密植与适当施肥提高单位面积产量，但存在成本限制。另一种方法，则是"海带生产向我国南部推广以扩大生产面积"，利用东海肥沃的水质进行海带南移。[1] 这样在 50 年代中后期，海带南移便被提上了日程。

从 1956—1957 年，我国开始在浙江舟山、福建连江等地展开南移试养并取得成功，"为海带南移奠定了科学基础，使我国海带养殖区从北纬 36° 以北沿海推进到 26° 的南方海区"。[2] 这样到 1958 年中日民间贸易断绝，从外国进口海带变得无望时，我国自身的海带养殖技术与能力已获得充分发展，为之后我国水产业能够稳定充足地供应国产海带打下坚实基础，中国从原来单纯的海带消费大国开始向生产大国转变。

余 论

从海上丝绸之路东线衍生出的中日"海带之路"，历经近世的朝贡贸易体系、近代的条约贸易体系与战争殖民体系，及至二战后的冷战体系，逐渐兴起并发展壮大，但最终又转衰乃至消失。这一波澜起伏的画卷，既呈现出近世以来中国与日本经济社会的成长变迁，也折射出东亚国际关系的宏大历史背景。我们也不能忽视近代以后，不管是在条约体系下，还是冷战体系下，中日海带贸易都呈现出一定的特殊性，如华商的贸易主导地位、民间贸易框架下的物资流通。中国在与外部世界的联

1　曾呈奎：《海带在我国沿岸的南移养殖》，《科学通报》1958 年第 17 期。

2　李基磐：《中国海带养殖业回顾与展望》，《中国渔业经济》2010 年第 1 期。

系中逐渐成为海带消费大国，这成为新中国成立后党和政府为满足人民需要而大力发展海带养殖的主要动机。1950 年代海带养殖"打破迷信""大胆首创"，[1]取得骄人的成绩，发展出人工养殖海带的全套技术，使原本只能在亚寒带海区生长的海带遍布我国北起辽宁、南抵福建的广阔海域，是中国共产党领导下社会主义建设成就的缩影之一。海带养殖不仅是海水养殖业、水产业的成就，更是新中国筚路蓝缕开拓海洋、走向海洋的重要一步。

当前海洋史作为一门新兴的显学，其研究对象多为海洋动物，对植物藻类的研究较少。海带养殖使中国的沿海生态发生极大的改变，"耕植海洋""向海洋进军"在促进中国水产事业发展的同时，也在潜移默化中改变了渔民与海洋之间的关系。此外，1960 年代中苏关系恶化，碘等工业、医疗用品无法进口，海带作为提取原料再次受到瞩目。全球视角下国家间关系的变化使海带用途从单纯的食用扩大到碘、褐藻胶等工业制品原料，影响着医疗、纺织、食品、军工等众多行业，海带又成为我国自力更生建设社会主义的重要支撑之一。总而言之，中日海带贸易及由其衍生而来的新中国海带养殖，作为以往研究中被遮蔽的"隐秘的角落"，是中日关系史上的一个特殊的存在，同时也是东亚国际秩序变迁的重要见证，在未来研究中还有待进一步深化挖掘。

---

1 海燕:《破除迷信 大胆首创——我国海带养殖成就辉煌》,《中国水产》1958 年第 3 期。

· 第四部　东亚近代知识的生成 ·

顾颉刚与井上源吾论周公摄政称王

杨兆贵 姚 燕 〔日〕前森田博义 *

周公是西周史乃至中国史上极重要的人物。[1]他
不仅是史学上重要的人物，而且是经学史上重要的人
物。中国学者历来多认为五经与周公有极密切的关
系。现当代学者多研究周公平乱、东征、摄政或称王
及他与礼乐制度、经书的关系。这些都是史学史、经
学史上的重要问题，也是关乎周公生平事迹的大问
题。虽然现代学者多结合传世文献与出土文献来研究
周公的生平、思想，但是这种"二重考据法"未能奏
效，未能有效地解决周公事迹的一些大问题，如周公

* 杨兆贵，澳门大学教育学院副教授；姚燕，澳门大学中国语言文学系
　博士研究生；前森田博义，日本岛根大学教育、学生支持部学生支持
　课课长补佐。
1 钱穆：《中国学术思想史论丛》（一），东大图书公司，1976，第83—
　98页。

摄政或称王，反而因为学者对这些文献有不同的解读而争论不休，以至于迄今尚未有公认的定论。[1]

　　周公摄政或称王是中国两千多年来经学、史学、子学界争论不休的话题。中国现代学者主要有两种看法：一是认为周公摄政称王，如王国维先生、王玉哲先生、徐中舒先生、赵光贤先生、晁福林师、黄彰健先生、徐复观先生等；二是认为周公只摄政但未称王，如屈万里先生、杨向奎先生、朱凤瀚先生、杨朝明先生等。[2]

　　日本学者对周公摄政或称王也有不同的看法，林泰辅先生[3]认为周公摄政称王，因为当时周室处于王业草创阶段，周公以"权道"手段，勇往直前，摄政称王，以延续文武绪业，后世不能以后来情理臆测当时史事。[4]池田末利先生认为不必纠缠于摄政称王问题，因为周初王室实权掌握在周公手里，而王朝纪元则以文王受命纪年。[5]白川静先生认为周公没有称王，《洛诰》"惟周公诞保文武受命，惟七年"可视为周公辅弼年数，整个西周时期实行周、召二公辅翼体制。[6]

　　可见，周公摄政或称王不仅在历史上是经学、史学界的一件大事，而且是现今学界仍然讨论的一个话题。从东亚文明圈研究古文明的视野来看，比较中日学者对周公摄政或称王的不同论述，有着文化研究、比较的意义。本文以中国顾颉刚先生（1893—1980）、日本学者井上源吾教授（1909—1998）作为研究的对象，是因为他们基本上生活在同一时代，中、日学者互相交流、影响。另外，两位都是研究周公、《尚书》的学者：顾先生一生花了很多精力、时间研究《尚书》，井上教授也发表过至少7篇有关周公的论文，并有专著。最后，通过对两位学者对周

1　杨朝明：《关于"周公辅成王"问题》，《文史知识》2006年第1期。

2　吕庙军：《周公研究》，人民出版社，2012，第16—27页。

3　林泰辅『周公と其時代』大倉書店、1915。

4　钱穆：《周公》，《钱穆先生全集》新校本，九州出版社，2011，第24页。

5　转引自吕庙军《周公研究》，第27页。

6　白川静：《西周史略》，袁林译，三秦出版社，1992。

公摄政或称王的论述，可见中日学者在研究中国古书、历史人物上的异同。为了方便比较，下文先论述井上教授的周公研究，然后论述顾颉刚先生的研究，最后比较两者的异同。

一　井上源吾简介与其周公摄政称王研究

（一）井上源吾生平简介

　　井上源吾，1909 年（明治 42 年）生于日本福冈县筑后黑木町。1942 年（昭和 17 年）毕业于广岛文理科大学文学科中国哲学专业，获文学博士。他曾任石川县小松中学教师、熊本陆军幼年学校教官、长崎师范学校教授，后来历任长崎大学副教授、教授、名誉教授。1998 年（平成 10 年）十一月在长崎去世。专著有《周公摄政传说》、《广濑淡窗的诗》四卷、《广濑淡窗评传》、《年轻时的广濑淡窗》等（皆由苇书房刊行）。由于他长期在长崎大学任教，没有在作为学术中心、政治文化中心的东京或京都的大学教研，所以，他在日本学界的影响不如那些在两都教研的学者大。[1]

（二）井上源吾周公摄政称王研究

　　井上教授做过周公的研究，至少发表过 7 篇有关周公的论文，分别是《周公摄政传说之成立》[2]《周公传说中所见之祭祀》《周公的立场》《关于周公旦的东征》《周公奔楚》《周公摄政的疑义》《关于周公摄政说》。[3]

　　井上教授 1960 年发表《关于周公摄政说》，结论是：周公摄政或称王的事情，断定为没有发生比较好。[4]他认为从典籍记载来分析，周

<hr>

1　『廣瀬淡窓日記四 "作者簡歴"』弦書房，2005。

2　『長崎大学学芸学部人文科学研究報告』第 7 号、1957 年。

3　见「井上源吾論文一覧」『長崎大学教育学部人文科学研究報告』第 10 号、1975 年 3 月。井上教授后来把他研究周公的论文集成《周公摂政說話》（葦書房、1992）。

4　井上源吾「周公摂政說について」『長崎大学学芸学部社会科学論叢』第 10 号、1960 年。

公没有摄政或称王，即他否定周公曾摄政或称王。这种看法与中国自战国以来学者认为周公曾摄政或称王的看法完全相反，也即他完全否定中国传统的看法，与中国传统的看法截然不同。

井上教授认为周公摄政或称王，是先秦儒家尤其是荀子根据他的时代需要和他的学说而制造出来的。易言之，是儒家的传说，而非史实。井上教授《周公摄政传说之成立》一文比较系统地从思想史角度研究先秦时期周公摄政称王说产生的背景，荀子在孔子、孟子学说的基础上提出周公摄政称王说的过程、原因。

井上教授认为荀子处于战国晚期，当时天下大乱，但是大家也预期很快会统一。荀子认识到"确立正确的秩序和伦理，是匡救社会、百姓的第一要义。"于是，他大力倡导礼。[1] 周公是孔子敬仰的人物，又被孟子尊为圣人，荀子在继承孔、孟尊崇周公之见的基础上，推尊周公为大儒。井上教授认为，大儒与圣人的区别是：大儒的本质就是依从"后王"的规范，统一礼仪制度，有"善调一天下"的品性。[2] 荀子把周公说成大儒，让周公成为大儒本质的具体表现者。能推行礼治且发挥最大效用的是天子。"最能发挥礼的作用的，除了天子没有别人。周公践天子位的理由就存在于这里。"[3] 这就是荀子认为周公摄政或称王说产生的原因。

在荀子之前，孟子对周公的看法是：周公是圣人，但不是天子。因为孟子生于战国中期，儒家思考如何统一天下，因此孟子提倡仁义之道，希望以王道统一天下。孟子提出德、位分离，认为德比位重要，周公充分具备圣人的条件，所以他是圣人，至于他是否践天子之位还在其次。[4] 孟、荀都继承孔子学说，孔子对周公是抱着接近信仰的敬仰，实

1　井上源吾「周公摂政說話の成立」『長崎大学学芸学部人文科学研究』第 7 号、1957 年。

2　井上源吾「周公摂政說話の成立」『長崎大学学芸学部人文科学研究』第 7 号、1957 年。

3　井上源吾「周公摂政說話の成立」『長崎大学学芸学部人文科学研究』第 7 号、1957 年。

4　井上源吾「周公摂政說話の成立」『長崎大学学芸学部人文科学研究』第 7 号、1957 年。

践周公之道是孔子终生之志。[1]

以上是井上教授认为周公摄政或称王说产生的原因及时代背景：周公摄政或称王说是荀子提出的，因为当时天下快要统一，需要礼制，所以荀子推崇周公是大儒，甚至推崇他是能把礼治作用发挥至极的天子；孟子则因儒家主张王道而把圣、王分开，推尊周公为圣人。

（三）井上源吾周公研究简评

井上教授对周公摄政或称王的研究，有其合理性和逻辑性，但仍有讨论的空间。下文列举几点讨论。

第一，井上教授没有区分"摄政"与"践阼"（称王），他常常把两者混在一起。中国学者一般很重视摄政与称王之别，因为两者的性质不同：前者仍是臣子，后者则已是天子。在传统的社会、政治、礼乐制度里，君臣名分相当重要。孔子说"君君臣臣"（《论语·颜渊》），君、臣名分不可逾越、颠倒，除非是改朝换代。王莽曾经先摄政，后称为天子，发生"篡汉"事件。[2] 自此以后，传统社会更重视君臣名分。在传统社会尤其是战国以后，绝大多数学者说周公摄政而非称王，因为认为他是成王的臣子，而非先称王、后致政。到了现代，由于千年帝制结束，学者才比较自由客观地讨论周公摄政或称王的史实。无论如何，摄政与称王是不同性质的两件事，必须严格区分。

第二，井上教授说周公摄政或称王是荀子、孟子根据他们的时代背景和学说的需要而虚构出来的，这就涉及荀子、孟子的史学概念。历史概念可以包括历史观、对历史本身与历史学的反思、历史评价、历史认识论、历史文献判断、治史方法、撰写史书、史官立场、历史目的等方面。

孟子很重视史籍。他对历史文献的判断，或者说他对史籍真伪问题

1　井上源吾「周公摂政説話の成立」『長崎大学学芸学部人文科学研究』第 7 号、1957 年。

2　时人不认为王莽此举是篡汉，东汉才开始称此事为篡汉。见陈启云《汉儒与王莽：评述西方汉学界的几项研究》，《史学集刊》2007 年第 1 期，第 69—71 页。

相当重视。他提出"尽信《书》,则不如无《书》"(《孟子·尽心下》)
的判断方法、"以意逆志"(《孟子·万章上》)的史学认识法。他强调要
以常理、史实为原则,要放宽眼光,谨慎、细心判断史书记载的内容是
否符合史实,了解思想时代背景。因此,孟子通过史书或传说关于周公
生平记载的史实,包括周公辅相成王、伐奄、驱飞廉、兼夷狄、灭敌国
等,[1]对周公的生平有一定的了解,他的说法有一定的史实根据,不会信
口雌黄。在掌握的这些史实基础上,他对周公的历史评价极高,推崇周
公为圣人(《孟子·公孙丑下》)。

　　荀子和孟子相比,他的学问更博洽。他又曾在齐国稷下学宫
"最为老师""三为祭酒"(《史记·孟子荀卿列传》),可见他的学问、
思想境界、包容性非当时思想家、学者所能企及。荀子提出做学问
"虚一而静"(《荀子·解蔽》)的方法,主张去除"心"、情感、时、
空、已有的知识等各种蒙蔽学问产生的障碍,能成为精神境界极高
的"大人"。[2]蒙文通先生指出古史三大系统里的三晋系统尚忠、重实
用,所记的历史事件可能更接近史实。[3]荀子作为战国晚期三晋学术
大师,具有这种特点。他对记载周公的史料当有更多的了解,因此,
他提出周公称王说当有较多的史实基础。[4]这是现代学者比较相信他
这一说法的原因。[5]

　　第三,要判断周公是否摄政或称王,或说这是否只是孟、荀"制
造"出来的传说,应研究记载周公的一手材料——《尚书·周书·八
诰》与相关金文铭文。井上教授只研究《周书·金縢》,没有研究八

1　杨兆贵:《儒家圣人对圣王的称誉:论孔孟对周公的评论》,《澳门文献信息学刊》2020年第1
　　期,第172—174页。
2　杨兆贵:《〈鹖冠子·天权〉篇的军事思想及其与先秦诸子关系研究》,《南都学坛》2018年第1
　　期,第29—30页。
3　蒙文通:《古史甄微》序,巴蜀书社,1999,第3—14页。
4　杨兆贵:《论荀子及其后学对周公的论述》,《人文论丛》2016年第1辑。
5　现代学者如顾颉刚、郭伟川都相信荀子这一说法符合史实,见郭伟川编《周公摄政称王与周
　　初史事论集》,北京图书馆出版社,1998,第188—190页。

诰及铭文，这是相当可惜的。顾颉刚先生的研究就填补了这方面的缺憾。

二　顾颉刚周公称王研究

（一）顾颉刚学术简介

顾颉刚（1893—1980），苏州人，现代著名历史学家，创立"层累地造成的中国古史"说。他提出此说的目的是要破坏不可信的古史，还原伪古史的神话传说的真面目，而不是否定古代史。他也积极研究古代的民族和地域，对先秦汉代一些地域概念如天下、九州的地理范围进行考证。他也考订古书的著作年代，如把《尚书》分为三段，认为《诗经》是作于西周至东周的一部入乐诗的总集。他在其他领域如民俗学研究领域也取得卓越的成就。[1]

（二）顾颉刚的周公称王研究

顾先生一生研究《尚书》，成果累累。他对《尚书》一些篇章做过校勘、注释、白话翻译、论述等工作，成绩颇丰，为现当代《尚书》学研究树立了典范。他研究周公史事，写了几篇论文。与本文有关的主要有两篇：《历史之部——周公东征史事考证》《周王执政称"王"》。[2] 下文从几个方面论述顾先生的研究。

1. 顾颉刚从传世文献与出土文献证明周公称王

顾先生相信周王执政称王是史实。这点跟井上源吾完全相反。顾先生之所以相信周公称王是史实，主要是他相信今传的两篇金文铭文和传世文献记载周公称王；另外他从学理上分析周初时局，认为武王刚去世，周王朝内忧外患，必须由一位才干、威望兼全的人担当领导责任。

1　王煦华：《前言》，载《顾颉刚全集》第 1 册，中华书局，2010，第 1—21 页。

2　《周王执政称"王"》发表在《文史》第 22 辑，1985 年，收《顾颉刚全集·顾颉刚古史论文集》卷 10 下。

此人就是周公。[1] 下文就他从传世文献与出土文献的研究加以论述。

首先是顾先生对传世文献《周书》的研究：他对《周书》记载周公史事的一些篇章进行研究，从最基本的文献功夫入手，包括校勘、翻译校释、讨论等，完成《金縢》篇今译，《酒诰》《梓材》《多士》《无逸》等篇校释译论，《顾命》节译，《禹贡》注释，《大诰》今译（摘要）。[2] 可见，他对《尚书》用力之深，不尚空谈。

学界基本上认为《周书》中《大诰》《康诰》《酒诰》《梓材》《召诰》《洛诰》《多士》《无逸》《君奭》《多方》是记载与周公有关的篇章，可以说这几篇是研究周公的一手材料。[3] 顾先生对一些篇章进行研究，一方面他认为《大诰》《康诰》《酒诰》《梓材》等篇章属于《今文尚书》二十八篇，都是"可信为真的篇章"；[4] 另一方面，他又对这几篇里的个别篇章进行研究，认为《梓材》篇是后人伪作。下面简论。

先说顾先生对《金縢》篇的几个看法。一是他认为《金縢》篇所记的是鬼治主义的时代。他认为该篇记载周公向天上三位祖先祈祷能使武王病情好转，自己愿代武王而死，是"鬼治主义的历史时期中的一件重要材料"。[5] 二是他认为《金縢》篇所记的内容，不能够让读者知道当时史实："至于那时真的事实怎样，我们因为没有确实的史料，不能够知

---

1 《顾颉刚全集·顾颉刚古史论文集》卷 10 下，第 638 页。

2 这些作品皆载于《顾颉刚全集·顾颉刚古史论文集》卷 9。

3 顾颉刚的学生刘起釪用很多精力做《尚书校释译论》一书，赞成这个看法。杜勇教授《〈尚书〉周初八诰研究》（中国社会科学出版社，1998）也持此看法。

4 《顾颉刚全集·顾颉刚古史论文集》卷 8，第 2 页。刘起釪研究《尚书》数十载，也把今文《尚书》28 篇分为三组，第一组可以信为真的篇章有《周书》的《大诰》《康诰》《酒诰》《梓材》《召诰》《洛诰》《多士》《多方》《吕刑》《文侯之命》《费誓》《秦誓》（刘起釪：《〈尚书〉与古史研究序言》，载李民《尚书与古史研究》增订本，中州书画社，1983，第 21 页），看法与顾颉刚基本相同。杜勇《〈尚书〉周初八诰研究》也认为周初八诰（《大诰》《康诰》《酒诰》《梓材》《召诰》《洛诰》《多士》《多方》）是记载周公的一手材料（第 8—91 页）。因此，周初八诰当是记载周公及其同时代的史事的真实可靠的一手材料，学术界无争议。

5 《顾颉刚全集·顾颉刚古史论文集》卷 9，第 20 页。有关《金縢》记载周公向三位祖先祈求代武王而死，可见周公的鬼神观，详杨兆贵、姚燕《论周公天人之际思想：鬼、帝、天观》，载《第二届西周金文与西周史学术研讨会论文集》，西安，2019 年 9 月 20—22 日，第 334—346 页。

道；我们只能从许多记载里归纳出来，知道那时的时势是一个鬼治主义极盛的时势。"[1]三是他对该篇"我（周公）之弗辟"的"弗辟"的看法是："有一班人造谣言，说周公要夺成王的天下。周公在朝廷上站不住，就避在外面。"[2]他批评一些传统学者"要强释（居东）为东征"。[3]易言之，他反对把"居东"解为"东征"。但他在另一篇文中说："在历史事实上，周公只有东征，并未居东，居东乃是由东征转化的传说，而《金縢》写出的则是这个传说的全貌。"[4]可见，他对"居东"解为"东征"的看法前后矛盾。四是他认为《金縢》篇至多作于战国，《金縢》这一篇，从语法和辞汇来看，它必不是西周作品，至多只能说是战国时人根据了晚近传说而写出来的西周史"，它所记载周公的故事，与战国时人如墨子、蒙恬所说的大体一致。[5]当然，战国人所记的西周史，部分内容应与史实相合或相近，部分内容来自传闻，部分内容则有战国时代的色彩或特点。这需要学者善加区别，淘沙取金，筛选出西周史料。简言之，顾先生认为《金縢》篇是战国时人所写的反映周初鬼治主义时期而内容含糊、不能清楚记载周公是否东征的传说。

次谈顾先生对《酒诰》《梓材》的看法。在先秦，《康诰》《酒诰》《梓材》三篇合称"《康诰》三篇"，《酒诰》被引用一次，即用《康诰》篇名。[6]因此，这三篇在先秦时应是同一篇，由同一作者所写，都记载周公诰康叔之辞，后来才一析为三。它们是记载、反映周公言行、思想、政治措施的重要篇章。

顾先生没有说《酒诰》是周公所写，而是说这篇文章记载周公的政治方案：一是继承文王的教训，不贪饮酒；二是以纣王为鉴，不要亡国；三是宽猛相济，先教后诛，劝人努力生产，知道农耕的艰难，不

1 《顾颉刚全集·顾颉刚古史论文集》卷9，第24页。

2 《顾颉刚全集·顾颉刚古史论文集》卷9，第20页。

3 《顾颉刚全集·顾颉刚古史论文集》卷9，第22页。

4 《顾颉刚全集·顾颉刚古史论文集》卷10下，第881页。

5 《顾颉刚全集·顾颉刚古史论文集》卷10下，第881页。

6 顾颉刚、刘起釪：《尚书校释译论》第3册，中华书局，2005，第1380页。

浪费农作物，把饮酒与伦理结合；四是禁酒从官吏做起，官吏又分殷、
周，对殷人尚宽，对周人从严。[1] 因这篇文章一开始就记"王若曰"，讲
了这四点方案。易言之，顾先生承认此"王"即周公，只是顾先生没有
明说周公已称王而已。他指出这篇文章部分内容可能是后儒改窜或窜
乱，如用"於"字不用"于"，"王若曰"汉代各本子写成"成王若曰"。[2]
这对他肯定周公称王没太大影响。至于《梓材》篇，顾先生说"这篇作
者相传为周公，但无确证"。[3] 他不相信这篇文章的作者是周公，但他没
反对这篇文章是记周公教诲成王不要逸乐而应知稼穑艰难及小民疾苦的
传统说法，也即他没反对本篇的"王"指周公。但顾先生又说"这篇文
字却可以断定是伪作的"。[4] 如果是伪作，那么文中的周公称王、周公告
诫之辞都是伪作，该篇对周公言行的记载就不能信以为真。

顾先生在《〈尚书·多士〉校释译论》里说："《大诰》等篇的'王
曰'即是周公之言也。"[5]《周书》里记"王曰"或"王若曰"的有《大
诰》《康诰》《酒诰》《梓材》，这样说，这四篇的"王"当是周公。不
过，他说《梓材》是伪作，那么只有《大诰》《康诰》《酒诰》这三篇所
记的"王"才是周公。顾先生在《尚书大诰今译（摘要）》里说："（管
叔、蔡叔）眼看周公揽着大权，做了实际的王，也心怀嫉忌，想借着殷
人的力量来打倒周公，扩张自己的势力。"[6] 所谓"实际的王"，就是手握
军政最高权力的最高领导，即天子。

由上可见，顾先生认为《周书》里的《大诰》《康诰》《酒诰》这三
篇里所记的"王"是周公。周公真正执政称王。《金縢》篇是战国人所
记的内容含糊的有关西周史的传说，《梓材》篇是后人伪作的。

另外，顾先生根据出土文献进行研究。他认为有两件周公称王的彝

---

1 《顾颉刚全集·顾颉刚古史论文集》卷9，第44页。
2 《顾颉刚全集·顾颉刚古史论文集》卷9，第45—46页。
3 《顾颉刚全集·顾颉刚古史论文集》卷9，第54页。
4 《顾颉刚全集·顾颉刚古史论文集》卷9，第100页。
5 《顾颉刚全集·顾颉刚古史论文集》卷9，第85页。
6 《顾颉刚全集·顾颉刚古史论文集》卷9，第303页。

器，分别是康侯簋和王在鲁尊。前者是周公称王的直接证据，记周公伐商邑，又封康叔于卫。[1] 后者"王在鲁"的王一定是周公，因成王没去过奄（即后来的鲁）。[2] 他说：周公实际上不是真的王，所以有人称他为"王"，有人称他为"周公"。"王"和"周公"杂用，记载不一致。[3] 顾先生说周公不是真的王，和上文引用他说"（管叔、蔡叔）眼看周公揽着大权，做了实际的王""武王刚去世，周王朝内忧外患，须由一位才干、威望兼全的人担当领导责任，此人为周公"相矛盾。这样，顾先生对周公称王的表述有问题。

总而言之，顾先生从传世文献与出土铭文记载，认为周公曾执政称王。

2. 顾颉刚引用、评论先秦汉代儒家典籍有关周公摄政或称王的传说

（1）顾颉刚引用的先秦汉代儒家典籍

顾先生除了从传世与出土文献一手材料来论证周公称王外，还引用先秦汉代有关周公摄政称王的文献。这些文献包括：《逸周书》中的《度邑》《武儆》《明堂》，《荀子·儒效》，《尸子》，《韩非子·难二》，《礼记》中的《明堂位》《文王世子》，《韩诗外传三》《韩诗外传七》《韩诗外传八》，《尚书大传》，《淮南子》中的《齐俗训》《泛论训》，《史记》中的《周本纪》《鲁世家》《管蔡世家》。除了《尸子》《韩非子》《淮南子》不是儒家典籍外，其他都是儒家古籍，另外，这三者有关周公的文字少，不是顾先生着墨之处，因此，可以略而不论。总体来说，顾先生主要是引用儒家典籍记载。

（2）顾颉刚对传说的评论

顾先生认为这些儒家典籍的记载绝大部分是传说。一般来说，传说不是一手材料，而且史料价值不比一手材料高，但是顾先生很重视传说的价值。他从批评传统重经学的角度出发，认为传说的价值不比经学

---

1 《顾颉刚全集·顾颉刚古史论文集》卷10下，第684页。
2 《顾颉刚全集·顾颉刚古史论文集》卷10下，第686页。
3 《顾颉刚全集·顾颉刚古史论文集》卷10下，第686页。

低。就以他对《金縢》篇的看法为例，他认为《金縢》篇属于传说性质的文体。历代经学注释者因为它是经学文章，就不承认它是传说作品，且认为内容是真的，并捧至很高的地位。历代学者以经学而不是以历史真实为标准来评论文章的真伪、历史价值，因此，顾先生批评他们没有历史观，只有经学观，"他们对于古代的事情只会承认他的历史地位而不承认他的传说的地位，就是历史的地位也是任意轻信，毫无标准。我们现在是明白承认他的传说的地位，而不肯轻易承认他的历史地位。即如《金縢》篇所记，在我们的眼光中只许他为一种传说。"[1] 顾先生认为经学地位与传说地位是平等的，两者要一视同仁："我们绝不能因这一个在经文里而尊他，也绝不能因那几个在百家杂说里而贬他。"[2] 顾先生认为就史学价值来看，传说地位与经学地位是相同的。因此，他认为《金縢》篇是战国人所写的西周史的传说，但不影响它的史学价值。

（3）顾颉刚对先秦汉代儒家典籍有关周公摄政称王传说的不同评价

顾先生从传说出发，认为《逸周书》中的《度邑》《武儆》《明堂》，《荀子·儒效》，《礼记》中的《明堂位》《文王世子》，《韩诗外传三》，《史记》的记载都属于传说。为便醒目，把顾先生对以上那几篇文章记载周公摄政称王的看法列表如下（见表1）。

表1　顾颉刚所列对各书记载的周公摄政称王的看法

篇名	周公称王	周公摄政	传说	史实	备注
《逸周书·度邑》	武王传位给周公		√		周初传说
《逸周书·武儆》	武王接受周公提出传位给成王的建议		√	√	史实、传说很难判断
《荀子·儒效》	√		√	√	顾颉刚比较倾向于荀子说的是史实

---

1 《顾颉刚全集·顾颉刚古史论文集》卷9，第23页。
2 《顾颉刚全集·顾颉刚古史论文集》卷9，第24页。

续表

篇名	周公称王	周公摄政	传说	史实	备注
《逸周书·明堂》	√		√		汉人所写
《礼记·明堂位》	√		√		汉初人所写
《礼记·文王世子》					汉初人所写
《韩诗外传》三条材料	√				汉初经师的看法
《尚书大传》					对《礼记》《明堂位》《文王世子》的补充
《史记》		√			

对这些篇章的史学价值，顾先生认为《荀子·儒效》篇最高。《儒效》篇有两段文字记周公当天子，内容基本相同，都说"武王崩，成王幼，周公屏成王而及武王以属天下"云云。[1]顾先生认为荀子的看法是周公摒开成王，继承武王，当天子。周公不是在周廷当天子，而是在东征时，他是最高统帅，也是天子。等天下平定后，成王能继承文武之道，周公才把天子之位交给成王，这叫"君臣易位"。顾先生说："在许多对于周公称王的解释里，荀子的话要算是最坚定、最直捷的一个说法了。"[2]顾先生没有说《儒效》篇记载的是史实，还是传说。从他的解释里，感觉到他认为这篇所记的是史实，如果他认为是传说，会明白说明。可见，顾先生认为这篇记史实，而井上教授认为这篇是荀子"制造"周公称王的传说。两人的看法刚好相反。

顾先生认为《礼记》中的《明堂位》和《文王世子》的史学价值最低。《明堂位》"是讲周制的经典里的一篇极重要的周公称天子的文字"，内容又说鲁国备有虞、夏、商、周四代天子礼乐，因此社会特别安定，

---

1 王先谦:《荀子集解》，中华书局，1988，第114页。

2 《顾颉刚全集·顾颉刚古史论文集》卷10下，第641页。

没有发生过弑君杀臣之事。顾先生批评"夸张太过火",把周公捧上天,是自欺欺人的。[1] 顾先生认为《文王世子》与《明堂位》是姊妹篇,说成王是名义上的天子,周公是实际上的天子。他认为这两篇是汉初儒家的作品,"周公的称王或摄王是战国以来所盛传的一件故事,儒者的耳目间既已习熟,在谈到四代礼制和教育法的时候便任情加以夸大,又造出孔子的话来做证据,因为那时人没有甄别史料的能力,因而编入《礼记》。"[2] 顾先生不相信《文王世子》《明堂位》对周公称王的记载,因为内容太过夸张失实。

顾先生认为《史记》三篇文章之所以记载周公"摄政,当国",是因为摄政说在史公年代已成定论。又,《史记》说成王在襁褓中,是受当时夸张的传说和《尚书》学家的师说所蒙蔽。[3]

3. 小结

以上是顾先生从记载周公的一手材料(传世的《周书》、出土的两篇铭文)与先秦汉代儒家典籍传说来证明周公曾称王。

三　顾颉刚与井上源吾周公摄政称王研究比较

通过上文对顾颉刚先生、井上源吾教授周公摄政称王的研究的比较,可以发现两者的异同,也可从中窥见中日学者研究的异同。

第一,对周公摄政或称王真实性的看法。井上教授认为周公没有摄政或称王。他没有区分摄政或称王,可能因为他是海外学者,没有注意到摄政或称王是两种不同性质的政治表述、政治表现,在中国传统社会里有非常重要的差别。井上教授认为周公摄政或称王是荀子根据他所处的时代背景与个人的思想学说而"制造"出来的。荀子继承孟子推崇周公为圣人之说后,预测中国即将统一,需要以礼乐治天下,也需要大儒

1　《顾颉刚全集・顾颉刚古史论文集》卷10下,第646—647页。

2　《顾颉刚全集・顾颉刚古史论文集》卷10下,第648页。

3　《顾颉刚全集・顾颉刚古史论文集》卷10下,第651页。

的出现，大儒在政治上的具体表现为天子。因此，荀子说周公称王。易言之，井上教授认为周公称王是传说，而非史实。

相对井上教授的说法，顾颉刚先生注意中国传统有关周公摄政或称王的两种说法，且自汉代以来，学者多主张周公摄政而非称王。这主要是受到中国传统君臣观念的约束。顾先生主张周公称王而非摄政。他相信周公称王的理据有三个：一是金文铭文记载，二是作为一手材料的《周书》里几篇文章的记载（虽然他对这几篇的真伪和内容有不同的看法），三是先秦汉代儒家典籍相关的传说。

第二，井上教授认为孟子、荀子说周公为圣人、摄政称王，属于传说。这与他的史学概念有关。井上教授认为传说不是史实，传说所反映的事只能当作传说，而且为思想观念提供素材。思想是第一位，传说是第二位。传说是为思想服务的。这和吕思勉先生把经义与史事分开看的看法比较接近。吕先生认为诸子之学"旨在成一家之言，本非修订古史。"[1] 孟子、荀子对周公称王说也当如是观。顾先生重视传说的史学价值，认为传说的地位应与经学地位相同。他批评传统学者只重视经学作品，而轻视传说的文献。事实上，传说文献仍为古史研究提供重要的材料。所以，他在论述周公摄政称王时引用先秦汉代儒家文献的相关传说，证明周公摄政称王古已有之，由周代开始一直流传到汉代。

从顾先生引用记载周公摄政称王的一手材料（《周书》几篇诰文）、二手材料（先秦至汉代文献）可见，他很重视原典，也很重视辨伪学：原典辨伪，原典是否真实反映、记载相关的史事。这一点他比井上教授的研究更深入。不过，顾先生对这些一手材料、二手材料的辨伪的论证、论据不是很充分，值得商榷。如他认为《金滕》篇记周公向三位祖先祈求保佑武王是"鬼治主义"，但没有论证是"鬼治主义"的原因，也没引用其他同时代的证据。又如他从《酒诰》篇用"於"字不用"于"字这一证据就判断该篇可能是后儒改窜或窜乱。再如他说《梓材》

1　吕思勉：《经子解题》，华东师范大学出版社，1996，第 31 页。

篇"作者相传为周公，但无确证"，[1] 却没拿出证据出来。他对先秦汉代儒家文献也常常有这样的臆测，如他批评《礼记》的《明堂位》《文王世子》记周公的事情夸大失实，并说这两篇作于汉代，但没有提出证据。王锷先生通过考证、分析全篇，认为《明堂位》可能是战国晚期鲁国灭亡后，鲁国某些儒生为警示后人或怀念祖国，参考当时一些文献整理而成的一篇鲁国文献。[2] 他又把《文王世子》里的一些内容与出土文献如上博简对比，认为《文王世子》内容都与世子礼或教育世子、公族子弟密切相关，儒家在战国晚期编为一篇。[3] 因此，顾先生对这些文献的成书年代的臆断成分比较高。后来他的学生刘起釪在做《尚书校释译论》时就能尽量引用不少不同的看法，有些看法就和顾先生不同，如刘起釪认为《梓材》篇是"周公告诫康叔之辞。下部分是臣对君的讲话。在今、古文《尚书》里，《梓材》的篇次总是紧次《酒诰》之后"。[4]

四　结语

周公摄政或称王是中国经学史、史学史上的一件大事，也是一件迄今尚未取得共识的千年学术讼案。自王莽新朝失败后，传统学者多主张周公只有摄政，没有称王。直到清朝覆灭，近现代学者不再纠结于传统君臣名分观念，能比较客观地进行研究。随着出土文献增加，周公摄政或称王的材料也随之增多。然而学者对铭文、《周书》相关材料的解读不同，莫衷一是，结果学界对周公摄政或称王仍未有一致的看法。顾颉刚先生对《尚书》做了很多开创性的研究工作，并对传统史学理论、方法提出新的观点，在掌握丰富材料的基础上，主张周公曾称王。

周公摄政或称王不仅是中国聚讼千年未解的学术公案，而且也是日

1　《顾颉刚全集·顾颉刚古史论文集》卷9，第54页。
2　王锷：《〈礼记〉成书考》，博士学位论文，西北师范大学，2004，第167页。
3　王锷：《〈礼记〉成书考》，第134—138页。
4　刘起釪：《尚书校释译论》，第1421页。

本学界争论的焦点。日本学界也对周公摄政或称王有不同的看法。井上源吾教授比较深入地研究这一问题，提出周公没有摄政或称王说。这与中国传统说法完全不同。他根据战国儒家文献记载，认为周公摄政或称王是荀子"制造"出来的。

综观顾先生、井上教授的周公摄政称王研究，他们都生活在东亚文明学术圈里，都受到中国传统学说的影响，都根据原典进行研究。顾先生对一手材料用功较多，在摄政或称王两派中提出称王说。井上教授则否定了摄政或称王说，也许他身处东隅，受到中国传统的影响较少，而能提出耳目一新的看法。

日本汉方医学的明治维新史

——从学理重建到议会请愿

梁　宇[*]

作为与中医同源异流的日本传统医学，目前学界对汉方医学已有相当丰富的研究成果，不论是关于其整体发展、兴盛、流变的过程抑或是聚焦于其某一学派之生发与学术特点的论著皆不在少数，[1]但有针对性

*　北京大学历史学系博士研究生。

1　日本方面，聚焦日本传统医学整体发展过程的研究著作主要有：富士川游『日本醫學史』（裳華房、1904）与其后根据该书进行修订新增的『日本医学史纲要』（克誠堂書店、1933）；汤本求真《皇汉医学》，中华书局、1930；小泉栄次郎『日本漢方醫藥变遷史』藤沢友吉商店、1934；大冢敬節『東洋醫學史』山雅房、1941；日本学士院日本科学史刊行会『明治前日本医学史』（5卷）日本学術振興会、1955~1957；酒井シヅ『日本の医療史』東京書籍、1982；小曾戶洋『漢方の歴史——中国・日本の伝統医学』大修館書店、1999；新村拓編『日本医療史』吉川弘文館、2006；等等。分别梳理各个不同时代日本医学的著作，以服部敏良为代表，有『奈良時代医学史の研究』吉川弘文館、1945；『平安時代医学史の研究』吉川弘文館、1955；『鎌倉時代医学史の研究』吉川弘文館、1964；『室町安土桃山時代医学史の研究』吉川弘文館、1971；

的叙说明治维新之后汉方医学状况的学者却仍有限。1868 年（明治元年），新政府正式发布西洋医术许可令，各府、县开始创建西洋医院，而与此同时，作为汉医重要教育以及学术机构的江户医学馆，却在开办一百多年后被废止，各地官、私立汉方医学校、医学馆及学所也在政府压力下相继停办或改教西洋医学课程。1874 年，文部省颁布了医制七十六条，明确提出确立以西洋医学为本的医学教育，并在此基础上建立医师开业执照制度。一年后，"医师学术考试规则"以内务省甲第五号通告的形式，下达到东京府、京都府以及大阪府，并于次年下达到全国各县。[1] 通告指出，各地可根据情况，斟酌缓急实行该规则，已开业医者不必参加考试，重新领取执照即可开业，而后欲开业之医者，则必须通过考试才可被授予行医执照。自然，根据医制，考试内容全然为西医所学。医制虽未直接取缔汉方医学，但通过获得行医执照的方式断绝了其往后继续生存与发展的可能性，使其走上"慢性死亡"的道路。

由此，在现有研究中，这一不仅在时间上较为短暂，在与此前汉方医学不断发展推进、名家辈出的辉煌相比之下似乎也显得潦草且重要性不足的阶段往往被视作整个汉方医学历史的"终章"而不受重

『江戸時代医学史の研究』吉川弘文館、1971；等等。以汉方医学某一学派为主要探究对象的有：矢数道明『近世漢方医学史：曲直瀬道三とその学統』名著出版、1982；寺澤捷年『吉益東洞の研究：日本漢方創造の思想』岩波書店、2012；等等。以西医传入为主线叙述日本医学变迁的有：平出謙吉『東西醫學變遷史稿』半田屋醫籍、1901；関場不二彦『西医学東漸史話』（3 卷）吐鳳堂書店、1933；古賀十二郎『西洋醫術伝來史』日新書院、1942；吉良枝郎『日本の西洋医学の生い立ち—南蛮人渡来から明治維新まで』築地書館、2000；等等。中国方面，有史世勤主编《中医传日史略》（华中师范大学出版社，1991），主要从中医传入日本视角讲述日本传统医学在其影响下的发展；另有潘桂娟、樊正伦《日本汉方医学》，中国中医药出版社，1994；杨晶鑫《近世日本汉方医学变迁研究》，吉林大学出版社，2010；廖育群《扶桑汉方的春晖秋色：日本传统医学与文化》，上海交通大学出版社，2013；等等，总览汉方医学。贾春华《日本汉医古派研究》（长春出版社，1996）、廖育群《吉益东洞：日本古方派的"岱宗"与"魔鬼"》（上海交通大学出版社，2009）等，都分别介绍了日本汉方医学古方派的发展。另中日双方亦有数篇论文对日本汉方医学及其相关问题进行讨论。

1　参见梶原猪之松編『官令全書内務省御布達甲号之部明治 7 年～14 年』梶原猪之松、35–38 頁。

视，时常被一笔带过。仅以深川晨堂辑著之《汉洋医学斗争史》[1]为对此阶段研究最为全面的著作，书中大量辑佚当时汉医的文章论述，有较高的史料价值，但由于作者行文带有对汉方医学的明显倾向性，故对其内容引用也需斟酌明辨。然不论是将明治时期的汉方医学放入其医学"通史"中叙述，抑或是专论此期的探讨，都难免带有程度不一的同情色彩，将汉方医学作为站在明治政府对立面的"被压迫者"看待，而这在无意中固化了汉方医学的形象，以其为"传统"之化身面于"近代"，对其动态面向探析不足，且将其在明治时期呈现的复杂性也一并忽略。

本文以尽可能还原史实为基础，尝试挖掘汉方医学在时代巨变中更加多元的样貌，通过探究医制颁布后汉方医界强烈反弹，并从此开始的长达二十余年的以获得与西医同等的行医资格为最终目标，又该目标以修改医师考试规则、添加汉医考试内容这一具体诉求为主要达成手段的抗争运动，来增加看待汉方医学的视角，将西化浪潮中的汉医形象做一更加清晰的呈现。因为该运动既有在思想上同西医学理对话的部分，亦有以各种手段实际同明治政府周旋的部分，两部分互为表里，并在整个运动过程中交织进行，但在明治宪法颁布前后，运动中此两部分都展现了不同的面貌，故本文将上述纠结缠绕之两部分重新以明治宪法颁布为界区分讨论。

一　汉方医学的学术重建

如何因应针对西洋医学设置的医师考试是此时汉方医学首先面临的问题，也是整个运动中的根本与核心问题。考试科目与内容设定的背后，实为一整套西医的思想与话语体系，围绕考试所做之讨论，实为汉医与西医在学理上的正面交锋。

1　深川晨堂辑著『漢洋医学闘争史』旧藩と医学社、1934。

这一问题首先摆在了所谓"汉方六贤人"，即浅田宗伯[1]、冈田沧海、清川菖轩、高岛佑启、桐渊道斋、河内全节面前。旧来汉医"学徒"常为师父传授到一定程度即可行医，无一固定评定标准。其是否适合状类西医的考试之法，或究竟应怎样实行考试之法，实则需要仔细斟酌。然情势所迫，此六人想要通过先求得与西洋医学在形式上的平等这一方法，求得权利上的平等，并最终提出"汉方医学六科"主张。很快医师考试改为七科，在上述思路下，汉医又提倡"汉方七科说"。浅田宗伯在其所撰写的《医学提要》中，将汉方六科分别定为开物燮理、藏府经络、穷理尽性、众病源机、药性体用、脉病证治，与西医化学、解剖、物理、病理、药剂、诊断治疗一一对应；[2]而由森立之整理的七科则是穷理、化学、解剖、生理、病理、药性与治疗，[3]同样与新西洋七科理学、化学、解剖学、生理学、病理学、药物学以及内外科对应。虽其以为"人生至理固无穷，宜采诸家为折衷。谁识西洋七科学，全然在我内经中"，[4]所倡不过是对自身的一次"再发现"，但逢迎之姿还是无法逃脱众人的审视，由此，在汉医内部亦引起争议。而不论是六科抑或七科，解剖的必要与否都是讨论最为激烈的部分。今村亮首先指出解剖是不必要的：

现今西洋医学以解剖为治术的根本，余辈亦曾奉职某医院，屡次对所谓病体解剖进行实验，然论其结果，是等工作只是知道了内景的形状位置，将其归于外科或许能起到一些作用，对施内治又有何益？我道以活体究理为是，人既已死，神气消灭，则变为异物，岂能见到如同生时的活动形色？由是，解剖之事观之无

1 　浅田宗伯（1815—1894）本名惟常，号栗园，是为"六贤人"之首，出身医学世家，被称作"汉方医学最后的巨头"。年少时跟随赖山阳、猪饲敬所学习经史及儒学，曾为幕府奥医师，维新后亦为东宫侍医。是汉医抗争运动的主要领导者。

2 　深川晨堂辑著『漢洋医学闘争史』（復刻版）医聖社、1981、75-119 頁。

3 　森立之「醫學修業次序・七則」『温知醫談（第一卷第一号）1879』同朋舎、1979、3-19 頁。

4 　森立之「醫學修業次序・七則」『温知醫談（第一卷第一号）1879』19 頁。

益，不见亦无损。……因此，我医道并非较之西洋而落后，而是在进步中舍弃了无用的解剖。一言以蔽之，汉方医学是已经完成的医学，西洋医学是未完成还在进行中的医学，以解剖为西洋的开创实在是令人捧腹。[1]

而更有极端者认为，解剖全然不足信。

盖其人死则神去灵脱，且气关废绝，恰如蝉蜕而安足以知病之所存耶？则彼所谓知病理，忘想耳，臆测耳，所谓缘木求鱼之类，谓之绝妙之术，吾不信矣。[2]

可如此绝对地否定解剖，亦不能在汉医界得到认同，继而议论又生。

……解剖，观其形状足以推测生死之理。譬如虽无法目击当时的战场，但通过观察地理布阵之形状以及山野红花的陈迹，亦足以推察其当时苦战之情景。而辨者如此嫌恶此术，是能知病理而不为也，非不能也。[3]

围绕解剖产生的分歧，其背后所隐含的实为对疾病的认识，即疾病观有所不同。汉医在疾病治疗过程中，关注病人因生病而产生的一系列负面状态，其治疗疾病之重点在于使"人"得以恢复，由此，"人"本身即为汉方医学所认识疾病之中的主体对象。作为"生活"的灵体，日常行动饮食需要顺应自然，得一与天地和谐之动态平衡，平衡状态的保持即为健康，疾病因此无孔而入。若人患病，便是身体之动态平衡被打

1　深川晨堂辑著『漢洋医学闘争史』（復刻版）120—121 頁。

2　寒松堂「営衛辨」深川晨堂辑著『漢洋医学闘争史』（復刻版）124 頁。

3　林晴世「営衛辨者質疑」深川晨堂辑著『漢洋医学闘争史』（復刻版）125 頁。

破，疾患只是这种失衡的集中表现，而非疾病之根源。汉医施药也正是基于此，帮助患者回归健康的平衡状态，整体复原后，疾患之处自然随之而愈。与之相反，西洋医学是把"疾病"本身当作认识的主体对象。在 17 世纪以后机械论宇宙观的影响下，不可避免与解剖之学产生联系的人体机械论也随之诞生。在这一观念的影响下，各类生理现象都能够用机械的法则来解释，疾病则类似于机件发生故障。发现引发人体的"故障"并对其进行"维修"成为西医诊疗活动之旨归。在如此疾病观的指导下，解剖自然是西医中至关重要的一环，疾病的发现、治疗，都有赖于解剖之所见。然对于将身体的动态和谐视作首位的汉医来说，解剖的重要性就大大降低。

汉洋医疾病观的差别若仅局限于解剖之学，还不会引发二者之间如此巨大的差异，但西洋"医师以解剖刀开路，越看越深入"，[1] 生理学与内科学以此为基础于 19 世纪迎头赶上。借助实验室仪器的检查，医学开始对人体内部也进行全能之"凝视"，细菌学由此而来。以细菌学为本的医学知识着重于特定病菌及致病的共通性，一病一原、一病一种治疗的思维与手段开始出现。个人之疾患不再是具有特殊性的私人问题，而是一类普遍性疾病中的个案，国家正是基于这种"唯一"施力干预社会。卫生局的成立即为具象化之表现，[2] 西医的公共性、普遍性以及与国家权力之间的紧密性在此达到了汉医无法企及的高度。虽然汉医也曾数次发声，想要为"卫生"这一在汉医中并不鲜见的词语"正名"，但该词之后的使用却几乎不再与汉医有关。凡此种种，究其根源皆可归为汉方医学到底应如何面对整个西医体系这一问题，针对解剖一科的争论只

1　若伊·波特：《医学简史》，王道还译，商周出版，2005，第 116 页。

2　1875 年医务局从文部省转归内务省管辖，长与专斋从《庄子》"愿闻卫生之经"一语中撷采"卫生"二字作为 hygiene 的译词，改称医务局为卫生局。因其认为 hygiene "指的是负责国民一般健康保护的特种行政组织机构。其政务运行以医学为基础，并包含理化工程学、气象、统计等诸科，其组织架构以除去人体的危害、谋求国家的福祉为目的……然而，这一健康保护事业，在东洋连名称都没有，是一项全新的事业，经营起来绝非易事。"参见长与专斋「松香私志」小川鼎三·酒井シヅ校注『松本順自伝·長與專斎自伝』平凡社、1980、133-134 頁。

是其突出表现。但在现实压力下，开展汉方医学内部的学理争论显然与时局不合，

> 其势有不可直辨而归之于一途者，不如不辨而止也。今西洋之术月炙，而皇汉之法日衰，慷慨之士皆将欲挽回此道于将废绝之际，宜先以同心协力奏实巧，以得上下之信为主，争辨则非所为急务也。若二君互执己见而不服，则恐同志之间，随生异见相党而不容之弊。犹苏程互辨其道，而宋室亦不振，其害亦不浅也。从事于挽回之际者，岂可不预而鉴鉴哉？[1]

同解剖问题一样，汉方医学各个科目的划定及与西医比附，或都能通过"不辨而止"维持本方医界的团结，使目标更清晰，但学理则进一步处于模糊之中；再加上直接套用西医之框架，不仅将原有的汉医学说彻底打乱与打散，粗疏强辩之处过多亦为不争的事实。

> 汉医称《易经》为物理学，称炼丹为化学，把剖割比干、斩杀翟义作解剖。如今也有牵强附会地倡导汉方也具备七科的。七科之别，本来只有洋法有之，汉方设置七科考试，纯属效仿西洋制度，以致引用古书文字章句，勉强搭配成生理、病理等，终归是流派之见，在学问上、方术上都没有益处。[2]

汉方考试作为汉医抗争运动中最重要的诉求，在整个运动过程中却始终很难深论，原因在于虽对整体学说做出梳理，但由于汉医本身的学理特点，又有内部派别的分歧，无法推进其学术本身，切实做到知识的统一，且将知识统一化本就并非汉方医学之学科特性。由此，梳理确多

1　藤田謙造「讀営衛辨」深川晨堂輯著『漢洋医学闘争史』（復刻版）131 頁。
2　長與専斎「松香私志」小川鼎三・酒井シヅ校注『松本順自伝・長與専斎自伝』153 頁。

为形式大于内涵，并直接表现在汉方七科的内部争论与所受之外界攻讦上，而这一诉求的落空，亦是影响整个运动的隐患。

二　汉方医界的结社与活动

虽然在理论话语层面汉医始终未能有所突破，且无法与西医做一真正对话，但这一领域亦本非汉医之所长，百年来汉医之治疗实效才是其扎根日本的关键所在。由此，通过创办汉方医院，以医院为中心吸引民众、壮大声势，再在此基础上结社，形成组织进行具体的抗争活动，先尽量争取的生存空间，才是整个运动中汉医最为强健的主旋律。

1874 年起，浅田宗伯先在浅草开办了汉方如春医院，四年后在其倡导下又创立博济医院。该院制度完整严明，成立后可谓异军突起，迅速成为全国汉方医院的模范，并带动了一众"博济型"（完全采用博济医院的管理模式）医院的兴起，[1]其中较为突出的有三十六所。同年，又有由金泽市汉医联合创立的"集诚医院"、山田业广同其门生创立的"东京济众医院"；次年 1 月，以后世派为中坚力量的爱知县汉医二百余名集合在一起开设博爱医院，并同时创设博爱社；在此基础上，3月，山田业广、饭田隆安、高桥宗翰、山本高朗共同商议创立温知社，山田业广被举为议长，社约、议员选举以及杂志《温知医谈》的发行三件大事一并举行，其社约头条即为社员每月集会一次，以共同讨论研究医事以及同心协力博施济众。

温知社的成立实为当时盛举，分别作为一派领袖的一众名医共同结社、发行杂志、探讨医事，很快成为全国汉医界的典范。以博济医院为首的汉医院带动了一批汉医院的成立，而众多汉医院的成立又促进了汉医之间结社为汉医争取权利，最大的汉医社团温知社成立之后，又更进一步促进各地汉医的结社活动。川越、长野、大阪、秋田、鸟取等地的

1　参见冈田昌春等编『博济堂脚気提要』博济堂、1879、序言。

汉医很快就在学习温知社的社规学则后在当地建立温知分社；而熊本县的春雨社、东京的杏雨社以及羽前鹤岗的白圭会同样聚集了一批汉医。这些以结社为形式的汉方团体的兴起，实际是对各个流派汉方医的一次整合，扩大了汉方医的整体影响与力量，且以这些汉方团体为中心，一批新的汉方医院又相继创立，形成了持续的良性循环。其中，如春医院"岁所疗不下三千人"；[1] 济生医院"每日患者不下百人……十五年开始至十七年二十个月所疗患者中，彻底痊愈者有七百余名"。[2]

汉方医院无论是患者人数还是治疗效果都十分可观，另还有救世社以及杏林义会这样本就是以贫民救济为目的的医院，专对贫民施以治疗，在民间树立了良好的形象，得到民众认可，

> 我辈非医者，安知煎汤丸散之古风与水药炼制之新风孰是孰非哉？现据社会所见，则平常之头痛风引皆犹服一袋二钱之振出药者大抵十之七八也。毕竟通观大世界，西洋人亦凡五十岁以上七十岁以下之寿命耳，与我日本人曾无异同，且人之死亡员数亦无多少之大差，均不少于百分之一，不多于百分之三也。[3]

在这一情势下，温知社召开第二次全国大会，共 85 人，代表日本全国各府县的 729 名温知社社员参加，最终敲定由温知社代表汉医全体，向政府请愿。"上愿之事从来都是在由各府县同业者向其各自所在官厅进行，然这样各个分散的尝试收效甚微。盖现已与封建时代相异，政务皆由中央集权，政令出于一途，地方官厅由中央官厅统辖。故上愿之事亦应该由温知社进行统辖向中央官厅提申。"[4] 从此汉医方面正式集合成团体的力量并直接面对明治政府，要求汉医的合法地位。

1　深川晨堂辑著『漢洋医学闘争史』（復刻版）183 頁。
2　深川晨堂辑著『漢洋医学闘争史』（復刻版）187 頁。
3　深川晨堂辑著『漢洋医学闘争史』（復刻版）175 頁。
4　金内宗哲·佐藤由敬「白圭会祝辞」深川晨堂辑著『漢洋医学闘争史』（復刻版）260 頁。

　　大会同时提出，为了后进的开业许可，须得创立和汉共立医学院，自医师试验规则发布后，"其间虽然设立特例，将从来开业医排除在外，但试验科目完全采用西洋医学，根据和汉医学所设定的试验科目又不被认可，我医道由此一代而终，早晚迎来绝灭之时，是世间常理。是以创立学院，养成生徒，这是请愿后进获得开业许可所必要之事"。[1]

　　会后一个月，温知社向内务卿松方正义呈递了请愿书，但四个多月未得到回应，故再次上书松方正义代理人内务大辅土方久元，敦促表态，后被东京府知事松田道之下达书面通知驳回请愿。温知社在短短十多天后修改请愿书再次请愿，署名之温知社会员即遍布全国三府二十九县，达到一千四百余人，然再次被驳回。温知社总理处得知消息后，又上书陈情，但得到的回复依旧没变。政府态度至此，温知社产生了第一次大动摇，脱盟者如同雪崩般离开，社员暴落至 613 人。虽然形势艰难，然温知社的核心力量却未曾动摇，浅井国干[2]作诗有言，"孟排扬墨韩排佛，志士仁人自古然。洙泗典谟同一辄，扁仓和缓几千年。斯方斯术虽涂地，吾道吾论岂悖天。刮自可期封表事，开窗朗读内经篇"。[3]

　　1882 年 2 月，在休整三个月后，温知社开始向内务卿山田显义进行第三次请愿。这次请愿以从西医学校毕业之全科医生在全国范围内人数缺乏，又寒村僻邑的普通民众患疾病仅能从稍懂医学知识的亲朋故旧之处商讨买药调和之故，希望政府批准创办和汉共立医学院，培养汉医学生，在各正规医学院校毕业生充实全国之前，补其缺额，为民诊病。[4]

1　「和汉医学院创立の後進開業許可上愿の件」深川晨堂輯著『漢洋医学闘争史』（復刻版）261 頁。

2　浅井国干（1848—1903）出身尾张藩浅井医学世家，与其父桦园共组爱知博爱社，促成全国各地汉医社团以东京温知社为中心团结起来，多次推动汉医抗争运动，是这一运动中的核心人物之一。

3　深川晨堂輯著『漢洋医学闘争史』（復刻版）282 頁。

4　参见深川晨堂輯著『漢洋医学闘争史』（復刻版）283 頁。

如此卑微的态度使这一请愿在还没有得到政府的正式回复之前，就已经在温知社内部掀起轩然大波，直接导致其内部的第二次大动摇。温知社主要领导希望通过"缓兵之计"，提出最低要求换取政府同意，为汉方医争取时间，接着从长计议。但是社内强硬派认为，汉医岂可卑屈堕落至此，这一条件的提出不过是满足"我辈"，而放弃了谋求汉方医永续的初衷，实为弃子孙后代于不顾。以冈正吉为首，喜多见深造、市川英作、木村龙渊、东宗闲、松岛硕、三桥富业和田中东等一众温知社的中坚力量由此退社，并在不久后另创回天医会，单独组织力量进行汉方救亡工作。[1]

　　这次请愿虽重创温知社自身，但政府方面终于在汉方医界的此次表态下有所回应。很快内务省规定凡于 1882 年 6 月满 25 岁的开业医子弟，与开业医同等对待，不需参加医师考试，即可颁发行医执照，准许开业。看到政府态度有所松动，汉方医开始更加积极地推进请愿。4 月 7 日，浅井国干与饭田隆安、山本高朗、松井操、山田业精等一起上访内务大辅；4 月 8 日，浅井国干上书长与专斋；5 月 4 日，爱知县汉医羽生汀以个人名义上书元老院视察官安场保和；5 月 10 日，东京汉医三桥富业一人上书内务省；5 月 14 日，温知社干事松井操携温知社干部联名签署的《辩卫生局长说书》拜会岩仓具视。虽然都并未取得明显成效，但是汉医还在继续扩大请愿之声势。5 月 15 日，温知社再次召开全国大会，参会代表达到两百余人，为历次大会中规模之最。在这次会议中，温知社总社被确定为全国汉医同盟总校并继续以取得汉医开业资格为目标向政府请愿，又发《告全国和汉医诸君文》，号召全国和汉医界不问流派之异同、议论之相合与否，均应以汉医救亡为己任，义聚同业有志之士，壮大汉医联盟。

　　会后两月有余，温知社总理、干事联名，以培养获准开业的汉医子弟为由，于 7 月 27 日向东京府知事呈递了要求在温知社内设和汉

1　参见深川晨堂辑著『漢洋医学闘争史』（復刻版）284 頁。

医学讲习所的请愿书。同年 10 月 3 日，东京府当局正式批准了这一
要求。10 月 8 日，浅井国干又从东京动身前往赞育社和春雨社协商三
社联合大事，并最终在 12 月正式实现了联合，将汉医的救亡势力再
次推向一个新的高峰。1883 年 3 月 15 日，和汉医学讲习所（后改称
"东京温知学校"）正式开学，包括文部省官员在内的各界人士五百余
人都参加了开学典礼，盛况空前。一时之间，汉医声威大震，仿佛功
成指日可待。

　　和汉医学讲习所成立后不足半月，温知社认为此时是进一步达成
目标、一举完成两千三百余名同志宿志之最好时机，必须再接再厉，
针对实施实地教育以及后进开业之官许，由社内干事、通常议士以及
事务委员轮流出面，轮番向政府请愿。但经过半年三次请愿，政府方
面依旧无应答，并以其请愿不符合程序，即没有按照《请愿规则》进
行而来回推诿。[1]

　　此后浅田宗伯首先以个人名义上书前元老院议长有栖川宫和东京大
学医学部部长三宅秀，希望能够得到理解和支持。随之浅井国干又代表
温知社，向元老院议长佐野荣寿提交了建议书，希望在"大学内部设和
汉医簧，进行和汉医学之试验，及第者获得开业之允可"。[2] 然而即使符
合了"程序正义"，汉方医的要求依旧没有得到任何回应。除了温知本
社在东京直接向元老院建白外，各府县的分社，也同样在积极行动。每
当元老院议官到地方时，温知本社都会先探听其地点并通知各府县分
社，地方分社事务委员由此再次借机向议官提出愿书，这样形式的请愿
同样有数次之多。[3] 但结果都是相同的。

　　很快，政府一改此前半年的怀柔态度，于 1883 年 10 月 23 日发布
了第三十四与第三十五号太政官布告，将较之以前更为完善的《医术开

1　参见「第五拾八號」『太政官布告』明治 15 年、国立国会図書館デジタルコレクション https://
　dl.ndl.go.jp/pid/994268、1—6 頁。
2　「和汉医方保绩之仪付建言」深川晨堂輯著『漢洋医学闘争史』（復刻版）354 頁。
3　深川晨堂輯著『漢洋医学闘争史』（復刻版）361 頁。

业考试规则》以及《医师执照规则》以法律的形式固定下来，即《医师法》，并宣布从 1884 年开始实施。实施之日起，此前过渡性的规则全部作废。按照此两种规则，所有开业医必须先经过三年以上系统的西医教育才能参加考试，自此，汉方医过去大约一年中的努力化为乌有，汉方界本算高涨的气氛跌入谷底。

1884 年 3 月，温知社就新的形势召开了第四次全国大会，选举浅井国干成为社长，虽其依旧按月发行《温知医谈》讨论学术，亦继续从事汉医治疗，但是颓势不可挽回，整个汉医界都一片消沉。自发停业以示抗议的汉医在九州地区甚至达到 80%；遁迹山林、出家为僧者有之，另谋生计者有之，更有极端者悲愤自缢。温知社虽能召开大会，但是自从太政官布告发出后的 1883 年，不缴会费者就达到 1030 人，此后该人数逐年上升，1886 年已达 1849 人，而温知社最主要的经费来源就是会费，由此其各项运行实际已渐渐陷入停滞。又温知社的元老森立之、清川菖轩在两年之内相继去世，最终温知社在 1886 年 12 月发出通知，将在次年 1 月召开最后一次全国大会。大会如期召开，参加成员仅有 27 名，在做出撤销总社及医院、解散同盟以及处理负债等几项问题后，温知社活动就此结束。

治疗之实术与实效是汉医的立身之本，通过开办汉方医院，扩大其在民间之影响力，并在此基础上结社，聚集力量，以实际行动向明治政府提出诉求才是该运动精诚之处。然由上文可知，以温知社为核心的汉医群体，采取的主要手段在形式上为请愿，请愿者是各地汉医之相对松散的联合，存在大量流动人员；在请愿对象上，并无固定人物与机构，内务省、文部省、元老院以及东京府的官员都牵涉其中。因此，虽然汉医诉求明确——开办学校使后继有人并为其争取合法地位，但实际上整个运动本身是模糊的，达成诉求并不存在定法，在各个可能的人物与方向上汉医都在进行尝试。且虽然汉医始终未曾彻底放弃迫于西医压力所进行的自身学术知识探讨，但这些探讨也始终无法直接解决问题，是时刻威胁汉医的隐患。由此，在请愿内容上，也只能主要以情感为基础，叙说汉医百年功绩不可一朝偏废等。运动中途几度汉医的声势都看似颇大，然若细究，各个方面的不定性使其不可能真正有针对性地进行抗争，也不存在过多的实际力量去依靠，除在西医普及前作为过渡外，无法拥有切实的能量。

三　汉方医学的议会请愿

明治宪法未颁布之时汉医的抗争过程已如前所述，不论是在学理抑或是具体抗争方式上，都不甚明朗。虽其最终所求即是对自身的法制化与制度化，但是运动过程本身就无法做到这一点。而理论话语的模糊又同具体斗争形式不清之间存在交互关系，除明治政府态度本就十分强硬外，汉医运动中的种种不可靠性，也使其无法发展成为有效力量同政府进行正面对话，向其施压且获得扭转局面的更多可能。但是，此种困局却在某种程度上于明治宪法颁布后，得到了一定的解决。

1889 年 2 月，明治天皇颁布《大日本帝国宪法》，日本形成了近代天皇制下的立宪君主制，以此为契机，汉医决定再次掀起一轮抗争。从浅井国干 1887 年后仍在支撑《温知医谈》的发行即可知，温知社的解散并不意味着汉医的彻底放弃，依旧有人对汉医抱持着坚定信念，不相信"大势已定"。且汉医就算未能结成一团结之实在势力，毕竟人数众多，在民间的医疗行为中还是扮演着重要的角色，汉医之流始终在民间涌动。正如中医陆士谔所观察到的，"维新以来，汉医势力，始终盛行于民间，未尝有一日间断，不过隐与显之分别耳"。[1] 由是，温知社解散后，浅井国干继续在全国范围内奔走，希望组织汉医力量，能够最终修改《医师法》。宪法颁布仅仅两天后，东京市内的汉医即借此在浅井之前所做工作的基础上开始正式整合，以期再次共同行动。甚至曾经脱离温知社、自行组织回天医会的冈正吉亦被重新联系，并且冰释前嫌，再

1　陆士谔:《日本汉医复兴记》,《士谔医话》, 上海校经山房书局, 1936, 第 1 页。

次同组联盟。东京府请愿联盟成员第一次会议在 10 月召开，之后 11 月又连续召开两次，其在会上制定的请愿宗旨与章程在会后被邮寄到了全国各地汉医的手中。次年，东京请愿联盟开始联系各地如赞育社、春雨社、博爱社等汉医团体，"东约帝都，西连肥伯，中和京摄，纵横诱掖，同盟三千，上章络绎，议士多赞，势如卷席"。[1] 到 4 月时，经过近一年的准备，作为汉医新联盟的帝国和汉医总会宣告成立。浅井国干再次被选为大会议长，而冈正吉则被选为副议长。该总会第一规约就再次重申团结，希望全国和汉医界的志士及各界赞成者，以申请和汉医师开业执照为请愿目的，组织各团体，互通声息，统一方针。随后帝国和汉医总会所属的地方团体分别在全国各地成立，总人数近 3000 人。

1891 年 11 月，日本第二期帝国议会将要召开，由此和汉医总会于同年 4 月召开第二次大会，开始准备向议会请愿。会上他们再次确定将向议会呈递请愿书，并将请愿人员分为两类，加入同盟的医师称为同盟会员，其他支持者称为赞成会员，让两类人员分别起草各自的请愿书。同时提出汉方医的考试科目为医经学、病症学、脉色学、治方学、本草学以及内科、外科、妇人科、小儿科、眼科、针灸科等。最终当和汉医总会于 11 月 27 日向议会呈递请愿书时，联名签署请愿的不只有和汉医师 1984 人，更有各界支持者多达 51150 人。请愿书总共从三个层面说明了现行医师法应该被修改的原因。从政治层面来看，该法妨碍个人营业自由，束缚国民精神自由；从国家层面来看，该法破坏国家特有学术，造成国民经济损失；而从学术层面来看，该法逾越政治界限，蹂躏学术领域。而对于每一层面，汉医都有深入的论述与分析。

在政治层面，汉方医认为现行医师法使汉医家不能合法营业，此为干涉汉医之营业自由，合理干涉只能是在该职业有害无益的情况下，但是政府如何证明汉医有害？要取缔汉方医却又未彻底取缔，现今 3960

---

[1] 浅井国干「告墓文」深川晨堂輯著『漢洋医学闘争史』（復刻版）544 頁。

多万人的生命还是由近 3 万名和汉医师掌握，如果汉医确为有害，岂非政府贻误人命？政府既从未指出汉医之有害，又图谋于不知不觉之中消灭和汉医学，此强迫"抛弃我所好，顺从你所好"之举即为束缚国民精神，岂应是政府所为？从国家层面看，汉医其名虽为中国传来，但在发展中已经结合了日本所特有之风土气候及疾病治疗之法，即也蕴涵着大巳、少名二尊所创医道之遗风，所以称为日本特有的医法亦无不可。然而政府竟然运用法律制裁的手段消灭本国学术，实为不知本末内外。即便要研究别国之学术，也先应研究本国之学术，不然终将失去爱国之心。汉方医出于对国家负责之心，也要保存自身。同时，汉方药之买卖流通所创造之财富极大，但自从医师考试规则颁布以后，汉药之销售额已经大幅减少，造成国家经济损失。且国家此时大量进口西药，若战争时期遭到封锁，药品进口困难，到时又该如何？该项法律既废除了国家传统学术，又贻误了国家经济大局，同是汉方医发声之原因。而针对学术问题，汉医则认为学术领域极为宽广，学术真理需要不断探求，常有昨是今非或今是明非之事，此恰为学者使命，并非政治家的职责。当今政府干涉学术领域，已经超过了政府的本分。且政府认为，今文明开化之世，不需要汉方医这样不切实际的医学，但汉医所依据亦是究理尽性之道。东西方医学治学方法不同，其体系亦随之不同，但用途却一致。不论是汉医学抑或西洋医学，都必然循着优胜劣败的自然法则而发展，不必由政府干预。最后，汉医希望肩负国民期望的议会，能够行立宪政治之实而一改独裁政治之下推行的错误政令。[1]

1892 年 6 月 11 日，盐田奥造等 12 名议员，根据和汉医总会的请愿书，向议会提出了"修改医师执照规则存续皇汉医学"的提案，盐田作为提出者的总代表，在将汉医上述请愿书内容做一总结陈述后，认为汉医和西洋医应该并行，如何制定考试之法是政府的职责，但在法律上汉医不能被取消。以上提案因多数票赞成，被提交特别委员会，并在众

1　参见潘桂娟、樊正伦《日本汉方医学》，中国中医药出版社，1994，第 268—274 页。

议院请愿委员会得到大多数委员的赞成，但后来第二议会由于海军军费问题而散会，这次请愿结果未明。10 月向第四议会的请愿，也由于议会方面的种种原因未能得到结果。与此同时，石黑忠德在东京华族会馆举行了以"当今不得凭古方作医师"为题的讲演会，并要求贵族院议员参加。其内容为，"医学在以往只是治病的小方技，但在当今，确实是国家政治的一部分，治病只不过是医学的一部分。……医学的应用虽有多端，但大致可以区别为三个方面。其一，卫生方面；其二，法律方面，即法医；其三，治疗疾病方面"。[1] 而和汉医在这些问题上是无法开展工作的，其所有之法，也在当今社会不可取而无以利国家。不合于政治之汉医不应该存在于当下。其演讲目的十分明确，即对和汉医总会的请愿及盐田奥造等 12 名议员的提案做公开反对，并阻止"医师执照规则修改法律案"在议会通过。虽不能确证，但此次演讲的最终目的可以说是得以实现。

时间已至 1883 年，请愿仍无结果，前途渺茫，汉医再次陷入绝望之中，1884 年情况也并没有丝毫好转。浅井国干面对这一形势，从该年 7 月起遍访全国各地的和汉医总会会员，发起成立和汉医总会"特别有志团体"，选取全国汉方医中"对汉医救亡斗争坚定不移，尽职尽责，死而后已之志士五十名"，作为"帝国和汉医总会的后备力量，准备在各团体遭遇挫折和不幸时继承其事业，每当议会开会之际开展运动，不获成功誓不罢休"，并且加入团体者都要立誓，除非遭遇死亡、破产，否则绝不退出。抗争悲壮至此，结局却仍不能改变。

1894 年 12 月，在以盐田奥造为首的部分议员的积极支持以及汉医界的多方活动下，"医师执照规则修改法律案"在第七次议会第一读会上通过，但在 1895 年 2 月 6 日最后提交到第八次议会众议院第三读会讨论时，赞成 78 票、否定 105 票的结果彻底宣告了汉方医学的"死亡"，和汉医总会自然解散，所谓"特别有志团体"，也不再有活动的余地，

1　参见潘桂娟、樊正伦《日本汉方医学》，第 275 页。

二十余年来的活动最终被 20 余张票差按下了休止符。

虽然汉医之抗争无法逃脱失败之结局，但分析其在明治宪法颁布后的活动，仍能看到其因为这一新形势的出现而打开的新局面及做出的进步。在形式上虽然汉医还是进行请愿，但是请愿人员已经做出了区分。和汉医总会中，核心且关系较为紧密的同盟会员与相对边缘的赞成会员被划分为了两类，根据身份分别起草请愿书，改变了此前温知社会员的松散局面；在请愿对象方面，非常明确地将请愿对象瞄准议会，并有意见相合的议员与之固定联系且发声，由此议题无法让政府在含糊不清的情况下掩盖过去，石黑忠德才会愿意进行演讲来阻止汉医的提案，因为政府必须直面问题；而在请愿内容方面更是有极为重大之改变，其立论之基础已全然在于对自身权利之伸张，并能对政府压制自身权利进行指责，一扫宪法颁布前之卑屈色彩。且在这个过程中，放弃了论述汉医与西医学说的强行比附，重点强调其同作为天下公器之学术需有同等地位，具体的试验之法可由政府进行定夺，反而消解了运动前期的困境。

四　余论

汉方医学在议会遭遇的失败仿佛喻示着科学医学在全球散播并与本土传统医学遭遇时的必然胜利，在科学主义的视角下，明治维新阶段的汉方医学似乎只是不可避免的科学医学化进程中的一个小小杂音或过渡阶段，但通过本文上述梳理可看出，对汉方医学还存在更多的解读空间。

汉洋医学之间的纷争自然是两个知识体系之间的对抗，且如本文所述，在知识的确定化与规范化等方面，汉医劣处尽显。但西洋医学的传入远早于此一时期，两种医学的从业者也已经在日本共存了数十年，从未面临如此激烈的冲突，因此，以该层面视之，历史性的对抗不是直接发生在两种医学之间，而是发生在汉方医学与正在近代化的日本国家之间。然若停留于如此审视，则汉方医学又要作为"传统"的化身被固定，与时代潮流对立，不仅形象陈旧僵化，更无法被视作日本近代性的重要组成部分。笔者笔力有限，只是粗略展示了在以明治宪法颁布为界划分为两个阶段的抗争运动中更为生动的样貌，但单从汉医开始向政府要求自身权利一项，亦能窥得汉方医学逐渐发展出的近代性要素。

在汉医的抗争过程中，不难看出其将自身职业未来与国家未来紧密联系这一清晰的努力方向；同时，在被迫应对来自国家的威胁时，其开始阐述"皇汉医道"这一并非新鲜却开始被频繁提起的名词，并将之绑定于正在成长中的民族国家，这种对自身的认识与民族主义的联系，也有某种跨入"近代"门槛的意涵。汉方医学的法律地位虽然不再，却从未真正消失，汉药与生物的联系发展即为明显例证；且当日本在进行殖民地统治时，汉方医学再次以崭新的殖民医学面貌出现于殖民地，科学医学不再是如同西方国家进行殖民统治时那般唯一的手段，汉方医学角色的如此变化，背后都有着其逐渐生发成长的近代性。

由上，即便被认为是"全盘西化"的日本，亦顽强生活着对"西化"中最为核心之"科学"进行强力修正的汉方医学，其存在本身就可被当作日本独特"近代性"的重要表征。以往研究多认同传统医疗活动在裹挟着科学医学的近代化浪潮影响下，即便没有灭绝，亦会被极度边缘化，而本文通过对明治维新时期汉方医学的研究，试图揭示日本传统医学作为日本近代知识的组成部分，其实始终在底层暗流涌动。

日据时期台湾蔗作肥料问题中的生产观念博弈

史方正[*]

纵观日据时期的台湾经济结构，甘蔗制糖业在诸多产业中无疑处于最为核心的地位。台湾总督府支持下的制糖会社为了提高蔗糖的产量从而获得更高的利润，一直大力推动台湾甘蔗种植的技术改进工作，这其中最为典型的就是现代肥料的推广和使用。然而，制糖会社的施肥推广工作却一直遭到台湾蔗农的抵抗。在这一博弈的背后，双方在经济利益层面的矛盾当然是重要的原因，但制糖会社与蔗农关于肥料使用的生产观念矛盾也不容忽视。首先，会社以技术主义为导向的施肥观念，与农民传统的经验主义生产观之间产生了剧烈的冲突。其次，使用现代肥料所必需的相关知识，均来自于高度分工的日本现代化肥工业。

* 日本东北大学博士研究生。

因此，对于对化肥一无所知、一直生活在传统农业社会中的台湾农民而言，化肥的使用带来了巨大的挑战。这一挑战构成了农民抵制施肥的重要动因，也一定程度上使制糖会社不得不迁就于农民的生产观念，对于肥料的使用采取一些调整。

制糖会社与蔗农在施肥观念上的这一纷争，不仅是现代农业技术与传统农业社会碰撞的一个缩影，更将日本殖民主义的经济侵略以及台湾农民的顽强抵抗的诸多细节生动展现了出来。这不是简单的"传统与现代"之争——令制糖会社困扰的台湾农民的"顽迷"的背后，是他们面对殖民经济剥削的不服从姿态。

一　施肥问题的基本局面

在介绍制糖会社与农民的观念博弈之前，有必要对日据时期台湾甘蔗农业中施肥问题形成的基本局面进行交代。

（一）会社的施肥促进政策

施肥的推进是甘蔗多肥农业发展的核心要求之一。为此，作为砂糖生产主导者的制糖会社，当然也成为施肥的大力推进者。但是，在日据初期的台湾，农民才是甘蔗生产的直接主体，而会社原则上只是原料甘蔗的收购方，无法像其他殖民地的种植园主那样，直接对农民的具体生产行为发号施令。因此，为了推进施肥工作，会社必须采取其他的手段。

为了鼓励农民在生产中施肥，会社首先要为农民的施肥提供各个方面的便利，其中最直接的便利当然是经济补助。对于农民的肥料补助，起初是作为甘蔗农业改良的一部分，由总督府负责推动的。在《台湾糖业奖励规则》中规定：

第一条 对于台湾总督承认的资格适合的甘蔗耕作以及砂糖制

造从业者，对其拨付以下各项费用的奖励金。

一、甘蔗苗费以及肥料费……[1]

台湾总督府对蔗作肥料的历年补助情况，可见图1。

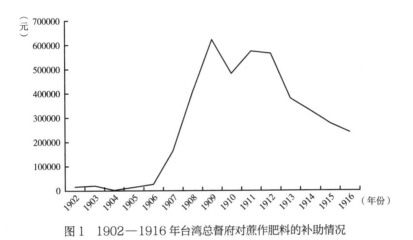

图1　1902—1916年台湾总督府对蔗作肥料的补助情况

从图1中可以看出，总督府的肥料补助政策具有鲜明的阶段性。在台湾糖业发展初期，由于农民缺乏肥料观念，更多采用直接发放肥料的方式直接进行实物补贴。但这种实物补助的发放量逐年减少，1905年后就不再分发。相比之下，肥料费的补助在1906年后直线上升，体现出补助的中心从实物转移到现金。1912年后，总督府的肥料补助额度逐年下降，并在1916年之后彻底取消。其背后的原因在于，随着制糖会社的发展，肥料补助的主体已经不再是总督府，会社开始承担起对农民施肥的补贴责任。

各家制糖会社的肥料补助额度、补助方法，与其经营方针、原料甘蔗获取的难易程度、肥料价格的高低都有关。仅以1920年台湾制糖会

1　『臺灣糖業獎勵規則』、日本政府律令第五号、1902。

社下属阿缑工场的补助情况为例。

> 会社每甲的（肥料）分发数量是调和肥料十三叺[1]，农民购买的
> 价格是一叺二十五元五十钱。对于按照要求在甘蔗种植的耕地上
> 提前栽培绿肥者，按每甲土地给予五至十元范围内的补助金。[2]

可见，会社的肥料补助并非简单的、无条件的补贴发放，而是附加
了对于使用肥料种类、肥料施用方法甚至耕作方法的一系列要求。农民
只有满足这些要求才能获得相应的补助金额。通过这样的政策，制糖会
社试图培养农民的施肥习惯以及加深农民对肥料知识的掌握。

为了促进农民施肥，会社还从肥料购买渠道上为农民提供便利。与
肥料补助一样，肥料的共同购买事业也是由总督府首先发起的，不仅如
此，肥料的共同购买与上述政府肥料补助的停止密切相关。总督府认
为，在施肥推进已经初见成效的情况下，相比直接的补助，提供稳定、
可靠的肥料买卖渠道是更为重要的。[3]

由此，会社开始在总督府斡旋下直接与肥料商达成肥料订购交易。
为了满足农民的施肥需求，会社需要预先调查原料采集区域内农户的肥
料需求实际情况，确定所需的肥料种类与数量，然后与肥料供应商商谈
交易，共同购买所获得的肥料也由会社协助监督与分发。[4]这样，会社
实际承担了农民购买肥料的"代理人"的角色。在会社看来，农民只需
从自己手中接过现成的肥料而无须亲自参与肥料的选购，这免去了农民
获得肥料的信息成本，在台湾农民普遍缺少现代农业知识的情况下，会
社主导的肥料共同购买能够在相当程度上消除农民施肥的障碍，从而扩
大施肥的规模，促进甘蔗种植的发展。

1　单位，一叺即一袋。

2　台湾銀行調査課『台湾ニ於ケル肥料ノ現状竝将来』台湾銀行、1920、31 頁。

3　臨時台湾糖務局『臨時台湾糖務局年報・第 3 年』140 頁。

4　臨時台湾糖務局『臨時台湾糖務局年報・第 3 年』142 頁。

（二）农民的施肥抵抗及其动因

实际上，农民之所以对肥料的使用兴趣寥寥，首要问题在于殖民经济下的农业生产制度。由于农民被排除在制糖环节之外，无法享受砂糖销售的利润，而只能作为原料提供者接受会社的甘蔗收购，这无疑极大地影响了其从事甘蔗种植的生产积极性。对于会社而言增产意义重大的施肥事业，对于农民而言意义实际上消弭大半。此外，在具体的施肥推广活动中，会社的需求也与农民发生了矛盾。本节将通过对肥料挪用问题的分析，来考察农民的施肥抵抗及其动因。

关于甘蔗种植中的肥料挪用问题。宫川次郎曾经说道：

> 对于本岛而言，曾经有这样的时期：虽然总督府在栽培奖励费中每年向制糖会社下发的肥料补助最多，但本岛农民却性情狡猾，只追逐眼前利益，屡屡将肥料转用到其他作物之上，补助肥料也变得毫无意义。[1]

这里指出的是"狡猾"的农民将肥料挪用于其他耕作物的情况。在台湾，甘蔗的主要竞争作物是稻米。稻米生长的周期为一年左右，相比之下甘蔗的生长周期则长达一年半甚至两年。生长周期越长，对农户的生产投入要求就越大。再加上蔗农被排除在砂糖的利润分享外，原料甘蔗的收购价格又往往被居于垄断地位的制糖会社打压，其收益相比其他作物并没有优势。所以，将制糖会社分发的肥料挪用于其他作物，便成为蔗农合理的经济选择。

除了转用于其他作物，肥料还有其他的挪用情况。《蔗农读本》里提到：

---

[1] 宫川次郎『台湾糖業の批判』糖業研究会、1913、88-89頁。

> 从前，有些蔗农并不爱惜从制糖会社手中获得的大豆粕，最终这些肥料都流入了猪的口中，化学肥料则直接转卖掉了。[1]

农民对于有机肥料与化学肥料的处理实际上体现了区别于制糖会社的农家智慧与精明。在蔗田之外，豆粕的饲料用途与化学肥料的商品属性都得到了充分的发挥。化学肥料的转卖之所以大行其道，是因为制糖会社补贴下农民获取肥料的价格要低于市价，因此将其贩卖到市场是有利可图的。前文提到，甘蔗种植的风险颇高，收益又并无优势。农民的肥料挪用行为，具有经济上的合理性，某种意义上，也是对被制糖会社剥夺利润的一种报复。

农民对于肥料的挪用既然已经为众多糖业人员所见、所书，制糖会社自然不能无动于衷。《台湾肥料的现状与将来》中指出了会社的两个对策。一是在会社所分发的肥料上做上标记，如果发现带有标记的肥料被挪用或转卖的痕迹，就要求农民偿付所领到的分发肥料的全价。二是作为预防之策，要求农民将施肥日期与场所通告会社，由会社的原料员到场监督施肥工作是否切实展开。[2] 在这样严格的管理之下，挪用肥料的不法行为已经不多见了。

在肥料使用的管理之外，会社还试图从肥料的源头上解决挪用问题：

> 各会社……为了防止大豆粕这样的肥料被用作家畜饲料，将之悉数加工成调和肥料。[3]

由于调和肥料并非仅由有机肥料构成，还包含化学肥料的成分，因此也就不能用作饲料。会社希望以此来限制农民对于大豆粕的挪用

1　宫川次郎『蔗農讀本』台湾糖業研究會、1927、25 頁。

2　台湾銀行調查課『台湾ニ於ケル肥料ノ現状並将来』台湾銀行、1920、35 頁。

3　台湾銀行調查課『台湾ニ於ケル肥料ノ現状並将来』41 頁。

行为。

从肥料的挪用问题可以看出，由于农民是甘蔗施肥的主体与承担者，如果农民意图挪用甘蔗肥料，会社的施肥推进政策不仅将完全落空，而且要付出高昂的监管成本。而对制糖会社而言，与农民的博弈直接影响到了施用肥料的种类选择。

（三）小结

从会社的施肥推进与农民的肥料挪用可以看出，农民与制糖会社的冲突关键在于，实现甘蔗增产几乎成为制糖会社推进施肥的唯一目的，这是与制糖会社的利润追求直接挂钩的。但对农民而言，维持生计远远要比"多收三五斗"甘蔗复杂得多，农民的生产与生活消费的支出囊括方方面面，种植口粮、使用燃料、制作饲料等需要，对于农户的生活而言同样重要。他们将寻求一切可能的方法，做出最理性的权衡，使手中的肥料对于生计发挥最大的经济效用。而这一发挥效用的方式并不总是能与制糖会社所愿相一致。制糖会社的单一增产追求与农民面临的复杂经济生活之间形成了深刻的矛盾，正是这一矛盾让制糖会社的施肥推进政策陷入"有心栽花花不开"的尴尬境地。

二　经验主义与技术主义

区别于上述经济层面的斗争，在施肥的观念博弈中，蔗农与会社无时无刻不在感受着作为"物"的肥料本身——不同的肥料给人们带来不同的观感，不同的施肥方式蕴含着不同的技术知识内涵，承载着不同的文化象征意义；同时，蔗农与会社也通过肥料感受着对方——双方关于肥料以及肥料知识的需求与供给的关系，任何一方对这种需求与供给之意愿的接受与拒绝，以及这种接受与拒绝背后的情感表达与价值判断。

农民与会社之间的观念冲突，最直观的表现为对施肥效果的感受方式与判断标准的差异。换句话说，能够说服农民相信肥料之有效的方法，与能够说服会社的方法是截然不同的。基于这种感受方式的差异，农民与会社通过各自的标准对肥料进行检验。一旦双方的检验出现结果上的差异，冲突就会随之发生。本部分将对会社施肥促进工作的技术主义导向特征进行分析。

（一）会社：技术主义导向的施肥观

　　作为多肥农业商品化生产的载体，会社是通过技术来认知肥料的。这种技术取向既来自现代糖业的基本特点，也与总督府的产业政策有密不可分的关系。自从实施糖业扶植政策以后，甘蔗农业相关技术的发展就是总督府工作的核心之一。1902 年，伴随《糖业奖励规则》的发布与临时台湾糖务局的创立，总督府在台南新化设立大目降甘蔗试验场。1905 年又设立糖业讲习所并招募学员，进行糖业相关技术知识的培训。1906 年，甘蔗试验场与糖业讲习所合并为糖业试验场，从事甘蔗的轮作栽培、砂糖与砂糖副产物的制造、蔗苗的栽培与繁殖、甘蔗以及轮作物的病虫害防治、蔗糖的分析等一系列的研究以及糖业讲习生的培养。1911 年，临时台湾糖务局废止之后，糖业试验场被划归殖产局管辖。1912 年，设立高雄检糖所。1913 年设置蔗苗养成所。1921 年，糖业试验场被并入中央研究所农业部糖业科。1932 年，糖业科与检糖支所负责的糖业相关研究事务合并，成立台湾总督府糖业试验所。[1] 以上机构的设立，大大推动了岛内制糖业相关技术研究工作的进步，从而为会社的糖业农业技术改良创造了条件。

　　有关糖业技术机构的作用，仅以最有代表性的大目降试验场为例。对于大目降试验场的地位，媒体有如下报道：

　　　　台南州下的大目降糖业试验场是台湾砂糖王国传统权威的象

1　上述总督府对于糖业技术机构的设立，可参见台湾総督府殖産局特産課「台湾糖業年譜」『台湾糖業統計』1936、1 頁。

征……糖业科拥有让日本承认台湾之存在的糖业中唯一的绝对权威，从这回的采访中，可以看到糖业科为了追逐其理想所拥有的相应外部条件……总而言之，该科创立以来达成的主要事业有……（二）判断本岛各地的甘蔗所使用的肥料是否适合，并决定确切的调和比率……[1]

表 1 展示了 1905 年大目降试验场进行的各种肥料有效成分的分析实验情况。

表 1　1905 年肥料有效成分实验

单位：%

种类	实验开始日期	实验结束日期	氮	磷	钾
落花生粕	1 月 6 日	1 月 12 日	3.28	1.503	0.562
熏制骨粉	1 月 6 日	1 月 12 日	2.548	27.829	0.358
硫铵	1 月 8 日	1 月 12 日	21.512	—	—
干血	4 月 10 日	4 月 12 日	13.06	—	—
过磷酸石灰	4 月 11 日	4 月 13 日	—	17.8	—
托马斯磷肥	4 月 16 日	4 月 18 日	—	17.909	—
硫酸钾	4 月 19 日	4 月 22 日	—	—	42.864
钾盐镁钒	4 月 19 日	4 月 22 日	—	—	10.822

資料来源：臨時台湾糖務局『臨時台湾糖務局年報・第 3 年』79 頁。

除此之外，试验场报告中还包括肥料的三要素实验、肥料增产实验等。足以证明肥料的技术研究是该机构重要的实验内容。[2]

由此可见，就肥料而言，相关机构的设立及其技术研究工作的开展，为多肥农业提供了坚实的基础，正是在这样的条件下，制糖会社将技术检定工作视为肥料推广的重中之重。会社相信，肥料的效力、成分、质量只有经专业技术机构检验才能得到信任，才能作为增产工作的可靠的核心。

1　『台湾日日新報』1921 年 2 月 5 日。

2　臨時台湾糖務局『臨時台湾糖務局年報・第 3 年』81 頁。

会社对于技术信心的最好证明是肥料的检定。在各种肥料之中，大豆粕作为肥料品质较为固定，自给肥料则并不十分在意成分与品质问题。但化学肥料不然，化肥是肥料工业商品化生产的成果，其肥料成分必须通过专业的检测才能得以确认。而且，化肥的有效成分含量对于肥效有决定性影响，因此其检验工作势在必行。从肥料市场的实际情况来看，化学肥料中，调和肥料的造假现象尤其严重，这一点取决于调和肥料的性质：

> 配合肥料的好处在于，首先，硫铵和过磷酸石灰等有制造会社本身提供的价格，大豆粕交易所里也有标准的价格，而配合肥料与之不同，要进行价格的比较十分困难。而且即使要保证肥料的元素成分，也不用公开配合的原料……在配制肥料时使用种种稀释物或者不良材料以降低成本，从而卖出高价，这种情况也是有的。[1]

因此，为了防止购买到劣质肥料，制糖会社会通过制糖所对所购买的肥料进行检验，同时，部分制糖会社还自己拥有肥料检验设备并配备技术人员，拥有独立的肥料检验能力。以台湾制糖业为例，在第三次制糖会社农事主任会议中，农事主任与总督府官员的问答如下：

> （总督府提问）
> 第三，对于购入肥料，之前大多是在打狗（即高雄——引者注）检糖所进行分析检定并加以管理的。大正五年废除了对肥料的直接管理以来，对于各制糖会社以及区域内蔗农购入的肥料的品质数量等的管理，采取了怎样的方法？

1　日本農業発達史調査会『日本農業発達史：明治以降における．第8巻（大恐慌以降の日本農業）』中央公論社、1956、241頁。

　　　台湾制糖株式会社回答

　　大正六年度以来，购入肥料都带有保证成分表，调和肥料与过磷酸石灰等在到港时就采集了样本，送到检糖所或者敝社的试作系进行分析……[1]

　　可见，制糖会社对肥料的检定工作极为重视，而且十分在意维持肥料检验的技术水准，为此不惜自己耗资进行人员和设备配置。除了台湾制糖的个案，有关各会社肥料检定的整体情况，高雄检糖所有如下的总结：

　　　本所创立的明治四十五年四月到大正十年的十年间……伴随肥料消费者的激增，贩卖肥料的交易越来越频繁，依赖本所分析检证的肥料交易数量也不断增加。当然，与其他商品一样，每年无可避免地受经济界影响，数量有多多少少的增减。[2]

　　可见，在施肥问题上对技术的信赖已经成为整个制糖业的共识，肥料检定甚至充当了经济界变动的晴雨表。无论从其本身的资本主义生产特点，还是实际市场关系来看，制糖会社与肥料专业技术的紧密结合都是毋庸置疑的。

（二）蔗农：经验主义导向的施肥观

　　相对于制糖会社的技术取向，农民对肥料效果的判断方法则截然不同，他们完全依靠经验和感知来进行判断。正如坦南鲍姆所说：

1　台湾総督府殖産局『第三回製糖會社農事主任會議答申』1919、36頁。
2　台湾総督府中央研究所高雄検糖支所『高雄検糖支所十周年報』1922、25頁。

农民具有与自然相处的悠久传统，在长期的规律性的劳动过程中，经验主义不仅是农民耕作中秉持的方法论，更是他们的人生信条与价值判断的出发点。[1]

这里所说的经验，本质上是农民在劳动与生活中凭借所见所闻所感得到的知识的总结。需要注意的是经验所具有的社会性。也就是说，农民之间的知识积累具有稳定的传播途径——劳作后的傍晚闲聊、民间故事与传说的传播、代际的帮扶关系等。在漫长的前近代农业社会里，这些经验很大程度上帮助农民适应了农业环境，并为其提供了思想与判断的准则。

然而，包括商品化生产的化学肥料在内，殖民资本主义给台湾蔗农的生活带来了大量经验难以感知之物，从而冲击着他们原先习惯的世界观与价值观。就像前文所提到的，化学肥料是一种很难凭借感官来判断好坏的东西，因此，对于奉行经验主义的农民来说，判断化学肥料效果所需的成本极高——他们只能姑且相信它、施用它，然后等待可以通过经验判断的结果——肥料的增产效果发生。正是经验主义对于化学肥料的不适，使化学肥料在推广初期面临巨大的困难。《台湾糖业插话》中写道：

以前的台湾百姓无法理解这样明确的道理，因为他们祖祖辈辈都对传统的百年甚至三百年来无肥料的收成感到满足。[2]

可见，历史传承的经验意识一度成为农民面对肥料的推进踯躅不前的重要原因。

不过，肥料的作用并不只限于产量这一条，不同肥料成分对于植物

1　Nicola TannenbaumI，"The Misuse of Chayanov: 'Chayanov's Rule' and Empiricist Bias in Anthropology," *American Anthropologist*（86），1984.

2　手島康『台湾糖業插話』台湾糖業插話発行所、1930、238 頁。

的生长发挥着不同的促进作用，这对农民的经验论构成了更大的挑战。《甘蔗栽培法案内》中曾经提到：

> 只施用如同人屎尿绿肥堆肥等氮肥或者偏氮肥，完全将磷酸肥料置之度外，毫无反省。这样的话，虽然生长期茎叶繁茂，一看起来发育旺盛，但茎干软弱，容易遭受病虫害，进入成熟期后，由于磷酸供给不足，并不能保有充实的糖分。[1]

这里，著者谈到了农民偏爱施用氮肥而不施用磷肥的问题。值得注意的地方在于氮肥与磷肥的不同功效：施用氮肥能够让甘蔗茎叶繁茂，茎叶的繁茂对于农民而言是十分明显可见的变化。这是农民通过经验与感官能够获得的反馈，因此氮肥的效果容易通过经验主义的考验，使这种肥料受到农民的青睐。相比之下，磷肥的作用是坚固茎秆、防止病害和提高糖分，对于农民来说，这些作用要抽象得多，也不能直接通过感官得到鲜明的认知，因此农民对于使用磷肥的积极性并不高。由于两种成分的肥料作用效果不同，其效果的可感知程度也不同，因此造成了农民在施肥方面的偏好不同。经验主义对于施肥的影响在这一点上得到了鲜明的体现。

上面说到，农民可以通过对产量的感知来判断肥料的效果。然而，这里也存在着经验准则难以运用之处。与前近代时期的甘蔗种植不同，在多肥农业的甘蔗商品化生产下，对甘蔗的要求除了有形的产量之外，还有其他重要的因素：

> 关键在于，种植甘蔗的目的是获得糖而不是蔗茎。对于其他的作物而言，期待其长得大就够了，但成分如何并不能直接通过数字多少反映出来，甘蔗根据其含糖量的多少来决定产量的多少，

1　佐々木幹三郎『甘蔗栽培法案内』台湾塩水港製糖、1913、91頁。

从而决定最后的收购价额。[1]

商品化生产下，甘蔗区别于其他作物的特殊之处在于，在产量之外，含糖量对于甘蔗质量的好坏有决定性的影响，这直接影响到制糖会社榨糖的出糖率，从而影响到原料甘蔗的收购价格。然而，甘蔗的糖分含量也是无法为农民所感知的，只能通过专业的仪器加以测量。事实上，制糖会社也明白在这一问题上自己相对于农民的优势，在甘蔗收购时以含糖量低为由压低价格。这种行为引来了农民的强烈反弹：

> 仅以如今大正七年八月台南市蔗作者的座谈会上蔗农代表的要求为例：
>
> …………
>
> 测糖仪器的试验，需要有蔗作者的代表在场参与。
>
> …………
>
> 一览以上的要求条款，最遗憾的事莫过于蔗作者对于会社的称量以及测糖仪器的试验并没有完全的信任。[2]

会社的称量以及检糖试验，并不能完全获得蔗作者的信任，这种信任的缺乏背后当然包含了对制糖会社剥削性格的怀疑，但检糖仪器及其检测结果无法被经验很好地感知，也是使农民疑窦丛生的直接原因。

由此可见，面对制糖会社以技术主义为准则的施肥推进工作，农民依靠经验与感官认知判断肥料效果，在某些方面阻碍了肥料的推进，在有些问题上却也为制糖会社创造了优势。这就是生产观念碰撞的复杂效应的体现。

1　宮川次郎『台湾糖業の批判』89 頁。

2　陈逢源『新台湾経済論』台湾民報社、1936、305-306 頁。

三 肥料与知识

不同的判断方式能够对农民与制糖会社面对施肥的具体态度产生巨大的影响，这一点是基于肥料作为知识载体的性质而实现的。不同的肥料承载了不同的知识以及生产这些知识的不同产业体系，如果对肥料背后的这些知识一无所知，就很难获得与之相协调的使用方法。某种意义上，这就是农民面对化学肥料的困境的根本原因。因此，有必要对不同肥料背后的知识需求的差异进行考察。

（一）生产与知识：自给肥料与化学肥料

首先，我们重点对农民一直以来使用的自给肥料与制糖会社引入的化学肥料的差异进行考察。

肥料的生产方式构成了其背后知识体系形成的基础。从使用者对肥料的掌握程度上看，自给肥料与化学肥料之间在生产上是天差地别的。自给肥料的特征从其名称中清楚地反映出来——它是由农民自己制作、自己投入农业生产的。这意味着农民完全承包了自给肥料生产、流通（如果有的话）与使用环节。从知识的生成上看，对肥料生产环节的完全把控意味着农民获得了自给肥料在生产过程中所需以及所产生的全部相关知识。这里的知识生产构造与福柯所说的"古典知识型"相匹配。[1]事实上，不仅是肥料，在传统经济中，作为一个社会阶层的农民群体在完全占有自己农产品的生产与消费之外，也几乎同时完全占有对生产工具的生产与消费——他们自己饲养牲畜并自己驾驭其耕作，自己选留种子并自己播撒，自己制造镰刀、犁和钉耙并自己在田地上挥舞它们。从这个意义上看，自给肥料的特性只是这种前近代性的一点遗存罢了。

相反，在化学肥料的商品化生产之中，其作为商品的生产、流通与消费环节被社会分工这把手术刀精细地肢解开来。在生产端方面，英

国、德国肥料商以及以大日本人造肥料、多木制肥所等代表的日本肥料工业使用合成法在车间里制造硫铵，同时，日本肥料商从海外进口磷矿石，与硫酸混合以制造过磷酸石灰，并把大豆粕、硫铵与过磷酸石灰混合起来制成调和肥料。在流通环节上，三井物产、三菱商事等财阀与肥料制造商签订销售合同，将其贩运到台湾，再通过台湾本地的经销网络将之贩卖给制糖会社或农会这样的大主顾或者个体消费者。[1] 在肥料作为商品的终端，无论是从哪一方手中获得的肥料，无论肥料袋上印着日文、英文还是德文，它们都要经由蔗农之手被播撒在台湾的蔗田里。商品化带来的分工使无数个主体在肥料背后的产业链条上无时无刻不发生着与合作、竞争、交易有关的活动。

这种产业链条的割裂是如此之深刻，以至于不仅是农民，没有任何参与方能够完全掌握这一环节中生产出的全部知识。日本与海外的肥料业者不会听到台湾蔗田里的农民关于肥料的抱怨，制糖会社不会知道每年度肥料成分的细微变化里隐藏着制造者如何的用意，而强制性地、被动地进入这一产业链条中的农民则对这一切都一无所知——就像他们并不能读懂肥料包装袋上的说明一样。因此，农民缺少的不仅是使用化肥的知识，更缺少学习这种知识的思维与途径。他们对于化肥的天然抵制态度也就并不奇怪了。

（二）化肥产业的升级与知识的生成

除了自给肥料与化学肥料的差异，在化学肥料的内部，也存在着以肥料工业的发展进程为标准形成的从低到高的肥料等级体系，而这一体系同时也对应着从低到高的肥料技术知识。化肥产业的这一升级过程伴随着知识的升级，不断对农民的施肥知识水平提出挑战。

处于化肥工业体系底端的是过磷酸石灰与调和肥料。川崎一郎这样说道：

1　日本農業発達史調查会『日本農業発達史：明治以降における. 第 8 巻（大恐慌以降の日本農業）』51 頁。

制造调和肥料的开端，是因为过磷酸制造鼻祖的东京人造肥料会社所制造的过磷酸无人问津，于是模仿外国，将其与氮素肥料相配合，作为销售过磷酸的权宜之计。[1]

《肥料问题研究》中也提到：

配合肥料在我国只是过磷酸石灰的销售政策而已。[2]

这里共同谈到的，是调和肥料作为过磷酸石灰的销售策略的问题。在日本，由于化学肥料上市之初人们的接受度不高，因此肥料会社将过磷酸石灰与大豆粕等已有肥料进行调和出售，从而提高人们对过磷酸石灰的接受度。除了销售端，调和肥料与过磷酸石灰在工业生产上也处于较为初级的阶段。日本的过磷酸石灰，是通过进口磷矿石、使用硫酸将之溶解后得到的。这一工序既不需要严苛的反应条件，也没有对原料定量的精确要求，因此只要拥有稳定的磷矿石来源，其生产就不成问题。至于调和肥料，其主要工序只是混合而已，《日本肥料发达史》这样写道：

对调和肥料而言，因为仅仅是将各种肥料配合在一起而已，所以只要有极少数的资金与设备就够了。随着配合肥料市场的打开，小规模的配合肥料企业丛生，肥料批发商中涉足配合肥料生产的也不在少数。[3]

---

1 川崎一郎『わが国肥料事情の推移：主として行政面から見て』農業発達史調査会、1951、33 頁。
2 佐藤寛次『肥料問題研究』日本評論社、1930、90 頁。
3 日本農業発達史調査会『日本農業発達史：明治以降における．第 8 卷（大恐慌以降の日本農業）』239–240 頁。

由于较为简单的混合工序以及较低的资金门槛，调和肥料的市场上遍布各种小规模的肥料商与肥料批发商店。这充分说明了过磷酸石灰与调和肥料生产工业的初级性质。

于是，硫铵化肥及其制造工业的出现，在过磷酸石灰与调和肥料的映衬下就显得格外重要：

> 硫铵代表的氮肥工业，由于生产技术本性的影响，没有巨大的资本是不可能得到发展的……这样的硫铵工业的确立，在肥料工业的发展史上具有划时代的意义。硫铵迅速取代大豆粕，登上了贩卖肥料的王座……[1]

可见，硫铵的生产技术要求高，需要大量资本才能发展，这与过磷酸石灰工艺简单、小生产者众多的格局形成了鲜明对比。硫铵工业的发展是日本垄断资本主义的重要环节，体现了垄断资本发展在肥料方面的产业特征。这里的关键之处在于，不同的商品肥料生产在同时也生成了不同等级的知识。过磷酸石灰、调和肥料与硫铵之间在生产与肥料发展阶段上的差异，直接决定了两者承载的肥料技术知识的不同等级，从而影响到这两种肥料的施肥难度，并在农民的施肥问题中体现出来：

> 强行使用人造肥料或者单用速效肥料，对于缺乏肥料知识的本岛农家而言是极为困难的事。如果误用的话而不能获得很好的结果，恐怕罪过就会转嫁到肥料头上。因此在此处依照之前的土粪问题的惯例，只叙述共同购买的肥料的使用方法。[2]

在论及肥料的推广方法时，著者专门提到，由于速效肥料的单独使

1　日本農業発達史調査会『日本農業発達史：明治以降における. 第 8 巻（大恐慌以降の日本農業）』243 頁。

2　佐々木幹三郎『甘蔗栽培法案内』台湾塩水港製糖、1913、93 頁。

用对于缺乏肥料知识的农家来说极为困难，为了防止农民误用后将不好的结果归罪到肥料头上，所以只介绍共同购买肥料的使用方法。此处共同购买肥料的主体即调和肥料。这说明，硫铵代表的"速效"肥料与调和肥料的肥料知识需求和施肥难度是具有明显差异的，这对于农民的施肥产生了重要的影响。

肥料工业的升级步伐停止，1930年代后，以无机肥料为原料进一步加工制造而成的合成肥料开始登上肥料市场。区别于单一元素的硫铵、过磷酸石灰等，合成肥料一般包含两种以上的肥料三元素（氮、磷、钾），如磷酸铵、磷酸钾、磷酸钾铵等。虽然同样含有这些元素，但合成肥料与调和肥料的性质与意义完全不同。调和肥料仅仅是将不同肥料进行物理意义上的混合，而合成肥料则实现了新肥料成分的制造。这种新型肥料的有效成分含量要比硫铵等单元素肥料更高，同时也有更高的施肥要求：

> 合成肥料能够简单地获得适合各种土质以及作物的成分，其成分含量很高，而且随着包装、搬运等经济关系方面农家施肥知识的不断增进，逐渐得到普及，在将来的发展也受到这一趋势的约束。[1]

可见，肥料种类的步步升级，同时也要求制糖会社推动农家不断加深对于施肥知识的掌握程度。农民对肥料知识的缺乏在施肥推进的初期阻碍了硫铵等速效肥料的推广，而在会社的努力以及生产本身潜移默化的思想改造作用下，不仅硫铵得到应用，连更高级别的化成肥料的使用也成为可能了。

综上所述，从肥料到肥效、从肥效到增产的转换，并非一个不言自明的简单的过程。在这里，肥料的实际使用特性与其知识载体特性体现出一体两面的关系——肥料效果的实际发挥依赖于对施肥方法的掌握，

1　林佛树『台湾経済の基礎知識』台湾経済通信社、1938、435頁。

而把握施肥所需的知识则来自商品化肥料生产的知识生成。肥料承载了其背后的工业体系以及其生产过程生成的肥料知识，但由于这一工业体系的高度专业化以及生产分工的高度切割，农民完全无法像理解自给肥料那样，去理解和感受这些远渡重洋、承载着无数资本运动、经由无数人之手而辗转来到他们面前的、具有哺乳农田之魔力的粉末状物品。缺乏这样的知识背景，即使是握在自己手中的一小撮肥料，也难以为农民所真正掌握。在施肥推进的背后，农民面对的不仅是有形的、以制糖会社为代表的殖民资本主义经济单位，还有无形的、站在垄断资本主义经济之后的现代化工业生产体系所产生的技术知识。在农民每一次弯腰施肥的动作中，这些知识都不断对农民原有的知识体系构成冲击。面对这种冲击，他们以对施肥的抵制、对使用自给肥料的坚持以及对糖分检测的质疑作为回应。农民的经验主义传统体现出了极强的韧性，迫使制糖会社不得不体察农民的生产观念与思想逻辑——在生产上属于高级别的硫铵却被用于制作更低级别的调和肥料，以适应农民对肥料知识的实际把握程度，这是制糖会社妥协的最好例证。

四　结语

施肥博弈的背后，承载了殖民主义现代性与农民传统生产价值观念的矛盾，这一矛盾在施肥推广的技术与经验之争中得到了鲜明的体现。不同的肥料承载了由不同的生产体系生成的不同知识体系，而农民对肥料知识体系的把握水平直接影响了会社施肥推进工作的开展。施肥博弈的历史真相在这个意义上得到了丰富。

本文探讨了农民与制糖会社的施肥观念冲突，以及这些冲突背后的肥料知识体系的碰撞。然而，"碰撞"这样冷淡的描述其实并不准确，甚至掩盖了这些冲突的本质——这是一场以化学肥料为代表的高度技术化的资本主义知识体系对农民传统的经验主义农业认知所发起的主动冲锋。农民不仅在经济生活上被纳入多肥农业商品生产的链条之中，其关于生产的观念与认识也经历着新的塑造。对农民而言，制糖会社推崇的施肥技术主义以及肥料工业，仿佛对肥料与肥料知识的双重生产工作挥动着思想之鞭，试图摧毁他们原有的经验主义认知体系，其目的在于使他们皈依技术、精确与专业化的宗教。而农民的回应以及经验主义传统的韧性，不仅是在思想上"渎神"，也是对前来布道的"先知"的人身反抗。在有关施肥推进的书籍之中，经常看到有关农民"顽迷""智识落后"的描述，此处令制糖会社与糖业技术人员们恼火的，不仅是农民思想观念上的顽固，更是顽固背后农民在地位上的不服从姿态。在这里，殖民性的问题成为冲突与博弈若隐若现的背景，正是这一点为肥料的博弈赋予了反抗殖民角度的更深层的含义。

帝国日本的东洋史学与"东亚"史像

顾菱洁[*]

一 引言

在近代日本人的言论空间中,所谓的"东洋史学"大行其道。而被掩盖在"东洋史学"之下的,是在20世纪初的东洋史教科书中频繁出现的"东亚(東亜)"[1]一词,尤其是在1940年代为塑造"大东亚战争"之"大义名分"而生成的所谓"大东亚史"。

东洋史学家那珂通世于1894年提议创设"东洋历史"学科,其后在甲午战争期间,"东洋史"作为

* 北京大学历史学系博士研究生。

1 本文探讨的核心概念是作为历史概念的"東亜"(Toua),写作带引号的"东亚"。在1945年以后,日本人不再使用这一概念,而是使用"東アジア"(东亚细亚)指代亚洲东部地区。另外,本文多次出现"大东亚战争""大东亚史""支那"等语词,为呈现原文的使用情境,将加引号进行使用。

历史教学科目正式设立，其首先"以支那为中心，论说东洋诸国治乱兴亡之大势，与西洋历史相对，构成世界历史之一半"。[1] 值此之际，桑原骘藏于 1904 年刊行汉文译著《东亚史课本》。黄东兰的《桑原骘藏东洋史教科书及其汉译文本》即以此译著为对象，解析原著与译本间"支那""中国"等表记与同时代历史叙事的差异，探究桑原与译者截然不同的历史意识。[2] 进入到所谓"大东亚战争"的时代，日本教学局于 1942 年 4 月号召编纂所谓的"大东亚史"，要求明确帝国日本在东亚的历史使命与重要地位。有高岩及其学生山崎宏在其合著的《概说东洋史》的基础上进行改编，于 1943 年 11 月刊行《概说大东亚史》。三岛一则直接摆脱旧有的东洋史叙事框架，在 1944 年 3 月出版作为"皇国史之延长"的《东亚史概说》。铃木正弘的《有高岩的"东洋史""东亚史"构想与教授参考书籍》详列有高的大量东洋史著作，但对"东亚史"的部分着墨不多。[3]

本文以作为历史概念的"东亚"（東亜）为关键词，深入探究始终根植于帝国日本的东洋史学科之上的所谓"东亚史"教科书的编纂问题。本文以桑原骘藏、有高岩与三岛一三位东洋史学家为例，以 1904 年桑原的《东亚史课本》、1943 年有高的《概说大东亚史》与 1944 年三岛的《东亚史概说》为主要对象，试图刻画出在帝国日本的对外扩张与东洋史学的变革发展过程中，近代日本知识人创制出的所谓"东亚史像"。

二　桑原骘藏：剑指"东亚"，意在俄国

近代日本著名东洋史学家桑原骘藏于 1898 年出版《中等东洋史》

1　土屋洋「近代日本の東洋史教科書とアジア認識」『中国と日本：相互認識の歴史と現実』岡山大学グローバル・パートナーズ、2014、127 頁。

2　黄東蘭「桑原骘藏東洋史教科書とその漢訳テクスト――『東亜史課本』との比較分析を中心に」『地域研究・国際学編』43 巻、2011 年。

3　鈴木正弘「有高巌の『東洋史』『東亜史』構想と教授参考書籍――その改革論と『最新東洋史参考書』を補う書籍の考察」『総合歴史教育』39 巻、2003 年。

上下卷。翌年 4 月，桑原将其"删减修订"，刊行《初等东洋史》，称此书"洵可为中学之教科"。[1]1903 年 2 月，桑原再次修订并出版《东洋史教科书》，该书极尽简明，"依据新定教授要目，以在中等程度之学校，教授规定时间内的支那中心之东洋史为目的，进行编纂"。[2]《初等东洋史》之译著《东亚史课本》出版于 1904 年，由泰东同文局友人译，桑原自身亦参与校阅和修正。《东亚史课本》取"东亚史"之名，乃桑原唯一一部在中国出版的译著，其旨在"洵可充中国学堂之教科善本"。[3]在书名之外，桑原在该著作及其他东洋史教科书中屡屡使用"东亚"二字，赋予"东亚"与"东洋"不同的意义。

表 1   桑原教科书中东亚、东洋、东方亚细亚、东方之使用次数

单位: 次

	中等东洋史	初等东洋史	东亚史课本	东洋史教科书
东亚	5	3	7	13
东洋 / 东西两洋	35/3	15/5	18/7	23/3
东方亚细亚 / 亚细亚东方	19/4	2/1	2/1	—
东方	—	14	10	5

注: 本表数字为笔者统计，或有误差。

"东亚史"初露端倪之际，恰是"东洋史"在帝国日本的学科建制中逐渐独立出来，与西洋史、国史三足鼎立之时。桑原如是说道："说到东洋史，主要是阐明东方亚细亚之民族盛衰、邦国兴亡，在通常历史中与西洋史并列，构成世界史之一半。"[4]在当时的日本社会中，"世界史"基本等同于欧洲史（即外国史），而亚洲国家很少被纳入其讨论范

1   桑原隲蔵『初等東洋史·辯言七則』大日本図書、1901。
2   桑原隲蔵『東洋史教科書·例言』開成館、1912。
3   桑原骘藏:《东亚史课本·弁言九则》，泰东同文局友某译，泰东同文局，1904。
4   桑原隲蔵『中等東洋史 上卷』大日本図書、1898、1 頁。

围之内，是故"东洋史"被要求在与西洋史相对立的意义上取得其独立的地位。及至日俄战争前后，"东亚"对于该时期的日本知识人来说，已经成为一个具有特殊意义的语词。[1]

在介绍东洋史的定义及范围时，桑原划定其所谓的"东方亚细亚"之地域范围。桑原指出"依据山川形势，将亚细亚大陆分为五个部分"，[2] 其中东方亚细亚为"南有喜马拉耶、西有葱岭、北有阿尔泰之三大山脉环绕的土地。支那与朝鲜属之"。[3] 按照桑原所撰诸语，无论是"依据山川形势""亚细亚大陆"，还是"三大山脉环绕的土地"，皆指示东方亚细亚全然是一个陆地概念。换言之即在东方亚细亚的土地上"实有支那及朝鲜"，但无岛国日本，"亚细亚大陆之最东端乃朝鲜，其南端一衣带水，与我日本相望"。[4]

在"东方亚细亚即陆地"之释义的基础上，《东亚史课本》共使用 7 次"东亚"。

①方是时契丹崛起于辽水之上游，遂为东亚之一大强国矣。（第 91 页）

②以太利之马尔可保罗及亚非利加之伊布八兹达等远游东亚，亦实属于此时代。（第 130 页）

③美国自皇纪两千四百四十六年以来，派领事于支那，奖励东亚之贸易。（第 216 页）

④俄罗斯自克利米亚战争后，不得意于欧洲。中央亚细亚之南下，亦受英国之妨害，故专用力于东亚侵略。（第 220 页）

⑤第十四章　中日战争后之东亚

1　参见拙作《帝国日本语境中的"东亚"》，《北大史学》2022 年第 1 辑，社会科学文献出版社，2022，第 305—324 页。

2　桑原隲蔵『中等東洋史　上巻』1–2 頁。

3　桑原隲蔵『中等東洋史　上巻』1 頁。

4　桑原隲蔵『中等東洋史　上巻』7–8 頁。

⑥而垂涎东亚之俄国，固不欲日本之扶植朝鲜而增进其势力，故颇唱异议。（第221页）

⑦其间惟日英两国利害略同，乃缔结同盟，以保东亚和平为目的。（第223—224页）

《初等东洋史》中有3处使用"东亚"，即此处的①③④。⑤为章节名，亦是《东亚史课本》新添加的一章节，故⑥⑦亦未出现在《初等东洋史》中。②乃个例，在其余三部著作中，皆为"远游支那"，在此则变成"远游东亚"。或为译者随性所为，不做探讨。③亦是特例，但在《中等东洋史》和《初等东洋史》中有相同句式。事关中国开埠，日本外交文书在转述1899年9月22日美国与英国之往复书时使用"东亚"二字，"关于在东亚通商贸易一事，向御座与女皇陛下之政府请示"，[1] ③疑似照搬当时转述时所使用之语词。

"东亚之强国"（①）的评价在桑原的行文中屡屡可见。在中古期和近古期的两个编目中，先有匈奴，"秦汉之际，支那以外之东亚诸国中，尤其匈奴为极强大者"[2]（《中等东洋史》）；其次是契丹（①），"方是时，契丹崛起于辽水之上游，遂为东亚之一大强国矣"，[3] 后亦称契丹所建之辽"实为东方亚细亚最强之国"；[4] 再者是女真族，"是时，金之疆域东自日本海，西至蒙古之西端，南自汉、淮二水，北至胪朐河，实为东亚之最大强国"[5]（《中等东洋史》）。在桑原详述的塞外诸族中，有传者乃匈奴、突厥、契丹（辽）、女真（金）、蒙古（元）、满洲（清）。其中的匈奴、契丹和女真，皆被评价为"东亚之强国"，而蒙古则更胜一筹，被誉为"空前绝后之一大帝国"。其他诸如猃狁、吐蕃、回纥等，只略有其名号。

1　東亜同文會『東亜関係特種条約彙纂』丸善、1908、375頁。
2　桑原隲藏『中等東洋史　上巻』85頁。
3　桑原隲藏：《东亚史课本》，第91页。
4　桑原隲藏：《东亚史课本》，第100页。
5　桑原隲藏『中等東洋史　上巻』47頁。

表2 桑原教科书中对塞外诸族的评价

部族名	国名	中等东洋史	初等东洋史	东亚史课本
匈奴	—	秦汉之际,支那以外之东亚诸国中,尤其匈奴为极强大者。(上卷第85页)	武帝之际,匈奴雄视于塞外。(第38页)	秦汉之际,匈奴雄视于塞外,尤苦中国。(第27页)
突厥	—	突厥先灭柔然,取内外蒙古之地……建设空前之一大帝国。(上卷第208页)	是时突厥之领土,包内外蒙古,天山南北两路,及中央亚细亚。木杆可汗建牙于都斤山,统东方。(第107页)	是时突厥之领土,包内外蒙古、天山南北两路,及中央亚细亚。木杆可汗建牙于都斤山,统东方。(第72—73页)
契丹	辽	方此时之际,契丹崛起于东方,为东亚之一大强国。(上卷第264—265页) 辽实为当时东方亚细亚之最大强国矣。(下卷第19页)	方是时,契丹乘此机会,为东亚之一大强国矣。(第136—137页) (辽)实为东方亚细亚最强之国。(第148页)	方是时,契丹崛起于辽水之上游,遂为东亚之一大强国矣。(第91页) (辽)实为东方亚细亚最强之国。及圣宗死,国势渐衰微矣。(第100页)
女真	金	是时,金之疆域东自日本海,西至蒙古之西端,南自汉、淮二水,北至胪朐河,实为东亚之最大强国。(下卷第47页)	—	—
蒙古	元	自铁木真成蒙古之大汗,到其孙世组灭宋,仅七十年,蒙古实建设空前绝后之一大帝国。(下卷第83—84页)	自铁木真为蒙古大汗,仅八十年,而蒙古实建设空前绝后之一大帝国。(第189页)	自铁木真为蒙古大汗,仅八十年,而蒙古实建设空前绝后之一大帝国。(第128页)
满洲	清	除类似"归清之版图"以外,无明显评价		

桑原格外重视所谓的"塞外诸族",但其塑造的形象又颇刻板单一。匈奴、契丹、金、突厥、蒙古皆可谓"据中国之北部而频繁南下"图

入中原。匈奴据有东自满洲、西抵土伯特之地，役属天山南北两路诸
国，频年入寇西汉之边境，非常专横，"秦汉之际，尤苦中国"。[1]契丹
属满洲人种，辽太宗时即南下而图入中原，[2]辽圣宗时更达极盛，屡扰宋
之边境。女真亦属满洲人种，建立金，其疆域东自日本海，西至蒙古之
西端，占领中国之北半，灭辽而侵宋。金在《东亚史课本》中虽未被称
为"东亚之最强国"，但在《中等东洋史》中有此评价。突厥本属柔然
部，《东亚史课本》以"统东方"一词形容之，"是时突厥之领土，包内
外蒙古、天山南北两路，及中央亚细亚。木杆可汗建牙于都斤山，统东
方"，[3]其中东突厥更是"连岁入寇中国之北边，北齐、北周及隋均患苦
之"，[4]后为唐所灭。

在第四编"近世期　欧人东渐时代"中，紧接第三章"欧人之东
渐"的就是"俄罗斯之东侵"一章。桑原在开头即说道："葡萄牙、荷
兰以下诸海国，自南方航行于东洋之间。俄国自北方逐渐逼近东方亚
细亚。"[5]桑原以寥寥数语，刻画出"自北方陆路逼近的俄国"与"来自
海上的欧洲诸国"的截然不同的陆海国形象。另外，桑原指称欧洲人
"敢为冒险之意气风靡一世"，[6]对其大开东西之交通且"远航于东洋之
间""于东洋贸易"的行为颇有赞赏之意。然而在说到俄国沙皇米哈伊
尔一世的时候，桑原明确点出其"益派遣喀萨克之兵，而经略东方，遂
沿黑龙江岸，渐渐侵入满洲之北部"的侵略行径。[7]与被认为在最初只
追求贸易通商之利益而对领土侵略少有关心的欧洲诸国不同，桑原在塑
造始终"经略东方"、"侵略满洲北部"、全心致力于领土和政治性侵略
的俄国上面，可谓"煞费苦心"。

1　桑原骘藏:《东亚史课本》，第27—28页。

2　桑原骘藏:《东亚史课本》，第94页。

3　桑原骘藏:《东亚史课本》，第72—73页。

4　桑原骘藏:《东亚史课本》，第73页。

5　桑原骘藏:《东亚史课本》，第167页。

6　桑原骘藏:《东亚史课本》，第161页。

7　桑原骘藏:《东亚史课本》，第169页。

在桑原的笔下，俄国可谓东亚近代史中"犹未满足，频伺东方侵略之机"的典型事例。[1] 虽然清圣祖曾通过置屯田兵于黑龙江而短暂制止俄国"自北方逐渐逼近东方亚细亚"，使"俄罗斯遂不能南下"，[2] 但亦未能磨灭后者"经略东方""侵略北部"的野心。在近世期部分，除去记叙清朝历史的五个章节，其余八章中有七章都在持续不断地论及俄国东侵之野心。桑原对俄国的重视可见一斑。在《东亚史课本》中，桑原在俄国的身上使用2处"东亚"（④⑥）、1处"东方亚细亚"（"俄罗斯国自北方逐渐逼于东方亚细亚"[3]）和3处"东方"（"经略东方而侵略满洲之北部"[4]、"俄罗斯之东方侵略者"[5] 和"频伺东方侵略之机"[6]）。与之相对，桑原仅在描述美国时有"派领事于支那，奖励东亚之贸易"（③）一句，其他国家亦基本只在早期通商时期说到过几次"东洋"。亚洲东部之大势在桑原的记述中，委实与俄国息息相关。

相较于英国侵略印度、法国占领越南，俄国对中国北部的窥伺和觊觎无疑引起该时期日本人的警惕与戒备。桑原指出："俄国又于嘉庆中，企侵略萨哈连岛，因与日本纷争不绝。后名为千岛交换，遂占领萨哈连全岛。自是日本海之沿岸北方亚细亚一带地，悉为俄国所有矣。"[7]

> 虽然俄人以但通商（"以"乃原文用词），犹未满足，频伺东方侵略之机。……我朝廷方苦长发贼之乱，不能拒绝。遂以黑龙江定两国之界，乌苏里江东岸之地，为两国共有之地，且许与松花江、乌苏里江之通航权，是为《瑷珲条约》。及俄国公使依古

1　桑原骘藏：《东亚史课本》，第202页。
2　桑原骘藏：《东亚史课本》，第169页。
3　桑原骘藏：《东亚史课本》，第167页。
4　桑原骘藏：《东亚史课本》，第169页。
5　桑原骘藏：《东亚史课本》，第201页。
6　桑原骘藏：《东亚史课本》，第202页。
7　桑原骘藏：《东亚史课本》，第203页。

那裘夫为我了结英、法二国之和局，更逼夺我乌苏里江东岸之地，寻建海参崴，而为其根据地。[1]

"我朝廷""我乌苏里江东岸之地"及下文之"我军"等以中国为第一人称的做法，始见于译著《东亚史课本》的第九章鸦片战争。最初在谈论中英鸦片战争时，译著就写道"宣宗初虽主战，见我军连失利，遂议和"，[2]同时在段末附有中国朝代纪年"时道光二十二年也"。[3]其后译著间或用第三人称（中国、清国）和第一人称（我国），但唯有在记叙俄国之侵略行为的时候，皆采用第一人称。在甲午战争以后，译著又说到日本意欲扶持朝鲜，但"垂涎东亚之俄国，固不欲日本之扶植朝鲜而增进其势力，故颇唱异议。于是日俄两国协商，订左之条约"，[4]日俄之冲突与对立愈发激烈。在该章之末尾，译著以如下俄国占领中国东北一事结束全文。

列国和议既成，惟善后之策，犹未易了结。盖列国于中国利害不等也。其间惟日英两国利害略同，乃缔结同盟，以保东亚和平为目的。嗟乎中国不亟图自强，而惟是仰鼻息于他人，庸有济乎。以我地大人多之第一等大国，弗自振刷，反将为强权鱼肉，诚可痛大息也。[5]

如此说来，该章标题之"中日战争后之东亚"（⑤）实直指俄国。与"趁此之际，派大军占领满洲"的俄国相对抗，"日英两国利害略同，乃缔结同盟，以保东亚和平为目的"（⑦）。在桑原的笔下，俄国"犹未满足，

1　桑原骘藏：《东亚史课本》，第 202—203 页。
2　桑原骘藏：《东亚史课本》，第 196—197 页。
3　桑原骘藏：《东亚史课本》，第 196—197 页。
4　桑原骘藏：《东亚史课本》，第 221 页。
5　桑原骘藏：《东亚史课本》，第 223—224 页。

频伺东方侵略之机""专用力于东亚侵略"的形象可谓极其负面。桑原使用将近五章的篇幅，或多或少都在阐述俄国侵略亚洲之野心与现状。与此同时在俄国的面前，身为"我军"的中国频频失败，这使"以我地大人多之第一等大国，弗自振刷，反将为强权鱼肉，诚可痛大息也"。[1]

三　有高岩：东洋之下，"东亚"之名

日本教学局于昭和 17 年 4 月即 1942 年 4 月要求编纂所谓的《大东亚史》。其编纂方针主要有两点。一则详述日本文化与"共荣圈"诸文化之交流状态，阐释其依据及意义，明确日本在东亚的历史性使命。二则叙述欧美各国侵略东亚之样貌，阐明日本各时代在东亚之地位，明确日本在现代的历史性使命。[2] 第一条指向横向的地域联系，第二条指向纵向的时代发展，皆要求构筑以日本为中心且明确帝国之历史性使命的所谓的新"大东亚史"。

身为东洋史学家的有高岩及其学生山崎宏在 1943 年合著《概说大东亚史》。该书是对 1938 年 4 月的合著《概说东洋史》的删减补订。桑原自述其主要修改有如下三点。一则增加西南亚细亚和南方诸民族之事情，二则对近世欧美人之东亚侵略附以若干批判，三则对现代大东亚全域之记述添补近二十页。[3] 但事实上除了第三编的近世部分有较大改动以外，在前两编的古代和中世部分，有高虽然在每个朝代的末尾均添加有西南亚细亚和南方诸民族之事情，但事实上却似乎在刻意维持页码不变。例如在三国两晋南北朝部分，有高特地删去最后一段描述印度石窟的小注，以添加"林邑、扶南、阇婆"一节，使页码没有增加。《概说大东亚史》共 266 页，但直到第 233 页，《概说大东亚史》与《概说东洋史》在页码和内容上均几无差别。比较大的改动是在最后一章，有

1　桑原骘藏：《东亚史课本》，第 223—224 页。

2　「大東亞史の編纂」『日本諸学』1 卷、1942 年 3 月、311 頁。

3　有高巖·山崎宏『概説大東亞史·序』同文書院、1943、1 頁。

高特地增补中日战争、伪满洲国成立与"大东亚战争"诸事情。

> 现在吾人所说之东亚史，其大部分事件以往都是在东洋史中
> 被讲述的。那么为何要改名东亚史呢？说到东洋就联想起西洋，
> 迄今为止东洋史、西洋史和日本史都被认为是相互对立的东西，
> 但在大东亚战争开始的同时，像马来、菲律宾、爪哇、苏门答腊
> 一样曾用东洋史来说明的地方，现在亦被皇国之军事、政治威力
> 深深浸透，最早与外国同列的方法已行不通了。[1]

有高的补订，即增添"西南亚细亚及南方之事情"，无疑拓宽了
"大东亚史"的地域范围。在全书最开头有关"大东亚诸民族"的叙述
中，有高在原先的亚细亚人种和欧罗巴人种之外，添加东南亚细亚的所
谓"南洋系"人种。但有高对后者的描述相当简单，即"在古代中世建
立诸多王国，拥有相应的文化，但到近世则蒙受欧美人之侵略，陷入
非常可悲的状态之中"。[2]"蒙受欧美人之侵略"和"陷入非常可悲的状
态之中"是有高对所谓的"南洋民族"的基本判断，即使其在行文中一
度肯定南洋诸国之"文化进步可媲美于当时的日本，抑或可能更为优
秀"，[3] 但也只此一处，有高更多的是在强调南洋诸国为欧美人所蹂躏的
过去、在"大东亚战争"后成为日本殖民地的现在，以及有希望成为
"大东亚共荣圈之一翼"的未来。

除了增加东南亚之事情，为突出"大东亚史"之名，有高还特意
将其在《概说东洋史》中大量使用的"东洋"一词几乎全部置换成"东
亚"。这一点在《概说大东亚史》的绪论中尤为明显。《概说东洋史》
之绪论有 8 处"东洋史"和 12 处"东洋"，而《概说大东亚史》则有
6 处"（大）东亚史"、12 处"（大）东亚"及 2 处"大东亚战争"。这

1　有高巖・山崎宏『概説大東亜史』260–261 頁。

2　有高巖・山崎宏『概説大東亜史』4 頁。

3　有高巖・山崎宏『概説大東亜史』67 頁。

些基本只是简单的词语替换，正如其将绪论的三个小标题"东洋史之意义""东洋之诸民族""有史以前之东洋文化之特相"更改成"大东亚史之意义""大东亚诸民族""有史以前之东亚文化之特相"一样。

但有高的"大东亚史"相较于其"东洋史"仍然有特殊之处。首先是地理范围的扩大。在有高的认识中，"吾等三四十年来学习东洋史，指的是亚细亚大陆之中部以东的大部分，以及附属的东南诸岛"，[1]但"大东亚史"却可以指代全部的亚细亚大陆，以及在太平洋、印度洋之所有诸岛，此即"亚细亚大陆之几乎全部，日本、南洋群岛自不必说，濠洲、新西兰、爪哇及其他太平洋、印度洋诸岛亦应包括在内"。[2]在此意义上，"大东亚史"将西南亚囊括其中，不仅摆脱了桑原所说的单纯的陆地意义，更是远超旧有东洋史的指代范围。另外，有关"亚细亚"一词，有高亦指摘其陆地含义过重，不符合当时日本的情况，"如果用大亚细亚取代大东亚的话，那么其仅指代大陆的意味更强，而无视了太平洋诸岛"，[3]因而有高提出应该将不包括太平洋诸岛在内的"大亚细亚主义"更名为"大东亚主义"，这样才相得益彰。

在有高的时代，破除东西二元对立而塑造出某种具有共同意味的"东亚文化圈"乃是他们编撰教科书时的要务。有高批判旧制东洋史，认为其不过是"支那史的延长"，[4]"这一说法是支那中心主义的，对与日本关联很少的古代土地或民族多有论说，其地名、人名非常难，所以在世间并不太受欢迎"。[5]在有高的眼中，随着帝国日本对外战争的发展和势力范围的扩张，"皇军之威压自东方降临到大陆"，"在亚细亚大陆和南方方面创下空前之壮举"，[6]故而旧有之东洋史必须被改编，以呈现出全新的样貌。其重中之重就是舍弃以往将东洋史、西洋史和国史三足

1　有高巖『大東亜現代史』東京開成館、1943、2-3頁。

2　有高巖『大東亜現代史・序』1頁。

3　有高巖『大東亜現代史』1-2頁。

4　有高巖『概観東洋通史・凡例』同文書院、1937。

5　有高巖『大東亜現代史・序』4頁。

6　有高巖『大東亜現代史』5頁。

鼎立的做法，废弃东洋史、西洋史等传统的称呼，而将从来被当作外国史进行教授的内容，改编为"以国史为中心的东亚史"和"以国史为中心的世界史"。此即有高所谓的"以日本中心的东亚、世界，将其绘制成同心圆之外廓逐渐扩大的模样"。[1]

有高自称其以皇国史为中心的"大东亚史"同心圆构想，乃是基于帝国日本之势力范围不断扩大的所谓"现实情况"。他具体论说道："既往之东洋史主要是记录以支那本部为中心而上演的南北两大势力之抗争，但今次以大东亚战争为契机，全东亚都为日东帝国所率领而获得融合之机遇，因而我国对东亚史之关心今后亦必须更加深刻。"[2] 在 1938 年4 月，有高所说的"日东帝国"的势力范围还只是大部分东洋地区，但是以"大东亚战争"的爆发为时间节点，到 1943 年 11 月的时候，帝国日本之侵略范围无疑已经扩张到包括西南亚、太平洋和印度洋诸岛在内的广大东南亚地区。此即所谓的"大东亚"。"大东亚战争"可谓有高认识中的重要时间点，"在大东亚战争开始的同时，像马来、菲律宾、爪哇、苏门答腊岛一样用东洋史来说明的地方，现在亦被皇国之军事、政治的威力而深深浸透，最早与外国同列的方法已行不通了"。[3]换言之，基于从他国殖民地到本国殖民地的身份属性转变，原先位于东洋史中的南洋诸国已不再适应"日东帝国"现在的身份地位，故而能容纳旧有国史和东洋史在内的"大东亚史"必须随之生成。从学问上来说，这就是"大东亚战争一旦开始，就要求从根本上变革诸学问及政治、军事、经济的思维方式，如此则前述的大东亚史的理念出现了"。[4]

在《概说大东亚史》的末尾，有高专用"大东亚史通观"一章来记叙"东亚的文化圈或势力圈自古以来屡有成立"[5]的所谓"历史事实"。按

1　有高巌・山崎宏『概説大東亜史』261 頁。

2　有高巌・山崎宏『概説大東亜史』2 頁。

3　有高巌・山崎宏『概説大東亜史』261 頁。

4　有高巌・山崎宏『概説大東亜史』261–262 頁。

5　有高巌・山崎宏『概説大東亜史』252 頁。

照有高的论述，在中世，汉唐盛世形成一种"东亚文化圈"，而在奈良、平安时代，日本与唐及渤海保持几百年的亲密交往，这亦符合所谓"东亚共荣"的旨趣；在近古，丰臣秀吉之所以征战遍及朝鲜、明朝及南方各地，概因其想要形成一种"东亚共荣圈"；及至近世，"我肇国之大精神"正在于"解放""大东亚"地区被压迫的诸民族，故而其是"人道上最崇高之事，在世界的历史中未曾有完成此等圣业之先例"。[1] 所谓的"大东亚史"旨在重新阐释"大东亚战争"之"大义名分"。而除了前文所说的"解放"被压迫民族以外，还有一点亦是有高编撰"大东亚史"之目的，即论证"我国曾经欠大陆方面诸国、诸民族之处极多"，[2] 进而提出所谓的"偿还恩惠"说。在有高看来，东亚诸民族皆已遭到欧美人之毒手，而"唯有日本敢挫欧美侵略之锋芒，撞响亚细亚黎明之晨钟"，是故曾经在东亚历史中只能扮演配角的日本，一跃成为主演，"在长久以来被视为是汉族和北狄相互抗争的历史的东亚史舞台上，尔后则完全为日东帝国之威力所统率"。[3]

四　三岛一："光自东方"，皇国中心

然而不论有高如何批判既往东洋史不过是"中国史之延长"，其编纂的《概说大东亚史》实则依旧没有突破既往东洋史的叙事框架。有高始终采用中国朝代纪元，而帝国日本则仅出现在每章末记录中国与日本关系的段落之中。在批判有高等东洋史学家的编纂方式的基础上，三岛一在 1944 年 3 月著成《东亚史概说》。三岛同样意在否定既往东洋史被喻为"中国史之延长"的叙述方式，但亦明确拒绝有高以中国史为中心的"南北分立"说，而是采取了更加符合文部省要求的以皇国史为中心的"西洋侵略、东亚抗争"的叙事框架。

1　有高巌·山崎宏『概説大東亜史』255–256 頁。

2　有高巌·山崎宏『概説大東亜史』262 頁。

3　有高巌·山崎宏『概説大東亜史』264 頁。

三岛将全书划分为"逐渐开化之东亚""东亚文化之光芒""欧洲势力之入侵""东亚之自觉"四个章节。前两章即以日本史开头，后两章亦基本在叙述以日本为中心的所谓"东亚历史"的发展过程。三岛刻意略述中国史，将其主要放在前两章进行简单书写，且只着重强调中国历朝历代的对外征服事迹，而很少提及其内政治理。以隋朝为例，三岛认为中国人素有文弱的倾向，隋朝短命之一大理由即在于其重视文化政策而相对轻视武力，"支那自古就有这样的倾向，虽然有伟人，亦有不输于我国的国民性英雄，但在支那却未必能得到同等的尊崇。例如像秦始皇、汉武帝一样积极的政治家，不如说被视为暴君的典型，反而在对外上消极的汉文帝、宋仁宗等人，则被视为明君而成为被崇拜的对象"。[1]

"西力东渐"成为三岛所谓的"东亚新事态"生成之契机。在三岛看来，"东亚新事态之展开在于西欧发达的近代国家、近代文化的强烈作用，这导致在东亚独自形成的历史性世界的破裂，而东亚被放置到以欧洲为中心的所谓的新历史之中。换言之，这一以近世为起点的西力东渐，使东亚暂时停止了其独立创造历史的行为，在此，东亚在与欧洲的全新联系中展开其新事态"。[2]在"欧洲势力之入侵"一章中，三岛详述欧洲诸国向海外发展的三个时期。第一期主角是西班牙和葡萄牙。第二期始于荷英法三国对外扩张，终于英国确立其霸权。第三期被冠以帝国主义时期之名，参与国家在原有的英国、法国、俄国之外，还加入德国、意大利、美国等新兴诸国，"列强相互竞争排除他国，欲求在海外获得尺寸之地"。[3]在三岛的眼中，恰是在这一时期，"东亚"式世界与欧洲式世界被统一起来，创造出构成新世界史的要素。一方面是印度与南洋诸国的被殖民化。三岛尤以印度为例，宣称英国近代资本主义文明的压倒性侵略从根本上破坏了印度的社会秩序，所以其后获得再生的亦

1　三岛一『東亜史概説』三邦出版社、1944、54 頁。

2　三岛一『東亜史概説』123 頁。

3　三岛一『東亜史概説』136 頁。

非真正的印度,"印度没有获得新的世界,而是丧失了旧的世界"。[1]在此意义上,三岛对印度土著居民的反抗运动评价非常之低,称其不过是因古老文明被破坏而产生的愤懑之举。另一方面在被殖民以后,包括印度在内的缅甸、泰国、法属印度支那、南洋诸岛、旧海峡殖民地、菲律宾等地呈现出贫穷至极的惨状,以荷兰控制下的南洋诸岛为例,荷兰的强制栽培制度"毋庸置疑是欧洲海外殖民地经营中的典型暴政,是榨取政策的最显著事例"。[2]

> 近世以来所谓西力东渐的结果是以印度为中心的印度洋及太平洋的南洋诸地域完全成为西欧的殖民地。他们基本沦落为欧洲统治全世界的世界秩序的下层组织,使欧洲富有,自身却成为其恣意榨取的对象。……经过多年,以印度为代表的诸地方独立运动之经过,全都不过是东亚面对盎格鲁-撒克逊秩序的绝望苦闷的历史。[3]

在刻画出欧洲诸国殖民地的凄惨现状的同时,三岛尤其宣扬帝国日本的优越的地理位置,试图借此重编以皇国史为中心的"大东亚史"。这就是所谓的"光自东方"(光は東方より)的逻辑。此语亦可见于有高岩的《概说大东亚史》,"在其他的学术、技艺上,东亚人亦极有所长,是故后世有'光自东方'的说法,亦是理所当然"。[4]但有高所说的"东亚人"泛指中国人、印度人、日本人,而三岛所说的"东方"则专指岛国日本。在三岛看来,"我国位于亚细亚之东端,支那、印度以及西洋的所有文化,全部成为从西方传来的东西。我国不

---

1 三島一『東亜史概説』155 頁。

2 三島一『東亜史概説』165 頁。

3 三島一『東亜史概説』345 頁。

4 有高巌·山崎宏『概説大東亜史』31 頁。

只是途中的河渠，而是具有作为终点的蓄水池的作用"。[1]三岛将中亚、东亚的诸多民族和国家皆视为传输文化的工具，认为该文化最终将全部汇聚到最东端的日本，由此则日本得以集世界文化之大成。在三岛看来，这样的地理位置既使日本在政治或武力上很少受到来自大陆的影响，又使其在文化上保持易于接受的距离，"与大陆间隔有海洋，其海在从政治、武力上保护我国不受到大陆的压力的同时，又担负着传播大陆文化的角色，我国在东亚的地理位置具有重要的意义"。[2]与被认为因距离过近而经常受到影响、对大陆文化称颂乃至忘却自我的朝鲜不同，三岛宣称"我国在摄取大陆文化的同时，又有足够的时间将其变成日本式之物"，[3]正在于其绝佳的地理位置。在朝鲜之外，三岛还将日本在东亚的地理位置与英国在欧洲的地理位置相对照，指出英国成为真正的岛国且对欧洲大陆占据超越性的地理位置，不过是在近代以后，与之相较日本则"一贯位于大陆斗争之圈外而具有其独特之地位"。[4]

与有高始终在中国史的框架内编撰"大东亚史"不同，三岛试图将"大东亚史"完全刻画成"皇国史之延长"。"光自东方"之"自"，即源于所谓的古代日本人的积极对外征伐行为。在时间上被认为最早出现的是神功皇后征讨朝鲜、建立任那日本府一事。在三岛的眼中，这无疑是古代日本掌控朝鲜全部政治指导权的典型事例，而之后日本失去任那府则实乃"巨大的悲剧"。[5]德川幕府的闭关锁国政策亦饱受三岛的批判。三岛极力列举由消极的锁国政策而造成的三大"显著弊害"。[6]其后是鸦片战争掀开了"支那史上空前悲剧之序幕"，日本的明治维新成为所谓

1　三島一『東亜史概説』101 頁。

2　三島一『東亜史概説』101 頁。

3　三島一『東亜史概説』101 頁。

4　三島一『東亜史概説』102 頁。

5　三島一『東亜史概説』43 頁。

6　三島一『東亜史概説』208–209 頁。

"近代东亚史"的出发点。[1] 为打破传统的东洋史论述框架，三岛略"南北之对立"而详"东西之交流"。有高称自古北狄与中国之汉族"此两大势力之抗争，实乃东洋史上之最大事件"，[2] 但在三岛看来，这样的做法将亚洲大陆分为南北，北方被定义为素朴主义，而南方则被视为文明主义，"基于这一原理构成既往之东洋史"，[3] 然而"'南北之对立'与'东西之交流'息息相关且相互制约。尤其从近世到现代，这对原理被扬弃综合成'西洋势力之东渐及与之相对的东亚之抗争'的原理"。[4] 换言之，与有高重视中国南北之分立、对抗不同，三岛更关注欧美式近代世界破坏、取代中国式古代世界的整个过程。在三岛看来，"以中国为世界中心"的中国式世界，"至少对支那民族来说不只是一个观念而是现实"，[5] 但以欧美诸国为中心的"西力东渐"无疑打破了封闭的中国式世界，造成中国历史上的空前悲剧，"中华文化遍及之处才是世界、其他地方不可能有世界的想法被否定，而支那式世界不能拒绝与欧美的近代式世界的接触。在此，作为世界史的支那史消亡，而作为世界史之一环的支那史开始形成。……在支那文化中，世界理念与现实的世界史不一致的背后，诞生出近世支那史的悲剧"。[6]

> 这一大东亚的任何地域与任何民族都因我皇国日本之命运而相连在一起，其民族愿望因日本而达成，其发展备受期待。若无皇国日本，就不存在今日之大东亚，将来之大东亚共荣圈亦无法想象。[7]

1　三岛一『東亜史概説』252 頁。

2　有高巌『概観東洋通史』506 頁。

3　三岛一『東亜史概説』13 頁。

4　三岛一『東亜史概説』13 頁。

5　三岛一『東亜史概説』170 頁。

6　三岛一『東亜史概説』170-171 頁。

7　三岛一『東亜史概説』351 頁。

　　在书写"大东亚近代史"的过程中,三岛尤其赋予日俄战争以重要意义,"既往以欧美诸国为核心的世界秩序由于日本在世界史上的现实登场,而不再无条件存在。这一光辉胜利的结果是我国位列世界列强,为使过去被压迫的东亚诸民族各得其所,而堂堂登上世界史的舞台"。[1]其后日英同盟的成立、伪满洲国的建立、对欧美殖民地的占领,皆被三岛视为所谓的以日本为中心的"东亚史"的新发展。在三岛看来,帝国日本的对外侵略战争旨在"驱逐欧美势力、恢复亚细亚人之亚细亚"。[2]就其逻辑而言,既然中国式世界最终被欧美列强破坏,那么就必须要有新的存在取代中国而成为"东亚史"之主角,这正是开启近代史的日本及其明治维新。在此意义上,过去东洋史所采用的时代划分方式不再适用于现下的形势,取而代之的是三岛所谓的亚细亚史的划分方式,即"西洋势力之东渐及与之相对的东亚之抗争"的原理。这里的"东亚之抗争"叙事,以皇国成为"大东亚史"之中心的过程为经、以大陆自身的历史为纬,可谓"完完全全"是在论述帝国日本"为从英美势力的桎梏中解放东亚诸国并实现其共荣共存而进行抗争的过程"。[3]在《东亚史概说》之末尾,三岛更是直接指出:"'光自东方',此语暗喻东亚四千年的历史,继而光被全世界。吾等之责任,不得不说既让人喜悦,又实在重大。"[4]三岛的皇国中心主义论调可见一斑。然而从另一个角度来说,三岛的所谓"大东亚史"试图杂糅国史、东洋史和西洋史于一身,事实上已经脱离了普通历史教科书的范畴,而带有极其明确的为现实政治辩护的意义。三岛曾言"吾等深切感受到如今祖国所担负的历史演变,即是大东亚的历史、世界的历史",[5]其"大东亚史"俨然就是一副"皇国史之延长"的样貌。

1　三島一『東亜史概説』259 頁。

2　三島一『東亜史概説·自序』2 頁。

3　三島一『東亜史概説』14 頁。

4　三島一『東亜史概説』353 頁。

5　三島一『東亜史概説·自序』1 頁。

五　结语

在帝国日本的言论空间内，近代日本知识人以"东亚史"之名，而书"东洋史"之实。桑原骘藏的《东亚史课本》译自其《初等东洋史》，可谓在日本出版的第一部以"东亚史"为名的著作。时值"东洋史"学科在甲午战争期间"独立"，与国史、西洋史形成三足鼎立之势，而"东亚"一词亦屡屡出现在当时的东洋史教科书之中。在桑原的行文中，身为"东亚之强国"且"据中国之北部而频繁南下图侵中国"的塞外诸族，与自近代以来"犹未满足、频伺东亚"的俄国，其形象可谓相似。

到1940年代，所谓的"大东亚史"生成。以"大东亚史"为名的著作大多出自东洋史学家之手，其试图摆脱传统东洋史的叙事框架，但就结果而言，是始于"中国史之延长"而终于"皇国史之延长"。一方面，改编自东洋史教科书的所谓"东亚史"，无法摆脱其旧有的作为"中国史之延长"的东洋史叙事框架。有高岩与山崎宏应日本教学局编纂"大东亚史"的要求，改编其《概说东洋史》而合著《概说大东亚史》。有高意在拒绝旧制东洋史的编纂框架，并将"东洋"一词几乎全部置换成"东亚"，但事实上身为东洋史学家的有高仍然无法摆脱"中国史之延长"的编纂模式。另一方面，彻底脱离传统东洋史束缚的"大东亚史"则宛若空中楼阁，实非学问。三岛一的《东亚史概说》将中国史的叙述比例缩减到最低，改传统的"南北对立"说为所谓的"西力东渐"论，则俨然是一副"光自东方"的"皇国史之延长"的样貌。然而三岛所出版的"大东亚史"在放弃传统的东洋史学框架的同时，亦已逐渐远离学术的范畴，完全成为赋予"大东亚战争"以"大义名分"的政治性论著。

日本战后知识分子与"亚洲"

——以蜡山政道、丸山真男为例

谢 辰[*]

导 言

　　战后初期至 1960 年代，日本以什么姿态面对亚洲、重新回归国际社会，是当时许多日本知识分子共通的思想课题。丸山真男（1914—1996）、竹内好（1910—1977）等有较强革新意识的知识分子，从战后初期开始就带着对战争的反省，试图与刚刚摆脱了帝国主义压迫的亚洲人民携手共进，提倡"亚洲连带"。而以蜡山政道（1895—1980）、板垣与一（1908—2003）等为代表的相对保守的民主社会主义论者，则更强调以开发援助为支撑的"亚洲开发"。同为民主主义者的两代日本知识分子之间在亚洲论上

* 日本立教大学讲师。

的分歧由此产生。这种分歧是在哪些因素的影响下形成，又折射出了日本战后思想的哪些问题，本文试图对以上问题做一考察。[1]

由于日本战后发行量较大的综合杂志《中央公论》和《世界》是考察当时知识界、言论界动向的重要素材，本文也将以这两本综合杂志作为重要参考资料和论述的切入点。[2] 以《中央公论》1946—1960 年的选题为例，与亚洲问题有关的"特集"有如下几条：

1950 年（昭和 25 年）3 月　特集《四大远东政策》（『四つの極東政策』）；

1950 年（昭和 25 年）6 月　特集《关于民族、独立与和平》（『民族·独立·平和について』）；

1951 年（昭和 26 年）1 月　特集《亚洲的民族主义》（『アジアのナショナリズム』）；

1952 年（昭和 27 年）1 月　特集《亚洲的民族主义与共产主义以及日本的立场》（『アジアにおけるナショナリズムとコミュニズムと日本の立場』）；

1　针对战后日本知识分子思想分析的相关先行研究有：小熊英二『〈民主〉と〈愛国〉』新曜社、2002；思想の科学研究会編『転向：共同研究』平凡社、1962；竹内洋『革新幻想の戦後史』中央公論新社、2015；都築勉『戦後日本の知識人』世織書房、1995；丸山眞男『後衛の位置から』未来社、1982；邱静『憲法と知識人：憲法問題研究会の軌跡』岩波書店、2014；谷野直庸『平和問題談話会と戦後知識人敗戦直後における知識人の思想的分岐』慶応大学卒業論文、2004；酒井哲哉「社会民主主義は国境を越えるか——国際関係思想史における社会民主主義再考」『思想』2009 年 4 月号。其中，小熊英二对"老自由主义者"保守知识分子这一群体，以及知识分子的"世代论"有详细阐述，丸山真男则对 1950 年代以后"进步的文化人"这个称呼所代表的群体做了批判性分析，都筑勉则对"悔恨共同体"的战后经历有详细阐述。上述研究都对本文的研究提供了良多助益，但就目前所知，亚洲论角度的战后日本知识分子研究还相对有限。

2　《中央公论》创刊于 1899 年，1910—1920 年代，对吉野作造、大山郁夫等人论稿的发表让《中央公论》在知识界逐渐占据主导地位，1930 年代，《中央公论》一度停刊，战后复刊后，发行量从 5 万份，增长到 50 年代的 10 万—15 万份。另外，岩波书店的《世界》于 1946 年创刊，一开始发行量就超过了 8 万份。一般认为，《中央公论》在战后特别是 1950 年代中期以后明显保守化，而《世界》则明显左倾。竹内洋『革新幻想の戦後史　上』中央公論新社、2015、99、121 頁。

1953 年（昭和 28 年）9 月　特集《以朝鲜休战为界》（『朝鲜休戦を境に』）；

1954 年（昭和 29 年）10 月　特集《亚洲人的亚洲》（『アジア人のアジア』）；

1958 年（昭和 33 年）1 月　特集《以亚洲为指向的日本经济》（『アジアを指向する日本経済』）；

1960 年（昭和 35 年）12 月　特集《联合国的姿态变迁与日本的外交》（『国連の変貌と日本の外交』）。

可见，日本战后亚洲论的议论焦点，随着时代和国际局势的变化也在不断发生变化，我们据此可将之分为三个时期和阶段，即：

（1）战后初期至朝鲜战争爆发前（1946—1950），亚洲问题不被论及的内省期；

（2）以朝鲜战争爆发为契机，至 1950 年代中期的"亚洲民族主义"的高昂期；

（3）1950 年代中期至日美安保体系确立下来的 1960 年代初，日本试图回归亚洲的时期。

本文也将分三个时期对战后日本的亚洲论及其内部差异的形成过程进行考察。

一　"亚洲"问题的沉寂与重提

（一）销声匿迹的"亚洲"

战后初期，日本知识分子中有不少人对"未能对战争加以抵抗"而心生"悔恨"，丸山真男、蜡山政道等人都曾被视为这个"悔恨共同体"的一员，[1] 他们都对日本的战后重建和日本人政治意识的重塑有深切的问题关心，这一点在战后初期的《世界》和《中央公论》中都

1　丸山眞男『後衛の位置から』未来社、1982、114–117 頁。

有所体现。

　　战时被征兵，并在广岛目睹了原子弹爆炸的丸山真男，战后初期发表了其著名的《超国家主义的逻辑与心理》（《世界》1946 年 5 月号）。他在文章中分析了日本之所以会走上法西斯主义之路、发展出极端的国家主义的思维逻辑，并将之归结为日本人"主体性"的缺失和由此导致的缺乏决策者的"压力转移体系"。在丸山真男看来，战败是日本国民获得自由主体意识的良好开端。[1]

　　而战前作为"东亚协同体论"提出者之一的蜡山政道，因一度参选并担任了战时翼赞议会的议员，所以战后第一时间引咎辞职，重新开始文字工作（蜡山曾于战后初期担任《中央公论》的副社长，并撰写了该杂志 1946 年度的卷首语）。相较于丸山真男，蜡山的现实关心更明显，战后初期，他对国民选举、新宪法、议会制度等问题有较多议论。他同样批判了以日本天皇制为核心的"国体"，也同样认为日本战败是日本政治民主化、人民开始参与政治的开端，并强调了激发民众的政治关心、增加民众的政治参与体验、对民众进行政治启蒙的重要性；[2]但他更关心民生，多次在文章中提到战后经济重建的问题，并且主张建设一个没有军事指向性的"计划经济体制"。[3]这些主张除了战后初期日本凋敝的经济现实和占领军控制下的民主化进程的影响外，和蜡山自身"民主社会主义者"的立场也不无关系。和其他"民社派"一样，他自 1920 年代起，就认为温和渐进地、计划性地建设以人为本的"福祉国家"，才是民主社会主义的题中应有之义，这一期待在战时被扭曲，在战后又得到了再次表现。

　　由于战后初期的日本在经济和思想层面都处在极为贫弱的状态，蜡山政道和丸山真男这两代进步知识分子，在现状认识和问题解决方案方面是存在诸多共识的。也因此，"亚洲"在战后初期不是他们的首要

1　丸山眞男「超国家主義の論理と心理」『世界』1946 年 5 月号、3、4、12 頁。
2　蠟山政道「我が国体と民主主義」『中央公論』1946 年 1 月 1 日、17–18 頁。
3　蠟山政道「巻頭言　経済安定本部の設立について」『中央公論』1946 年 7 月号、4–5 頁。

关心，他们不约而同地选择了对此避而不谈——带着或"悔恨"或"同情"的心态。不过，仍有部分经济领域的知识分子在这一时期对"亚洲"有所提及。例如立场与蜡山较为接近的民社系知识分子、经济学家大来佐武郎（1914—1993）和国际政治经济领域的学者板垣与一。

（二）大来佐武郎和板垣与一的亚洲论

　　大来佐武郎战时曾在兴亚院河北联络部、大东亚省总务调查课担任要职，战后又在外务省调查局供职，并于1947年6月担任经济安定本部的调查课长。作为战后经济重建规划和所得倍增计划的关键人物，大来在1947年5月号的《中央公论》上发表了日本战后经济重建和亚洲关系的相关议论，即《赔偿与日本经济》，指出"对于今后日本的经济来说，控制通胀、重启外贸活动，尤其是重启和东亚各国之间的贸易，其意义比战争赔偿问题更为重大"。[1] 在这里，日本的经济重建、亚洲贸易重启等课题就此重新交错在了一起。

　　同年7月，大来继续在《贸易与外资考察》（《中央公论》1947年7月号）一文中指出："日本的工业制品难以在欧美找到销售途径，大部分必须在亚洲地区寻找销售出路"，"日本国内经济不安定的最大的原因"在于"东亚地区政治经济的不安定，以及日本与东亚地区经济交流的断绝"。所以，大来认为，日本与亚洲贸易的扩大，不仅有利于"地区经济的安定和生活水平的提高"，也意味着"美国的远东贸易能够在健全的根基上发展壮大"，所以，日本展开对亚洲地区资源的开发和利用，协助开采中国华北的煤炭、华中和海南岛的铁矿，生产钢铁制品，以强化日本和亚洲整体的基础工业，并有计划地推动亚洲各国的经济分工合作，这些都有利于"中国的政治安定，日本的民主化以及具有经济、技术协作合理性的世界政治外交的实现"。[2]

1　大来佐武郎「賠償と日本経済」『中央公論』1947年5月号、27、28頁。

2　大来佐武郎「貿易と外資への考察」『中央公論』1947年7月号、16頁。

而亚洲问题专家板垣与一则从另外的角度重新观察起了亚洲。板垣与一战前是东亚殖民地政策的研究者，曾对日本南方军的军政决策产生影响，战后他继续进行着东南亚政治经济领域的研究，还参与设立了亚洲经济研究所。因此，他的“亚洲论”更集中在经济开发领域。他在《亚洲的人口问题与经济开发》(《中央公论》1949 年 5 月号) 中，首先提出了“基于国际合作的和平论”，并指出，目前和平问题的根本困境在于“各国国民生活水准的国际间不平衡”导致的“政治上的民族主义和经济上的帝国主义”。[1] 接着，他又引用人口学家马尔萨斯 (T. R. Malthus，1766—1834) 和时任盟军最高司令官总司令部人口问题顾问的汤普森 (Warren S. Thompson，1887—1950) 的人口理论，称近代的经济开发和工业化，推动了亚洲人口的快速增长，而人口增长反而使亚洲陷于贫困。对此，板垣提出的解决方案有三：一是加快对未开发地区、资源的开发利用，使财富的生产超过人口的增长速度；二是实施生育限制措施；三是移民外迁，分散人口压力。其中，他更倾向于经济开发这个方案：“强有力的亚洲经济开发计划的制定和实施，不仅于亚洲的利益、福祉、生活水平的提高有益，于世界经济的均衡发展亦有必要。”[2] 而这种大规模的开发计划显然要以“国际投资和技术层面的支援”为支撑，对此，板垣明确表示日本应该借助美国的经济支援，向亚洲市场进军。[3] 这是日本“亚洲开发论”在战后较早的表述。

可以说，板垣与一出发于人口问题的“亚洲开发论”，和大来佐武郎基于亚洲贸易的经济重建方案殊途同归，两者在不同侧面为 1950 年代以后的亚洲开发论提供了指导理念和方向，但同时又不可避免地带上

1　板垣奥一「アジアの人口問題と経済開発」『中央公論』1949 年 5 月号、18 頁。板垣在这篇文章中不仅表述了亚洲开发论，也表达自身的和平论或说和平实现的方法论，即 (1) 政治层面，实现世界联邦；(2) 经济层面，通过国际经济合作和计划经济，实现世界经济的均衡发展；(3) 文化方面，通过教育的国际合作，实现人类知识、道德的“连带”。

2　板垣奥一「アジアの人口問題と経済開発」『中央公論』1949 年 5 月号、21 頁。

3　板垣奥一・永田清・大河内一男「座談会一九四九年日本経済の課題」『実業之日本』52 巻 2 号、1949 年 1 月 15 日。

了 1920—1930 年代日本亚洲政策论的影子。

基于国际分工与协作的经济开发、基于调控的计划经济体制，是蜡山政道等民主社会主义论者自 1920 年代起即开始倡导的国际开发论的特征所在，它指向的是超越国家的区域政治、经济的协同体，是渐进式的社会主义在具体国际政策领域的表现，只不过这种"亚洲开发论"在战时的社会环境下被扭曲，成了日本向亚洲实施帝国主义侵略的理论工具，即"东亚协同体论"。战后，大来、板垣乃至蜡山等人对"亚洲开发论"的重提，其实也是对渐进的民主社会主义的回归和修正。

（三）蜡山芳郎的"亚洲论"

在"亚洲开发论"被重新提起的同时，试图与战前亚洲论割席的新的亚洲论也逐渐抬头，其在战后初期的代表论者之一，就是蜡山政道的胞弟蜡山芳郎（笔名高山五郎，1907—1999）。蜡山芳郎与长兄蜡山政道有 12 岁之差，且成长环境截然不同，所以尽管都走上了学者之路，却在亚洲论方面有较大差异。蜡山芳郎曾是 1930 年代被派驻印度、缅甸的记者，战后担任共同社的东亚部部长，对亚非问题和甘地思想有所研究，他在 1947 年 9 月的《中央公论》上发表了《什么产生了亚洲》，表明了他的亚洲观。

时值印巴分治、中国国共内战，日本内部也同样面临地方分权以及中央集权与地方自治之间的政策冲突。面对这样一个"被分离的倾向所支配"的亚洲，蜡山芳郎主张从中国和印度的历史经验中寻找正确的、"非暴力"的"统一"方法，因为"和平统一"是"国家重建""亚洲重建"的前提。

> 亚洲各国各自的统一，不是对传说中的日本，或是对"中华"、对"印度的文化统一体"等古老观念的暴力实践，而必须是以大多数人的个体力量为基础的、基于理性的创造，这也是亚洲

重建的唯一方案。[1]

　　从"消解分裂和冲突""反对暴力"等层面来说，蜡山芳郎与蜡山政道这对兄弟是存在共识的，但和战后初期就早早提出"亚洲重建"的蜡山芳郎不同，战时主张"东亚协同体"的蜡山政道却对此缄口不言。他将视线更多地放在国内的政治和民生问题上，其战后初期最早的国际问题议论也仅和"和平"问题有关，而他所强调的世界和平的前提，却还是国内体制的重建和日本对独立的恢复。[2] 这种对亚洲问题的顾忌，直到朝鲜战争爆发后才被逐渐解除。

二　亚洲论的再兴：和平中立论与亚洲民族主义

　　前文中略有提及，在以蜡山、大来、板垣为代表的民主社会主义者的亚洲观甚至国际关系论中，因其社会主义的基因，始终存在着冲破国民国家框架的理论冲动，[3] 同时又带着对国际政治经济不均衡状态加以宏观调控的国际行政层面的政策关心。这就使战时的"东亚协同体论"一方面否定着亚洲各民族国家的民族主义，一方面又带上了试图通过开发等行政手段来改善亚洲人民生活水平的福利主义的色彩，然而其结果却使理论上的"东亚地区开发计划""病变"成帝国主义的侵略工具，[4] 并在与亚洲各国的民族主义的激烈冲突中走向破产。

　　如果说 1930 年代是亚洲民族主义在抵抗帝国主义的过程中集中爆发的历史时期，那么 1950 年代前期，就是亚洲民族主义潮流再次发展至高潮的时期。这一时期，综合杂志上与"亚洲"乃至"亚洲民族主

1　蜡山芳郎「アジアを生むもの」『中央公論』1947 年 9 月号、33 頁。

2　蜡山政道「一つの世界への道」『中央公論』1946 年 12 月号、3 頁。

3　酒井哲哉「社会民主主義は国境を越えるか？——国際関係思想史における社会民主主義再考」『思想』第 1020 号、2009 年 4 月、142 頁。

4　蜡山政道「東亜協同体の理論」（1938 年）『東亜と世界』改造社、1941、20 頁。

义"有关的特集要远多于以往，而这种热度的形成，无疑和冷战的白热化、《中苏友好同盟互助条约》的缔结（1950 年 2 月）、朝鲜战争的爆发（1950 年 6 月）、美国主导下的 46 国对日和约的签订（1951 年 9 月）和万隆会议的召开（1955 年 4 月）等因素有关。相应的，这一时期的"亚洲论"的重心也逐渐从"和平"问题，转向"民族独立"等问题。

（一）日本知识分子的和平声明与侧重不同的中立论

1948 年 7 月 13 日联合国八位社会科学工作者发布了有关和平问题的联合声明。在此契机下，日本的学者也开始了对和平问题的共同研究。在 1949 年 3 月号《世界》杂志的《和平问题》特辑中，安倍能成（1883—1966）、清水几太郎（1907—1988）、川岛武宜（1909—1992）、久野收（1910—1999）、蜡山政道、丸山真男等不同年龄层的五十余名日本学者[1]共同发表了《日本科学工作者关于战争与和平的声明》（『戦争と平和に関する日本の科学者の声明』）。声明表达了日本知识分子对自身反战不力的"反省"，以及①对人类进步和战争的可避免性的认同；②对资本主义的阶级压榨的反对；③对经济层面的国际协作和联合国决策机制的期待；④对国家象征、国民情感被战争利用的反对；⑤对人种歧视的反对；⑥对"两个世界"和平共存的坚信；⑦对科学技术的国际合作的期待；⑧对信息公开公平的要求；⑨对提升民众福祉和强化政治教育的切盼；⑩对和平教育的强调等态度。

在发布声明的众多知识分子的推动下，日本"和平问题谈话

1　参与者名单："东京地方文科部会"安倍能成、天野贞祐、清水几太郎、武田清子、淡野安太郎、鹤见和子、中野好夫、南博、宫城音弥、宫原诚一、和辻哲郎；"东京地方法政部会"矶田进、鹈饲信成、川岛武宜、高木八尺、田中耕太郎、丸山真男、蜡山政道；"东京地方经济部会"有泽广巳、大内兵卫、高岛善哉、都留重人、矢内原忠雄、笠信太郎、蜡山芳郎、胁村义太郎；"东京地方自然科学部会"稻沼瑞穗、丘英通、富山小太郎、仁科芳雄、渡边慧；"近畿地方文科部会"久野收、桑原武夫、重松俊明、新村猛、田中美知太郎、野田又夫；"近畿地方法政部会"矶村哲、冈本清一、末川博、田畑茂二郎、田畑忍、恒藤恭、沼田稻次郎、前芝确三、森义宣；"近畿地方经济部会"青山秀夫、岛恭彦、新庄博、丰崎稔、名和统一、福井孝治；"其他"津田左右吉、铃木大拙、羽仁五郎（共计 55 名）。

会"（简称"平谈会"）很快结成。次年（1950 年 1 月 15 日），平谈会在《世界》上又发表了《有关讲和问题的声明》，这份声明进一步强调了知识分子对"全面讲和""加入联合国""不提供军事基地"的要求。[1]

而后，《中央公论》也以座谈会记录的形式，发表了特集《关于"民主、独立、和平"》，蜡山政道、森户辰男（1888—1984）、笠信太郎（1900—1967）、木村健康（1909—1973）、土屋清（1910—1987）等人参与了座谈。蜡山和笠信都是在第一次和平问题声明中署过名的成员，故对声明本身持赞成态度，但在"全面媾和""中立不可侵犯""反对提供军事基地""追求经济自立"这四个方面，他们更注重和日本未来的政治经济有着密切关系的"中立"问题。[2]

蜡山认为，日本的非武装中立，必须同时是以独立为基础的。对此，曾因研究克鲁泡特金的社会思想而在战时被捕入狱，并因此被逐出大学的森户辰男进一步指出，日本的中立不是地域上的中立，而是要做东西方两阵营之间的"思想缓冲带"，这种"独立＝中立"是以反对独裁和霸权为内核的："中立，要以独立为重点，保持自身的判断力，根据情况，赞成民主主义的话就应举手赞成，反对资本主义的话就应明确表示反对。只有能对独裁主义明确说不，日本才算实现了真正的中立或者不如说是真正的独立，这样可能更不容易让人误解。"[3]

蜡山政道接着强调，日本"和平的、独立的中立局势"的实现，最重要的基础作业还是经济的充实，经济独立"不意味着拒绝国际上的资金援助"，而且只有实现了经济的独立才能避免受到某些势力的"蛊惑

1　平和問題談話会「講和問題についての平和問題談話会声明」『世界』1950 年 3 月号。

2　座談会：木村健康、土屋清、森戸辰男、笠信太郎、蜡山政道「"民族・独立・平和"について」『中央公論』1950 年 6 月号、5 頁。

3　座談会：木村健康、土屋清、森戸辰男、笠信太郎、蜡山政道「"民族・独立・平和"について」『中央公論』1950 年 6 月号、7、8、15 頁。

和煽动"。[1] 这里所谓的"经济援助"显然指的是西方阵营尤其是美国方面的援助，而"煽动者"从日本国内角度来说指的是以日本共产党为首的全面媾和论者。蜡山担心，日本共产党的全面媾和主张实质上会变成与苏联阵营的单独媾和，[2] 并威胁日本的中立和独立。于是，蜡山的中立论最终还是指向了不那么中立的方向。

要言之，在日本知识分子两次的和平声明（1949、1950）中，认同"非武装中立"，同时又要维护日本不附庸于其他大国的"独立性"，这是声明者们的共通的诉求，然而，出发于这一共识的"中立论"，在不同的知识分子那里却会发生或左或右的偏向。在蜡山政道等老一辈的知识分子看来，要实现在国际政治中的中立和独立，在经济上向西方阵营借力反而是有必要的。而在丸山真男等反战、反帝国主义情绪更强的年青一代那里，其"中立"理念在朝鲜战争爆发后，难免会向同情亚洲民族主义的方向倾斜。

（二）《三度和平声明》中的"亚洲"

1950 年 6 月 25 日朝鲜战争爆发，战争很快激化了冷战格局下的东西对立，并对美国在亚洲的布局产生了重大影响，使其对日本进行民主化、非军事化的改造方针做出调整，原本被"公职追放"的旧政界、商界人士纷纷重返原位。日本的再军备也被提上日程。朝鲜战争期间，日本几乎完成了警察预备队→保安队→防卫厅的设置和海陆空三军体制的重建。[3] 日本和平问题谈话会的"两个世界的和平共存"这一命题受到冲击，平谈会的议题也开始转向安全保障问题。

同年 12 月，平谈会在《世界》上发表了题为《关于三度和平》的

1　座談会: 木村健康、土屋清、森戸辰男、笠信太郎、蜡山政道「民族・独立・平和」について」『中央公論』1950 年 6 月号、15、22 頁。

2　座談会: 木村健康、土屋清、森戸辰男、笠信太郎、蜡山政道「民族・独立・平和」について」『中央公論』1950 年 6 月号、9-10 頁。

3　吉野源三郎『平和への意志「世界」編集後記一九四六—五五年』岩波書店、1995、145 頁。

著名报告。报告由清水几太郎执笔总论、丸山真男负责对和平问题谈话会立场、原则的阐述（第一章和第二章），而关于日本安保（第三章）和国内体制（第四章）的说明则分别由鹈饲信成和都留重人完成。

丸山真男在报告中提出的"战争是地球上最大的恶""和平是至高的价值和目标"，成为战后和平论的经典表达。丸山还强调称，这种看似理想主义的态度，在核战争时代却是极为现实主义的，同时，他也有明显的反省意识，认为日本国民也应该吸取教训，不能再为了天皇制国体这种"被视为神的价值"而"认同战争、牺牲和平"，这是日本人"应对世界负的最小限度的责任和义务"。[1]

在"两个世界"的对立和共存问题上，丸山真男对"一刀两断式的思维方式"表示反对，他将"两个世界"的对立做了三种意义上的划分，即①意识形态上的自由民主主义与共产主义的对立；②以英美为中心的西欧国家阵营和以苏联为中心的共产主义国家阵营的对立；③美苏之间的对立。三者相互关联，但不可混同论之。同时，丸山指出，各国对美苏的态度并不是绝对的非此即彼，美苏两国本身也在极力避免正面冲突；意识形态对立并不必然意味着战争，也与现实国家的立场没有必然关联；自由民主主义与共产主义的对立也不是唯一的意识形态对立，民主主义与法西斯主义、资本主义与社会主义、殖民地的民族主义与帝国主义等维度的冲突对立可能问题更多。因此，丸山主张人们应该站在综合的角度下保持中立，避免陷入非黑即白的绝对对立的陷阱。[2]

丸山对"两个世界的和平共存"抱有乐观态度，并认为亚洲对这一和平共存局面的形成有着举足轻重的作用，例如，"第三势力"在亚洲的逐渐形成和中国对世界局势日益扩大的影响等。丸山以印度总理尼赫鲁的中立政策为例，称其在朝鲜问题上，一方面批评了朝鲜的军事行

1　丸山眞男「三たび平和について」『世界』1950 年 12 月号、26、27 頁。
2　丸山眞男「三たび平和について」『世界』1950 年 12 月号、29 頁。

动，一方面反对刺激中苏，这种看上去有些逃避的态度实际上"包含了对现代战争的透彻洞察，也充满了对亚洲各民族历史地位和使命的自信"。而对于中国，丸山更是指出"中共不会成为铁托，中国今后立足于重要的国际地位之上，不唯苏联马首是瞻，而选择独自的发展道路，这绝非不可能"，"其对于世界局势的安定，必将贡献良多"。[1]

在朝鲜战争这个带有民族独立和民族统一运动色彩的事件背景下，丸山还指出，亚洲殖民地统治的瓦解和民族运动的发展是 20 世纪具有划时代意义的事件，其动向在两大阵营中都得到了同情和支持，其运动主力也都成为美苏试图争取笼络的对象。但同时，民族主义必然包含排外的倾向，而"抑制这种偏激的民族主义，去除封建旧制、推进近代化"才是美苏两国的共同利益。[2] 在此，丸山肯定了联合国"尽管有种种缺陷，但在和平解决国际纷争、达成各国的共同目标这个方面，是人类目前为止所付出的牺牲和努力的结晶，是目前最先进的和平组织"，并指出，要抑制亚洲民族主义走向暴力，推动亚洲的近代化发展，就需要"通过联合国主导的地区开发计划实现两个阵营的合作"，只有美苏合作，才能使联合国的作用最大化，在粮食、保健卫生等公共问题方面发挥作用。[3] 在这一点上，丸山真男显然采纳了蜡山政道等一直对国际机构抱有期待的民社派学者的观点。

同样是 1950 年底，蜡山政道与经济学者胁村义太郎（1900—1997）、外交评论家加濑俊一（1903—2004）、法学家藤田嗣雄（1885—1967）等人共同就"朝鲜动乱的时局下各方力量的借贷表"这一题目进行座谈，蜡山发表了他对强化联合国行政职能的主张。他同样认为解决朝鲜问题的关键在于联合国解决纷争的能力。[4] 同时，他对朝

---

1 丸山眞男「三たび平和について」『世界』1950 年 12 月号、35 頁。

2 丸山眞男「三たび平和について」『世界』1950 年 12 月号、37-38 頁。

3 丸山眞男「三たび平和について」『世界』1950 年 12 月号、38 頁。

4 蝋山政道、加瀬俊一、藤田嗣雄、脇村義太郎「朝鮮動乱の世界政局における貸借表」［討議］9 月 27 日座談会（於築地錦水）、『中央公論』1950 年 11 月号、32 頁。

鲜战争对亚洲各国民族主义所造成的影响也表示担心。不过，他认为朝鲜战争的爆发，是苏联对中共所处局势加以利用的结果，[1]而共产主义与民族主义的结合，可能导致民族主义的分裂和破坏，使民族国家失去其独立性和内部的统一。[2]

可见，朝鲜战争爆发后，亚洲民族主义运动和以联合国为首的国际机构的作用，成为日本知识分子共同的议论焦点。知识分子之间尽管有立场侧重的差异，但他们在"和平中立论"甚至功能主义的国际行政论方面，却有着较高的一致性。丸山真男和蜡山政道这两代知识分子之间最明显的差异仍主要体现在"中立"问题上。

丸山看出美苏两体制之间两个维度上的"日趋接近"，即在冷战激化、军备扩大的情况下，无论是民主国家还是专制国家都会逐渐演变为"牢狱兵营国家"；而在和平的前提下，美国会开始导入计划经济体制，苏联也会逐渐扩大民主政治自由的范围，从而让两个体制在积极的方面逐渐同质化。显然，他期待"和平的同质化"，因此他的日本"中立论"是建立在"和平同质化"愿景下的"和平中立"，认为日本只有坚持非武装中立，既不亲苏亲美，也不反苏反美，才能实现日本独立和最大化国民福祉的目标。而蜡山等人的"中立论"，则更关心眼前的一粥一饭，他们放弃了战前曾为之振臂高呼的"亚洲协同"，只保留了对日本独立性和国民福祉的关心，并认为，为实现日本的独立自主，可以接受美国阵营的经济援助，但不愿接受苏联阵营对日本民族主义乃至亚洲民族主义的干涉。因此，他们在意识形态方面的立场是非中立的，其"中立论"也许只能称为非武装和平形式的"战略性中立"。

1　蜡山政道、加瀬俊一、藤田嗣雄、脇村義太郎「朝鮮動乱の世界政局における貸借表」『中央公論』1950 年 11 月号、30 頁。

2　蜡山政道、加瀬俊一、藤田嗣雄、脇村義太郎「朝鮮動乱の世界政局における貸借表」『中央公論』1950 年 11 月号、32 頁。

（三）蜡山政道：从近代国家形成论到亚洲开发论

　　"亚洲民族主义"问题在 1951 年新年号的《中央公论》的同名特集里得到了更为深入的探讨。该特集同时收录了蜡山政道《两个世界与亚洲的课题》、丸山真男的《日本的民族主义》等文章，二者的标题还被特意加粗，作为特集中的主打篇目。[1]

　　蜡山政道在文章中提出了战后日本如何重新回归国际社会、重建其所在的国际秩序的问题。他指出，日本要回归国际社会，必须首先确立"不同于战前的"新的国际社会认知，特别是"新的亚洲认识"。而"新的亚洲认识"的核心课题，就是亚洲的民族主义问题。

　　　　如何认识亚洲，这个问题的核心，就是民族主义。这个问题
　　还恰好与两个世界的两极分化现象同时出现，……而且对于日本
　　这个曾在亚洲较早形成民族主义，却因此一败涂地，如今试图从
　　那苦涩、悲惨的经历中重新站起来的国家来说，这个课题正是我
　　们在新的世界局势下，必须加以反省和检讨的。日本对于亚洲课
　　题的贡献，将存在于诚实、谦虚，并准确地解决这个问题的过程
　　当中。[2]

　　蜡山政道进一步从"问题解决"的角度，展开了他的"近代国家形成因素论"，试图解释亚洲民族主义的形成过程及病理所在。

　　　　推动近代主权国家形成的种种因素中，正如欧洲历史所证明
　　的那样，存在三个重要力量。民族主义是其中之一，但它同时与

1　该特集收录文章有:「二つの世界とアジアの課題」（蜡山政道）、「中国のナショナリズム」（和田斎）、「インドのナショナリズム」（岡倉古志郎）、「東南アジアのナショナリズム」（橋本正邦）、「アメリカとアジア」（堀江忠男）、「イギリスとアジア」（小幡操）、「ソ同盟とアジア」（平野義太郎）、「日本におけるナショナリズム」（丸山真男）。

2　蜡山政道「二つの世界とアジアの課題」「特集アジアのナショナリズム」『中央公論』1951 年 1月号、242 頁。

市民阶层的民主主义和资本主义所代表的工业主义这两个巨大的历史动力以某种形式结合在一起。这三个历史性的力量的结合方式，使近代主权国家呈现出种种不同的形态。[1]

蜡山的论点在于，民族主义、民主主义、工业主义三者以什么样的比例、方式结合，将决定近代国家的形态和水平，"两个世界的对立"其实就是这三个"国家形成力"在两个不同方向上的大规模集结。[2]而在亚洲，民族主义作为"近代主权国家的形成力量"，总是十分"薄弱"，因此，它在民主化水平和工业化水平较低的情况下，容易受到全体主义的诱导，变得"扭曲"，以致走向"极端"，这是亚洲民族主义的病理所在。

亚洲的民族主义，无论是朝鲜那种被遏制的情况，还是日本那种发展过头的情况，都有一个明显的特征，即缺乏与民主主义和工业主义的协调良好的结合，而这种结合是近代国家所不可或缺的。印度、缅甸、印度尼西亚、菲律宾、泰国以及印度支那等东南亚各地的民族主义，也大多因此变得"恼人"。[3]

蜡山进一步指出，亚洲之所以没能形成健全的国家系统（state system），"不在于缺乏民族主义的情感，而在于其民主主义以及工业主义所提供的政治、经济条件的不成熟或早夭"，[4]如何使亚洲民族主义得到健全化的发展，

1　蜡山政道「二つの世界とアジアの課題」「特集アジアのナショナリズム」『中央公論』1951 年 1 月号、243 頁。

2　蜡山政道「二つの世界とアジアの課題」「特集アジアのナショナリズム」『中央公論』1951 年 1 月号、243 頁。

3　蜡山政道「二つの世界とアジアの課題」「特集アジアのナショナリズム」『中央公論』1951 年 1 月号、246 頁。

4　蜡山政道「二つの世界とアジアの課題」「特集アジアのナショナリズム」『中央公論』1951 年 1 月号、246 頁。

这个课题必然要转向如何促进民主主义与工业主义的发展这个方向。[1]

实现了课题转换后，蜡山自然地再次谈到了经济援助的话题。他认为随着联合国等国际和平组织的发展，主权国家不断"矮小化"，经济上的往来正不断超出民族国家的范围和能力，所以，亚洲的民族主义"必须同时是国际主义的"，亚洲各国需要"美国和其他西欧国家的援助与合作"。[2]当然，这种想法的形成，显然与蜡山对美苏冷战政策的认识有关（见表1）[3]。

表1　蜡山政道对战后美国、苏联在某些问题上的认识

	苏联	美国
维持战后世界和平的方式	少数大国主导的	多国参与的
对国际政治真空区的处理方式	用军事与政治手段 首先确保本国的安全保障区	用和平外交手段 试图推动亚洲各国的民主化
亚洲重建方案	支持共产主义政权，推动土地改革 →外科式的、直接的、冲击性的	根据经济计划，落实产业、社会、技术方面的援助 →内科式的、间接的、自发的
对待国际法的态度	将国际法视为保障本国安全的工具和实现世界革命的战略性手段	认为国际法是规定、制约国家主权，推动集体保障和联邦机构成立的条件
追求的国际秩序图景	亚历山大式的帝国结构	英国联邦式的国际秩序

蜡山认为，与苏联的激进性相比，美国的战后政策更稳健，并由衷表达了对后者的好感。"旧金山和约"和《日美安保条约》缔结（1951

1　蠟山政道「二つの世界とアジアの課題」「特集アジアのナショナリズム」『中央公論』1951 年 1 月号、247 頁。

2　蠟山政道「二つの世界とアジアの課題」「特集アジアのナショナリズム」『中央公論』1951 年 1 月号、249 頁。

3　蠟山政道「二つの世界とアジアの課題」「特集アジアのナショナリズム」『中央公論』1951 年 1 月号、247-248 頁。表格由作者整理制作。

年 11 月) 后，蜡山更是明确主张亚洲的民族主义必须向"以美国为中心的国际协调路线"倾斜。因为他认为，只有西方阵营的经济、技术援助才能救新兴亚洲民族主义之危。他举例称，联合国的技术援助、美国的"第四点计划"(针对东南亚、北非、拉美发展中国家的技术援助计划，1950 年 6 月 5 日获批执行)、英联邦国家主导的"科伦坡计划"(针对东南亚国家的资金与技术援助计划，1951 年 7 月 1 日开始运营，日本于 1954 年作为援助方加盟) 都是"解决亚洲民族主义内在需求的方案"，不仅能够使亚洲民族主义得到健全的发展，还有助于联合国的利益实现。[1]

　　然而事实上，无论是第四点计划还是科伦坡计划，设立之初，确实都包含了扩大自身经济影响力、遏制共产主义的动机，蜡山对这种援助体制的青睐，无意中表达了对这种动机的肯定。结合日本试图回归国际社会的时代背景来看，经济与技术援助确实是一个可以使对象国放松警惕、接纳意见和领导的方法，这种方法不久后在日本的赔偿经济计划也有所体现。

(四) 丸山真男：日本民族主义与亚洲民族主义的重建

　　在特集《亚洲的民族主义》(《中央公论》1951 年 1 月号) 的最后，丸山真男以《日本民族主义》一文压轴登场，他在文章中，分析了日本民族主义历史形成过程及其"前近代性"的性格，并试图探讨如何重建日本民族主义这个问题。

　　丸山认为，日本的民族主义与亚洲其他国家的民族主义的最大不同之处在于，其产生过程不是自发的，而是在战争动员下形成的。他指出，亚洲各国的近代化努力虽然失败了，但他们"反对帝国主义支配的民族主义运动，却自动地肩负起了变革旧社会和旧政治体制的任务"，

1　蜡山政道「アジアのナショナリズムと日本」「特集アジアにおけるナショナリズムとコミュニズムと日本の立場」『中央公論』1952 年 1 月号、256—257 頁。

"这种民族主义与革命的内在的结合"，在中国、印度、印尼、朝鲜等国的历史进程中都有或多或少的表现，[1]而日本却因为"巧妙地"成功实现了"自上而下的近代化"，其"民族主义"一开始就放弃了"解放国民这一课题"，而是一路"从国民主义转变为国家主义，进而升华成了超国家主义"。[2]这里，丸山似乎在对亚洲民族主义这种自发性、革命性表达着一丝欣羡，认为相比之下，日本民族主义是被动的、软弱的，因而是不健全且极容易被扭曲的。

当然，丸山也并没有无视亚洲民族主义在多重任务面前的无力及其失败的抗争历程，他更为欣赏的近代型民族主义其实是 19 世纪的政治理论学家约瑟夫·勒南（Joseph Ernest Renan，1823—1892）主张的以"每日例行的选民投票"为基础的"国民主义"，这是一种具有高度"自发性和主体性"的民族主义，[3]本质上是一种建立在民主主义基础上的民族主义。可见，丸山所期待重建的日本民族主义，其实就是这种"民主民族主义"。

> 日本的旧民族主义的最大作用，就是隐藏、压抑一切社会对立，压制大众自发形成的组织的成长，将大众的不满转化为对国内国外的"替罪羊"的仇恨。如果今后国民的爱国心再度因这种来自外界的政治目的而被动员起来，就意味着我们放弃了国民独立这个所有民族主义的至高命题，而只继承了与反革命相结合这个最丑恶的历史遗产。……如果我们沿着这个方向走的话，日本将必然走上与其他亚洲民族主义背道而驰的命运。[4]

1　丸山眞男「日本におけるナショナリズム」「特集アジアのナショナリズム」『中央公論』1951 年 1 月号、298-299 頁。

2　丸山眞男「日本におけるナショナリズム」「特集アジアのナショナリズム」『中央公論』1951 年 1 月号、299、300 頁。

3　丸山眞男「日本におけるナショナリズム」「特集アジアのナショナリズム」『中央公論』1951 年 1 月号、300 頁。

4　丸山眞男「日本におけるナショナリズム」「特集アジアのナショナリズム」『中央公論』1951 年 1 月号、304 頁。

丸山真男担心日本的民族主义被来自外界的政治力量利用，并在文章中暗示这个别有用心的力量是"更为上位的""国际上的政治力量"。从与亚洲民族主义相背离的方向来看，丸山所指的其实就是占领着日本，且对亚洲独立运动多有掣肘的美国。同时，他将"国民独立"视为"至高命题"也是意在指出，日本不仅要为亚洲民族独立加油鼓劲，自己也必须要从美国的占领政策下独立新生。从这一点来说，日本对美国的政策追随，在丸山看来也是背弃了亚洲民族主义的"反革命"的行为，是对缺乏独立自主意识的旧民族主义的继承，而这种旧民族主义其实包藏了对国家权力入侵个人权力的无底线容忍，和对日本国体至高价值的盲目自信，是全体主义和帝国主义的温床。[1]

不难看出，丸山真男的日本民族主义论更侧重"精神革命"的方面。而亚洲则是其同情和反省的投射对象，这种将亚洲新兴民族国家视为近代化同道中人、试图靠近对方的"亚洲一体观"（或称"亚洲连带论"）在当时日本知识分子中并不罕见，并在 1950 年代中期有了更为鲜明的表达。

三 "亚洲论"的内部解体

（一）万隆会议与"亚洲连带论"

在 1955 年 4 月在印度尼西亚万隆召开的排除了殖民国家参与、旨在促进亚非国家民族独立和经济文化交流的亚非国家会议上，尊重他国主权、不干涉他国内政、不结盟等和平共处原则被确立了下来，并在亚洲多国的知识界收获了广泛的认同。日本虽然在科伦坡计划中是向第三世界国家提供援助的一方，但在万隆会议上，却是反帝反殖民主义的亚洲国家中的一员。

日本与亚洲各国同呼吸共命运的"连带感"在这一时期得到了极

1　关于超国家主义的论述，参见丸山眞男「超国家主義の論理と心理」『世界』1949 年 5 月号。

大强化。而对这种"亚洲连带"加以明确描述的，是中国文学的研究者竹内好。竹内好称"要推翻压在亚洲身上的帝国主义，只有两条道路可选，要么自己也成为帝国主义国家，要么将帝国主义从这个世界上根除"，从 20 世纪的历史来说，"日本选择了前者，而包括中国在内的其他国家却选择了后者"，这是竹内好在批判、反省日本曾犯下的错谬。至于今后日本该如何抉择，竹内认为，日本应选择"用弱者间相互连带的民族主义取代排外的民族主义"的道路。[1]

竹内好的这一"亚洲连带论"明确地表达了部分日本知识分子对反帝国主义的亚洲民族主义的认同，以及他们试图以平等的姿态与亚洲各国携手对抗大国强权体制的愿景。这也在理论层面构成了对战时自上而下的"东亚协同体论"和"大东亚共荣圈"的批评和否定。

在蜡山政道等人的亚洲协同体论中，包含了以工业化、民主化促进民族主义进化的考量，其目标是对民族国家的超越；而在竹内好、丸山真男这里，民族主义的民主化或亚洲连带并不是为了超克民族主义，而是为了让日本成为一个更健全的民族国家。可见，尽管蜡山和丸山在日本民族主义的病理和"民主化乃必经之路"等观念上存在共识，但他们设想的蓝图却并不相同。在 1950 年代前期"民族主义论"和"亚洲连带论"中，两代进步知识分子之间本来就存在的观念差异也在逐渐扩大。

（二）日本"亚洲开发论"的展开

旧金山和约生效后，日本开始逐渐以独立的姿态复归国际社会，但在外交、经济政策等方面仍与美国保持协调。日本与亚洲的经济关系也是在此背景下重启的。1950 年代以后，以战争赔偿作为经济援助、与西方国家合作推动东南亚的经济开发的"亚洲开发论"开始成为报刊中频繁出现的关键词。

例如，较早展开"亚洲开发论"的代表论者板垣与一在 1952 年 1

1　竹内好「アジアのナショナリズム」『日本とアジア』筑摩学芸文庫、2004、126 頁。

月号的《中央公论》上撰文指出，缅甸、泰国、印度尼西亚正面临严重的财政困难，技术发展也停滞不前，"只有寻求国际投资、贷款和技术援助才是唯一的出路"，日本也应该作为一个资金、技术的援助者，通过赔偿，推动东南亚地区的工业化和经济开发，并借此与亚洲国家"心连心"。[1]

> 　　关于赔偿问题，我们应对亚洲各民族当下所处的政治、经济局势抱有深刻的理解，敏锐地从他们不安与焦虑的表情中洞察出他们的愿望，采取灵活的外交举措，以免把事态引向纷争。关于赔偿的支付方式，固执于纯粹法律层面的解释是不明智的，我们不能忘记，赔偿问题虽然是经济问题，但首先是心理问题。赔偿问题是否真的能够成为连接日本与亚洲的"黄金桥"，还要看日本的选择是否足够慎重。[2]

　　事实上，日本 1950 年代的亚洲开发，确实是以经济赔偿为切入点实现的，换言之，日本的战争赔款从一开始就带上了经济开发借款和经济援助的色彩。不过，板垣并没有忽视赔偿问题背后亚洲民族主义的问题，这也表明"亚洲开发论"和"亚洲连带论"之间依然存在互相理解、互相融合的可能。

　　值得注意的是，日本的亚洲开发论一开始就展现出了其试图摆脱"亚洲孤儿"的处境并重新成为亚洲领导者的意愿。这当然也包含了通过促进亚洲各国的经济复兴，强化日本与亚洲的关系，以便改善自身在日美关系中的处境的打算。例如，曾对美国主导的亚洲援助体制评价颇高的蜡山政道，却在 1950 年代中期开始，对美苏两国的"经济援助竞争"表示不满（他认为科伦坡计划也是东西经济援助竞争的一个工

1　板垣與一「東南アジアの政治経済情勢」「特集アジアにおけるナショナリズムとコミュニズムと日本の立場」『中央公論』1952 年 1 月号、279 頁。

2　板垣與一「東南アジアの政治経済情勢」「特集アジアにおけるナショナリズムとコミュニズムと日本の立場」『中央公論』1952 年 1 月号、281 頁。

具而已[1]）。

　　　　苏联的经济援助，是以苏联的世界政策——在打击帝国主义、
　　排除殖民主义这一基本目的下，树立人民民主主义体制——为战
　　略目标的。因此，自由主义各国的经济援助政策，必然会以对立、
　　抗争的形态与之对抗，成为反共政策的一环。如此一来，即便双
　　方的经济援助竞争对解决亚洲的经济困境有所帮助，也绝不意味
　　着亚洲民族主义的发展和安定。[2]

　　蜡山意在指出，只有"亚洲内部"各国"通过经济开发相互协作"，
才能获得真正的发展和安定。为此，蜡山提出了"亚洲内部的、地区性
的开发合作"这一以亚洲国家为主角的地区开发合作构想。[3] 似乎是为
了淡化这一构想中"东亚协同体论"的影子，蜡山强调了地区合作必
须以专业性和平等性为前提。同时，他把 1947 年成立的亚洲和远东经
济委员会（亚远经委会，ECAFE）作为亚洲开发合作形式的一个范本，
称其不同于科伦坡计划，对意识形态不同的两个阵营都抱持开放态度，
而且关注的问题也集中在经济的、技术的方面，解决问题的方法也大多
是调查、研究、研讨等。总之，蜡山对亚远经委会评价极高，称"（亚
远经委会）以其朴素的职能，理解并培育着年轻气盛的亚洲民族主义在
实现自主独立的经济发展时所必需的亚洲合作体制"。[4]
　　至于日本应该以怎样的姿态面对亚洲，蜡山称"我国与亚洲各国
的关系"，不能只是"反省""检讨""交流""吸取教训"，而应该"以

1　蝋山政道「アジア経済発展の国際政治的意義」日本エカフェ協会編『アジア経済発展の基礎
　　理論』中央公論社、1956、678 頁。
2　蝋山政道「アジア経済発展の国際政治的意義」日本エカフェ協会編『アジア経済発展の基礎
　　理論』674 頁。
3　蝋山政道「アジア経済発展の国際政治的意義」日本エカフェ協会編『アジア経済発展の基礎
　　理論』677 頁。
4　蝋山政道「アジア経済発展の国際政治的意義」日本エカフェ協会編『アジア経済発展の基礎
　　理論』679 頁。

谦虚的态度与亚洲的发展中国家接触，以提供建议和援助的方式促进其经济发展"。蜡山还指出，这种经济援助和合作，"必须以长期的开发计划为前提，同时必须在地区性国际合作组织这样的框架下进行"，因为从战前的教训来看，如果没有强有力的地区性国际组织，处于主导地位的国家可能会为了独占亚洲市场而构建帝国秩序。[1]同时他认为，日本要想在冷战格局中在亚洲确立外交自主性，的确需要一个健全的、属于亚洲自己的地区性国际组织，因此，"将科伦坡计划和联合国的框架再向前推进一步，催生出亚洲自己的国际合作组织"[2]成了蜡山亚洲论的新重点。

至此，蜡山完成了其对战前"东亚协同体论"的扬弃，他将"亚洲协同"限制在经济与技术领域，而与情感上的"亚洲连带"保持距离，从而与"亚洲连带论"也一并划清界限。但他依然坚持了他在 1920 年代起就已形成的国际机构主导的功能主义的国际行政理念，并在日本重返国际社会的背景下加以重提，其表述，就是以重获独立地位的日本为主角的"亚洲开发论"。

（三）"安保斗争"的两面

1957 年，岸信介内阁成立。岸信介有意完善日本的防卫体制，使日美安保条约更符合日本的利益，为此，他上任后不久便与美国艾森豪威尔总统、杜勒斯国务卿以及驻日大使麦克阿瑟等人多次会晤，商议安保条约的改订事宜。同时，他还出访了东南亚多个国家和地区（1957年 6—7 月、11 月），试图通过东南亚开发基金构想，构筑以日本为中心的反共的经济圈。1958 年，岸信介还为维持日台关系，而与中国大陆交恶，让中日的经贸、文化往来一度回到 1952 年双方第一次民间贸

1　蜡山政道「アジア経済発展の国際政治的意義」日本エカフェ協会編『アジア経済発展の基礎理論』680-683 頁。

2　蜡山政道「アジア経済発展の国際政治的意義」日本エカフェ協会編『アジア経済発展の基礎理論』683 頁。

易协定成立之前的断绝状态。另外，出于再度军备的打算，岸信介试图
推动修宪，并组织了政府主导的"宪法调查会"（1957 年 7 月），还试
图修改《警察官职务执行法》（1958 年 10 月），以扩大警察的职务权限，
这些动作都让舆论对岸信介政府逐渐失去信任，并间接导致《新安保条
约》强行表决（1960 年 5 月 19 日）后，日本爆发了战后罕见的大规模
民众示威游行。

安保斗争之所以能够演变成数十万人参与的民众运动，当然离
不开各类媒体的宣传和引导，不少市民、知识分子也投身其中振臂高
呼——从反战市民组织"无声亦有声之会"（声なき声の会），到以石原
慎太郎、大江健三郎等艺术家为核心成员的"年轻日本之会"（若い日
本の会），再到以大学教授竹内好抗议辞职为契机而组织起来的"保卫
民主主义全国学者、研究者之会"（民主主義を守る全国学者・研究者
の会）。

《新安保条约》的强行通过和美国对日本实质上的基地化控制，显
然触动了日本人的国民情绪和政治民主意识，因此反安保斗争在捍卫日
本独立、维护日本国民的民主权利方面自然拥有了无可置疑的正当性，
丸山真男等知识分子也的确从这一点上，对安保斗争做出了极高的评
价，认为安保斗争是"迟来了十五年的民主主义运动"。

> 自上而下的宪法通过这场斗争开始转变为自下而上的宪法。
> 这是日本历史上具有划时代意义的转折性事件。从这个意义上说，
> 经过这次的斗争，日本宪法终于不再是单纯的法律条文，而开始
> 成为贯彻于我们行动中的有血有肉的原理。……日本的国内政治、
> 国际政治的发展方向，今后将由国民自己决定。这才是真正的人
> 民主权。[1]

---

1 丸山眞男「安保闘争の教訓と今後の大衆闘争—青年労働者の報告をもとにして—」（1960 年 7
月）『丸山真男集（第 8 巻）』岩波書店、1996、338 頁。

　　这是丸山真男罕见的对日本民主化动向的乐观表述，安保斗争期也是他带着病躯，不断奔走演说、写稿，为战后民主摇旗呐喊的时期。然而，同一时期的蜡山政道等老一代知识分子却与丸山等人有着极为鲜明的差别。

　　蜡山政道十分清楚"日本的国家独立是以服从或配合美国的亚洲政策为代价的"，日本在和平宪法体制下，除了依附美国，没有其他保障自身安全的手段，因此"安保体制是历史的必然"。[1] 对于反对《新安保条约》的大众斗争，他的态度也相对保守。蜡山在 1960 年 9 月号的《中央公论》上，与经济学家中山伊知郎（1898—1980）就安保斗争问题进行了对谈，称"安保反对运动"的发生，不仅和"议会主义"即民主主义有关，也和"国际共产主义"的影响有关，[2] 认为安保斗争尽管不是国际共产主义引起的，但却给了他们以可乘之机，大众运动或许会在其影响下发展过激，最终走向反政府、反议会主义的方向。

> 主张打倒岸信介内阁的国民大众运动和岸信介内阁所采取的形式上的议会主义，都打着议会主义的名号，但结果却都构成了对议会主义的否定。[3]

　　蜡山认为，日本国民对议会主义（或者说是民主主义的政治体制），存在认识理解上的不足；对国际情势的理解也过于浅薄，容易把国际关系看成非此即彼的选择题；就连大学教授也在安保斗争中放弃了学问的思考，而只致力于用行动来对岸信介内阁表达反对……[4] 至此，我们看

1　蜡山政道『日本の歴史 26 よみがえる日本』中央公論社、2006、319 頁。
2　蜡山政道・中山伊知郎対談「まず事実の確認から——政治的激動の教訓」『中央公論』1960 年 9 月号、71 頁。
3　蜡山政道・中山伊知郎対談「まず事実の確認から——政治的激動の教訓」『中央公論』1960 年 9 月号、73 頁。
4　蜡山政道・中山伊知郎対談「まず事実の確認から——政治的激動の教訓」『中央公論』1960 年 9 月号、73、76、77 頁。

到了日本学者两种截然不同的安保批判论，同为民主主义论者的两代日本知识分子在战后维持了十几年的相对和谐的共存关系[1]终于走向破裂。

1960 年的"风流梦谭风波"是这一破裂的象征性的节点。风波起因于 1960 年 12 月号《中央公论》上刊载的小说《风流梦谭》（作者是深泽七郎），小说因涉及皇太子和皇太子妃被斩首的情节，受到右翼分子攻击，中央公论社社长岛中鹏二的妻子岛中雅子（蜡山政道的女儿）遭行刺，身负重伤，家中保姆更是惨遭杀害。事件发生后，中央公论社开始对言论自由有所控制，并禁发了《思想的科学》（当时由中央公论社出版）1961 年 12 月的"天皇制特集号"。为此，鹤见俊辅、丸山真男、川岛武宜、竹内好、久野收等相关参与撰稿的知识分子表示抗议，并决定不再向中央公论社供稿，此后，《中央公论》开始向保守、现实主义转向，日本知识界的保守和革新的对立构图也由此形成。

结　语

战后日本知识分子的亚洲论受到了诸多因素的影响，包括现实的国际国内局势，也包括知识分子本身的思想、生活经历。以丸山真男与蜡山政道这两代人为例，二者在亚洲论上的诸多共性和差异，都不能抛开两人的年龄和个人经历来看。丸山真男出生于大正时代，成长于日本日渐法西斯化的时代，高中时期曾被视为思想犯，遭到"特高"的粗暴讯问，战时还被征兵，差一点死在被核爆的广岛。所以，对于战后，丸山是带着解脱和欣喜之情的，他带着摆脱旧桎梏建立新时代的革新意识，希望日本能走上新生之路，自然地成了一个民主主义的斗士。而蜡山政道则是日俄战争时期生人，成长于大正民主主义这样一个短暂的自由主义时代，他关心民生，也关心社会主义，并被英国渐进式的民主社会主

1　酒井哲哉「核・アジア・近代の超克—1950 年代日本政治史層の一断面」『思想』2011 年 3 月、8 頁。

义吸引，年纪轻轻就在政治学、国际行政、国际关系论等领域取得了开创性的建树，却在盛年时遭遇战争。他虽然也做过一些无力的抵抗，但作为近卫文麿的智囊，的确由衷地为日本帝国设计过发展蓝图，他同样带着解脱的心情迎接战后，但在很多思想课题面前，总试图回到1920年代寻找答案。

思想和生活经历的差异，让两人的亚洲论也带上了鲜明的"世代"性差异。丸山真男的亚洲论，基本上是建立在对亚洲民族主义不幸遭遇的"共情"之上的，故很容易产生与亚洲同呼吸共命运的"连带感"。这种"亚洲连带"观，也让他把战后日本的国家独立以及民主化的问题，重叠在了亚洲民族解放的问题上，因此他的"亚洲论"在美苏冷战的亚洲格局中，多少带有一些反美亲苏的意味。而蜡山政道亚洲论的内核，则始终是基于功能主义的地区经济开发论，它形成于1920年代，于1930年代成为"帝国秩序"的理论工具，战后又被重新提起，并的确在日本重返亚洲、重返国际社会的过程中扮演了重要角色，但它对经济援助、技术援助的强调，也意味着它更符合西方阵营遏制共产主义的战略需要。两种不同的亚洲论，或直接或间接地体现了日本知识分子在面对左右路线选择等问题时的不同倾向，然而这种观念差异却并没有随着冷战的缓和而消解，反而在保守、革命对立的构图中被不断固化，成了耸立在战后思想界的一道墙。对于一直寻求共识、试图在战后重塑日本精神世界的日本新老知识分子来说，这一结局实在不能不令人深感遗憾。

·附　录·

采铜于山，求是于海

——四十年来耕耘日本近世近代史的收获和感悟

陶德民

2022 年 6 月 4 日晚，得到北京大学历史学系"海上丝绸之路与郑和下西洋"及"海上丝绸之路"沿线地区的历史和文化研究重大项目支持、北京大学东北亚研究所承办的"采铜于山，求是于海——四十年来耕耘日本近世近代史的收获和感悟"讲座在线上举行。本次讲座由日本关西大学名誉教授陶德民主讲、北京大学历史学系教授王新生与谈，并由北京大学历史学系教授唐利国主持。清华大学刘晓峰教授、南开大学刘雨珍教授和中国人民大学钱昕怡副教授等 200 余名各校师生聆听了讲座。在讲座中，陶老师介绍了从 1982 年考入复旦大学到 2022 年 3 月从关西大学退休期间的主要学术经验和见闻，并以对"吉田松阴下田蹈海"事件的微观史研究为例，分享了自己宝贵的治学经验，鼓励青年研究者提高语言能力、立足史料基础，从多元角度出发探寻东北亚史研究的新思路。以下为陶老师讲座的内容。

　　1984 年 12 月，我还在复旦大学历史系读硕士研究生，因受到姐妹学校关西大学的文学部长大庭脩先生（1927—2002，1986 年关西大学百年校庆时荣获当年度的"日本学士院奖"）的邀请，得以作为"大学院交流研究生"前往关西大学进行了为期五个月的访问，搜集了幕末维新时期的英日关系相关资料。复旦毕业留校后，我在导师吴杰先生和校长谢希德的推荐下前往大阪大学读博，从 1986 年 4 月起师从胁田修（1931—2018）先生和子安宣邦先生研究大阪商人创办的儒学书院怀德堂（1724—1869）。大阪大学的怀德堂文库有藏书 36000 余册，加上大阪府立图书馆乡土资料室藏有早期怀德堂教授五井兰洲的大批遗稿和讲义，我得以据第一手资料完成博士学位论文，题为《怀德堂学的研究》。由于学习成绩较为突出，1991 年春，我在中之岛大阪市中央公会堂举行的大阪大学毕业典礼上，作为文学研究科的"总代"（研究生代表），上台接受熊谷信昭总长（即校长）亲手授予的文学博士学位。1994 年春，我的博士学位论文由新设立的大阪大学出版会作为文科首批四种专著之一出版时，改名为《怀德堂朱子学的研究》。

　　在读博期间的 1987 年秋，大阪大学举行了怀德堂纪念"德川思想"国际研讨会。我也应邀发言，从而结识了同一分组的著名日裔学者奈地田哲夫（Najita Tetsuo，1936–2021）教授。他当时是芝加哥大学东亚研究所所长，在大阪大学访问一年。他知道我有了解美国的日本研究现状的意愿之后，便请时任芝加哥大学东亚研究所代理所长、以鲁迅研究著称的李欧梵先生为我安排赴美访问日程，采用到各校讲演顺便座谈的形式。1988 年 9、10 月间，我从美国西海岸到东海岸访问了九所名校，用英语介绍改革开放后中国的日本史研究现状，因此结识了不少美国的日本和东亚研究领军人物，包括加州大学伯克利校区的沙伊纳（Irwin Scheiner）、伊利诺伊大学厄巴纳－香槟校区的托比（Ronald

Toby）、康奈尔大学的考施门（J.Victor Koschmann）、普林斯顿大学的詹森（Marius Jansen，1922—2000，以研究孙文、坂本龙马以及日本近代化的经验著称，1999年同时荣获"日本学士院奖"和"日本文化功劳者奖"）和余英时、哥伦比亚大学的格鲁克（Carol Gluck）和傅佛果（Joshua Fogel）、耶鲁大学的凯雷（William Kelly）和萧凤霞，以及哈佛大学的傅高义（Ezra Vogel）和博莱索（Harold Bolitho）等先生。

图1　2003年傅高义教授应邀来关西大学法学研究所召开的国际研讨会做题为"中国，日本，美国和亚洲的和平"的主题报告后与师生们的合影

巡回讲演结束后，我从波士顿飞往英国、法国和意大利访问，最后经由香港返回大阪，完成了第一次"环球旅行"（第二次是2001年春至2002年春，作为关西大学在外研究员度过了一年学术休假，先后在埃尔朗根－纽伦堡大学驻访三个月、普林斯顿大学两个月、哈佛大学五个月和新加坡国立大学一个月，最后经由香港中文大学和复旦大学返回大阪）。我在牛津大学东方研究所访问了以熊泽蕃山研究著称的麦穆伦（Ian McMullen）教授和正在该校驻访的胁田先生的夫人胁田晴子教授（2005年荣获"文化功劳者奖"，2010年荣获文化勋章），在剑桥大学中国研究所拜访了李约瑟（Joseph Needham）先生，在伦敦大学亚非学

院访问了时任该院日本研究中心主任的杉原薰先生，向他们分别赠送了自己的日文处女作《对荻生徂徕〈乐书〉的校阅及所见》(『荻生徂徕の「楽書」校閲とその所産』)的抽印本（刊载于大阪大学文学部学报《待兼山论丛》，题目中的"乐书"是明代朱载堉所著《乐律全书》的简称）。

图2　在剑桥大学中国研究所拜会李约瑟先生

　　在提交博士学位论文后等待审查结果期间，我得到詹森教授的邀请前往普林斯顿大学东亚系驻访，进一步打开了眼界。获得博士学位后，又得到詹森教授的推荐，到哈佛大学赖肖尔日本研究所从事博士后工作，师从入江昭和博莱索两位先生。入江先生是费正清的高足，美国外交史和日美关系史的权威。2009年林肯诞辰200周年纪念国际研讨会在牛津大学举办，我受其委托，事先做了将近两年的准备，在会上宣读了题为《林肯在近代东亚的影响》的报告。博莱索先生是德川政治制度史的专家，他讲授的关于德川将军的课受到广泛的好评。在读博士后期间，我还为时任哈佛燕京学社社长和东亚语言文明系教授的杜维明先生所讲授的全校核心课程"东亚哲学"做过助教。近两百个学生分为十多个小组，每组配一个助教，负责每节课后的分组讨论和作业打分。傅高义先生曾告诉我，此课程是在他的力主和推动下设立的，可见这位研究日中两国的战后社会转型和"亚洲四小龙"兴起的大学者，确实有高瞻远瞩的过人之处。除此以外，在大阪大学留学时一起师从胁田先生、毕业后在哈佛附近的塔夫茨大学执教的密西根大学博士卢朴（Gary Leupp），也邀请我去代上过一学期的朝鲜史课程。

1992 年 4 月初，在华盛顿举行的美国亚洲学会的年会上，以内藤湖南研究著称的傅佛果先生主持了一场圆桌讨论，参加讨论的有伊利诺伊大学的托比先生、关西大学的河田悌一教授和我。议题为"这是一种以中国为中心的日本历史观的展示吗？——关于六兴出版的 13 卷本《东亚视野中的日本历史》（『東アジアのなかの日本歴史』）。"这个议题较有挑战性，目的是对这一套集当时中国日本史研究成果之大成且在日本用日文出版的系列丛书进行综合书评。正在美国访问的该丛书作者之一、天津社科院的吕万和先生也意外地出现在会场，大家握手言欢，非常高兴，因为这次讨论可以说是中国的日本史研究成果走向世界的一个重要里程碑。我把自己半年前在普林斯顿大学《葛思德图书馆馆刊》刊出的英文处女作抽印本送给吕老师，感谢他曾经给予的鼓励。因为在复旦读硕期间曾到天津拜访过他以及南开大学的吴廷璆先生、米庆余先生。该论文讨论明代《六谕衍义》和清代《圣谕广训》在近世近代日本的影响，题为"Traditional Chinese Social Ethics in Japan 1721–1943"。出乎意料的是，事后吕先生竟然耗费心血进行了摘译，把题目改为《明清"圣谕"在日本》，发表在北京大学《日本学》的第五辑上，而且只署了我的名字，使我很过意不去。其实，在亚洲学会召开一个多月之前的哈佛博士后讲座上，我做的报告也是以此为主题，不过把重点放到了近代，阐述了明治时期的道德教育家西村茂树如何建议效仿康熙雍正二帝颁布的《圣谕广训》，以明治天皇的名义制定《教育敕语》以教化臣民，以及昭和时期的著名汉文学家鱼返善雄在 1943 年出版的《汉文华语：康熙皇帝遗训》序言中提醒当局，在清代经过朝野上下反复宣讲的《圣谕广训》至当时影响仍在，可以利用来为战时日本在华占领区域内的"教化"政策服务。由于该报告与中国的相关度较高，讲座是由包弼德（Peter Bol）教授主持的。史华慈（Benjamin Schwartz）教授也出席并做了点评，杜维明先生和塔夫茨大学的卢朴教授也参加了。会后还在学校附近的餐馆共进晚餐做了交流。

亚洲学会年会结束四个月后，我开始在麻省桥水州立大学（Bridgewater State University）历史系执教，讲授东亚史和西方文明史。两年之后的 1994 年夏季，因受到立教大学法学部野村浩一教授的邀请，我作为奖励研究员前去访问 3 个月，利用该校的大久保利通文库和东京大学史料编纂所的收藏资料，对近代实证史学的先驱重野安绎做了深入研究。1995 年秋，我先后接到了河田悌一先生和大庭脩先生的邀请信，决定于次年转赴关西大学任职。因为我熟悉该校的丰富收藏，如著名的内藤湖南文库、增田涉文库、泊园文库、长泽规矩也文库和中村幸彦文库等，觉得可以利用来做很多深入研究。

2007 年，在河田悌一校长领导下，关西大学凭借其半个世纪以来在中日交涉史、中国语言文学及思想史领域所积累的丰富研究成果，在申报日本文部科学省的最高资助项目，即全球化卓越中心项目时获得成功，组建了"关西大学文化交涉学教育研究中心"。我被委以主任一职，与内田庆市、藤田高夫两位副主任，以及沈国威、松浦章、吾妻重二、中谷伸生，二阶堂善弘和奥村佳代子等教授一起努力推动"文化交涉学"这一新领域的研究和新学科的建设。结果，2011 年新组建的东亚文化研究科（在此前数年的筹建时期为文学研究科内特设的文化交涉学专业方向）成为日本唯一的"文化交涉学"硕、博学位授予点，为日本国内、韩国、意大利以及中国的大学培养了大批师资。2009 年该中心又和海内外许多姐妹学校的同人共同创建了"东亚文化交涉学会"，现在已有 600 余名会员，连续召开了 14 次年会（每年易地召开，主要在中、日、韩三国，一次在德国），并出版了 13 期英文会刊。

抚今追昔，我在中、美、日、欧等地与各国的许多学者结成了学术友谊，一共出版了专著 8 种、编著 7 种、合译 2 种和合编 14 种。合编中包括去年 9 月由英国劳特利奇出版社刚出版的《德川世界》(*The Tokugawa World*)，是该社"世界"系列丛书的一种。该书由欧美、日本和中国的 64 位教授执笔，共计 1198 页，担任主编的是我的老同学——塔夫茨大学的卢朴教授。作为副主编，我主要负责其中 18 篇日文原稿的英译组织工作，并负责在有关重要题目难以找到合适的欧美作者人选时，从日本延揽执笔者。我对这项工作感触良多，因为我在 1991 年曾受简森教授的委托，撰写过当时刚问世的《剑桥日本史》近世卷的书评，发表在日本上智大学的英文日本学刊（Monumenta Nipponica）上。该书中收录了十几篇文章，作者包括自己所熟悉的胁田、奈地田、博莱索和尾藤正英等先生。而三十年后自己有幸参与编辑的这本《德川世界》则囊括了近二十年来国外日本史学界的许多重要研究成果，特别是社会史和思想史方面的成果，其间因问题意识的转换而导致的学界变化之大实在令人感叹。

图 3　《德川世界》封面书影

综上所述，由于我秉持"采铜于山，求是于海"的学术态度，在这四十年的学术生涯中算是有所收获。不过自己有幸获得种种机会，从大的方面来看是由于 30 岁后喜逢改革开放时代而得以睁眼看世界，从小的方面来看是因为在求学和执教的各个阶段都遇到了良师益友，得到其悉心指导和慷慨援助。因此，我对他们每个人都颇为感恩。去年 12 月 10 日，我在关西大学做"最终讲义"时，披露了以下《古稀感言》（其中的人名依次为吉田松阴、内藤湖南、林肯和涩泽荣一）。

> 海外洗礼，见贤思齐。
> 松阴湖南，林肯荣一。
> 文化交涉，无限转机。
> 笔耕不辍，聊以自娱。

接下来，我想以对"吉田松阴下田蹈海"事件的微观史研究为例，与大家分享自己的治学经验与感悟。我对这一事件的研究始于对罗森的《日本日记》的考察。北大历史学系的王晓秋教授对此日记做过先驱性的研究，其解说早在 1980 年代就收入了钟书河先生主编的"走向世界"丛书。罗森是佩里准将的首席翻译官卫三畏所雇的中文秘书，在 1854 年春作为佩里旗舰上的随行人员参加了远征，做了大量卓有成效的翻译和沟通工作，并在日记中记下了自己的见闻。返回香港后，他将日记以《日本日记》为题在中文月刊《遐迩贯珍》上连载刊出。该日记是了解当时日本的风土人情、社会状况以及日美交往的重要史料，其价值得到日本史学家的重视，1913 年被冠以"米国使节随行清国人罗森《日本日记》"的标题收入《大日本古文书 幕末外国关系文书》的附录之中。其实，罗森的日记早已被其上司卫三畏译成英文，并先于《遐迩贯珍》的中文版 1854 年 9 月在香港的英文商业周刊《香港记录报》的增刊上登载出来。佩里认为，这本日记揭示了一个不通英文的中国人何以对美国打开日本国门一事抱持开放态度，因而极有价值，遂将其收入 1856 年出版的《佩里舰队日本远征记》的第二册。这三大册的远征记是佩里向海军部的报告书，并作为美国议会文书印行。我通过对不同版本的《日本日记》进行对比，发现了一个值得关注的重要问题——中文版与卫三畏翻译的英译版在内容上存在差异，即英文版有罗森在与幕府官员交谈时对自己来历所做的介绍，但是中文版没有，因而推测卫三畏据以翻译的应该是罗森日记的手稿或未加删节的抄件，它会不会还保留在耶鲁大学的"卫三畏家族文书"之中呢？不过，我 2002 年去耶鲁图书馆档案部寻找这份文件时并没有如愿找到，却意外看到了吉田松阴的《投夷书》原稿、偷渡之前用汉文写成的意图说明书以及用候文所写的便条，上面写着届时接应办法。其实，它们早已经被在耶鲁大学教授日语的山口荣铁先生（1938—2021）发现，并在 1975 年日本的杂志《中央公论》上加以介绍，后来有几个日本学者也曾跟进做过调查。然而，山口等日本学者都没有对汉文《投夷书》的内容进行深究，特别是对其中以儒学语言诉诸美方的人道主义的关键部分加以分析。松阴表示，自己冒犯国禁登上美舰，若美方不加收留，自己立马就会遭到"追捕"和"刎斩"，如果这样，就会大伤"贵大臣诸将官仁厚爱物之意"。松阴的这一表述既是对美方的央求，也是一种警告，而且后来事实证明，这种激将法确实对美方的态度产生了影响。我独自的新发现是吉田松阴偷渡失败后在牢笼里所写的汉文《哀叹书》。这份文书本来是写在一块木板上的，木板早已不存，但细心的卫三畏当时就让罗森做了抄件，将之粘贴在自己的大厚本随访日记的硬封皮内侧，还在抄件上端做了简洁的注记，足见其珍视的程度。卫三畏的《哀叹书》英译，连同汉文《投夷书》的英译，也都收入了上述的《佩里舰队日本远征记》，而该远征记在将近一个半世纪里有过多种日译本，可以进行比对研究。因为我 2002 年秋天去耶鲁调查之前仔细读过英译和日译，所以打开卫三畏的日记本看到罗森的汉文抄件后，马上就直觉地感到，这才是原始文件，而且其他译本均存在误译。如"面缚就捕"一语本来是松阴借以表达"我是自首投案"的意思，可是卫三畏望文生义，将其译为"在众人面前被绑缚"了。"面缚"是《左传》中"面缚舆榇"一词之略，说的是古代君主战败投降的礼仪，即战败之君主往往反绑双手，且用舆车载着棺材去见战胜的君主，表示不再抵抗，自请受刑。由于卫三畏对这一词的文化渊源并不了解，所以有此误译。

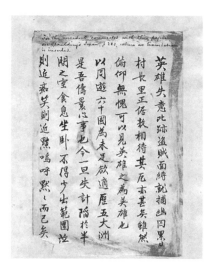

图 4　吉田松阴在下田狱中所写《哀叹书》的罗森抄件

我在 2009 年又有一个新发现，进一步证实了吉田松阴不是"在众人面前被绑缚"的。这年春天，我在华盛顿的国会图书馆收藏的佩里旗舰的航海日志中查到了"两个日本人"滞留船上的精确时间。松阴二人于 1854 年 4 月 25 日 2 点 45 分爬上船来，经过 45 分钟的审问后，于 3 点 30 分被佩里以小艇送回下田湾的岸边。在这样的多方史料对照下，我对于卫三畏的误译一事进行了坚实而全面的论证。

我的第三个发现是佩里在处理松阴登船事件的过程中所表现出来的人道主义态度。在卫三畏将《哀叹书》及其译文上呈佩里将军阅览时，佩里当即命令他和副官尽快去视察关押松阴的牢笼。可是第二天一大早，当他们到达现场时，被告知松阴等人已经在押送往江户幕府的路上了。卫三畏测量了牢笼的尺寸，回来在日记中写道，如此狭小的牢笼

图 5　佩里旗舰"鲍厦丹"号航海日志所记两个日本人在船上滞留的时间

与美国白人在西进运动中被印第安人抓获时所关押的笼子应无大异，流露出对松阴的关怀之情。而佩里也在自己的日记中表达了对松阴的同情之心，认为日本有对外部世界抱有如此好奇心的年轻人，今后想必是可以和列强并驾齐驱的。据《佩里舰队日本远征记》的记述，在得知松阴被押送到江户后，佩里同驻扎下田的幕府官员做了交涉，希望不要对其处以极刑。在得到官员的保证后，才感到了极大的安慰。可见松阴在事先写好的汉文《投夷书》中表达的人道主义诉求确实起了作用。在此前学者的研究中，佩里对松阴持同情态度的相关记载一直被忽略。这是因为他们习惯于以帝国主义侵略和被压迫民族反抗的宏大叙事框架来分析历史，而不能对"大事件"中的"小事项"做仔细观察和具体分析，故一刀切地认为以炮舰政策来逼迫签订城下之盟的帝国主义者不可能有恻隐之心。他们没有注意到，据幕府的谈判记录《墨夷应接录》，佩里谈判时的开场白就是对幕府轻视人命人道的锁国政策的批判，即幕府为杜绝漂流海外的日本人可能带回天主教或基督教的影响，而一律禁止其返回自己的祖国，又因为只准许中国和荷兰的商船在长崎一口通商，致使在日本近海作业的美国捕鲸船员在遇难时无法顺利回国，甚至在途中病亡。因为海流的缘故而在日本北方海域失事的捕鲸船的船员，必须先被送到长崎，在那里等候从巴达维亚（即印度尼西亚的首都雅加达）乘季风开来的荷兰东印度公司的商船，把他们顺便接回雅加达，然后由美方在那里将他们护送回国。这个救援过程往往耗时大半年乃至一年。考虑到松阴的汉文《投夷书》曾得到长其二十岁的老师佐久间象山的修改，而且其为"师夷之长技以制夷"而偷渡美国的计划本身也是出于佐久间的怂恿，故其中的人道主义诉求很可能是他们两人合计的以心攻心的策略。所以，从佩里对松阴登船事件的前后处理过程中可以看出他还保留着一点怜悯心，否则他大可不必在《佩里舰队日本远征记》中夸耀自己为松阴求情使之免于一死的仁慈行为了。当然，松阴得以免于处死，并非完全是佩里求情的缘故。当时的幕府首脑如老中阿部正弘等非常器重佐久间象山及其弟子吉田松阴这类具有海防战略思想的军事技术专家，并不因为其犯禁而予以严罚。所以，松阴在江户监禁之后被送回家乡，之后又被允许在软禁状态下开办"松下村塾"，培养了高杉晋作、伊藤博文、山县有朋和品川弥二郎等许多维新人才。这个事实则向我们展示了更加复杂的深层历史面貌。

图6　吉田松阴和金子重辅蹈海时所乘小舟的出发地，下田湾的柿崎弁天岛

我的新发现先后在 2003 年和 2009 年被《每日新闻》报道，其结尾处还分别附有日本近代史学界的两位元老——北海道大学名誉教授田中彰（1928—2011）和大阪大学名誉教授梅溪昇（1921—2016）所做的点评。这是因为担任报道的每日新闻社资深记者岸俊光本人也是日美关系史专家，著有《佩里的白旗：150 年的真相》（『ペリーの白旗：150 年目の真実』，2002）；而田中彰为研究岩仓使团而把一百年前该使团的欧美访问行程都亲历了一遍；梅溪昇为研究明治时期中央和地方政府的特聘外国专家群体 8000 余人，则亲赴美国密西根大学和罗格斯大学等调查访问，所以其报道和点评都特别到位。2015 年 1 月 3 日，日本广播协会在开播当年的大河剧《花燃》的头天晚上做了题为《走向世界：幕末长州全知晓》的专题宣传节目。其中在"走向美国"的部分中，把我赴耶鲁大学图书馆手稿档案部与国会图书馆请出档案和打开观看的场景一一再现，我自己也在出镜时对档案内容和解读结果逐一做了说明。

事后，我从这个为时十年的研究经验中，总结了以下四句歇后语，与自己指导的博士生分享，他们也感到很受用：

> 就着碎影拼月亮，自圆其说。
> 大海捞针何处寻，巧思引路。
> 两个兔子轮番追，有心插柳。
> 问题意识勤磨炼，点石成金。

在陶老师的讲座结束后，王新生教授简单叙述了自己的相关感悟。通过本次讲座以及自己对陶老师的了解，王老师总结出三点重要的治学经验。首先，陶老师所掌握的多种语言对他的研究有非常重要的帮助，这说明了语言优势对于开拓学术视野的重要性。王老师表示，语言是认识外部世界的最好工具，学习多种外语不仅是为了阅读多语言史料，更是为了加强与海外学界的学术交流，拓展学术视野。陶老师对于松阴下田蹈海事件的多语言考察，为我们打开了东亚交流史研究的另一个窗口。其次，方法论对于世界史的研究十分关键。陶老师所从事的"文化交涉学"的学科建设工作，目的就是采用动态、多视角的研究方法来考察不同文化形态间的交流，这种过程性研究便于我们看清事物的本质。日本学界对于方法论的重视与海外学界方法论的及时引进，非常值得我们国内研究者学习。最后，要坚持实证主义的研究思路。对于历史学研究而言，只有掌握资料才有发言的基础。陶老师关于松阴的研究发现在日本引发了很大的轰动，这说明了新史料的发现具有超出研究之外的巨大影响。在极其注重史料考证的日本学界，陶老师在实证方面能够取得如此丰硕的研究成果，这非常值得钦佩和学习。在评议结束后，同学们针对讲座内容进行了踊跃提问，内容涉及西教东渐、中国学者治日本近世史的语言优势等问题，陶老师基于自己的研究与理解，一一给予了耐心解答。讲座至此圆满结束。

　　　　史方正（日本东北大学博士研究生）执笔，陶德民增补

图书在版编目（CIP）数据

东亚区域意识的建构史 / 唐利国, 刘莹主编. -- 北
京：社会科学文献出版社, 2024.3
（北京大学海上丝路与区域历史研究丛书）
ISBN 978-7-5228-2910-4

Ⅰ.①东⋯　Ⅱ.①唐⋯ ②刘⋯　Ⅲ.①国际合作－国
际关系史－研究－东亚－近代　Ⅳ.①D831.09

中国国家版本馆CIP数据核字（2023）第232126号

· 北京大学海上丝路与区域历史研究丛书 ·

东亚区域意识的建构史

主　　编 / 唐利国　刘　莹

出 版 人 / 冀祥德
责任编辑 / 陈肖寒
文稿编辑 / 白纪洋
责任印制 / 王京美

出　　版 / 社会科学文献出版社·历史学分社（010）59367256
　　　　　　地址：北京市北三环中路甲29号院华龙大厦　邮编：100029
　　　　　　网址：www.ssap.com.cn
发　　行 / 社会科学文献出版社（010）59367028
印　　装 / 北京联兴盛业印刷股份有限公司

规　　格 / 开　本：787mm×1092mm 1/16
　　　　　　印　张：19.75　字　数：278千字
版　　次 / 2024年3月第1版　2024年3月第1次印刷
书　　号 / ISBN 978-7-5228-2910-4
定　　价 / 118.00元

读者服务电话：4008918866